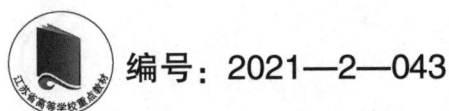
编号：2021—2—043

车辆与驾驶人管理

龚鹏飞　杨世伟　主编

中国人民公安大学出版社
·北京·

图书在版编目（CIP）数据

车辆与驾驶人管理/龚鹏飞、杨世伟主编. —北京：中国人民公安大学出版社，2022.8

ISBN 978-7-5653-4152-6

Ⅰ.①车… Ⅱ.①龚…②杨… Ⅲ.①机动车-交通运输管理②机动车-驾驶员-交通运输管理 Ⅳ.①D631.5②U471.3

中国版本图书馆 CIP 数据核字（2021）第 020775 号

车辆与驾驶人管理

龚鹏飞　杨世伟　主编

出版发行：	中国人民公安大学出版社
地　　址：	北京市西城区木樨地南里
邮政编码：	100038
经　　销：	新华书店
印　　刷：	涿州市新华印刷有限公司
版　　次：	2022 年 8 月第 1 版
印　　次：	2024 年 7 月第 4 次
印　　张：	20.5
开　　本：	787 毫米×1092 毫米　1/16
字　　数：	356 千字
书　　号：	ISBN 978-7-5653-4152-6
定　　价：	69.00 元
网　　址：	www.cppsup.com.cn　www.porclub.com.cn
电子邮箱：	zbs@cppsup.com　zbs@cppsu.edu.cn

营销中心电话：010-83903991
读者服务部电话（门市）：010-83903257
警官读者俱乐部电话（网购、邮购）：010-83901775
公安业务分社电话：010-83906108

本社图书出现印装质量问题，由本社负责退换
版权所有　侵权必究

车辆与驾驶人管理

主编：
龚鹏飞　江苏警官学院　教授
杨世伟　江苏警官学院　研究员

参编：
周海赟　南京森林警察学院　副教授
张　洋　江苏省盐城市交警支队　副大队长
郭　蓉　南京市公安局交通管理局车辆管理所档案
　　　　管理科　科长
郁　烨　江苏警官学院　讲师

编写说明

车辆与驾驶人管理工作在道路交通管理工作中占有重要地位，也是公安基础工作之一。车辆与管理人管理课程是公安院校交通管理工程专业的主干课程，课程主要介绍机动车牌证、登记、安全技术检验、保险、强制报废等机动车管理的基本制度和机动车驾驶证的分类、申领、考试、换发、记分等驾驶人管理的基本制度，培养学生综合运用所学的基本法律制度和科学方法，分析和解决车辆和驾驶人管理实际问题的能力。

该教材于 2021 年 10 月正式获江苏省高等学校重点教材立项建设，是在龚鹏飞教授等人编写的《车辆与驾驶人管理》讲义基础上修订完成的，讲义已经在江苏警官学院交通管理工程专业学生中使用满 3 届，师生普遍反映使用效果良好。全书共分 11 章，主要供公安院校交通管理工程本科专业开设的车辆与驾驶人管理课程使用，编写人员及编写分工为：第一章第 1-3 节、第二、五、八章由江苏警官学院龚鹏飞编写；第一章第 4 节由江苏警官学院郁烨编写；第三、六、十一章由南京森林警察学院周海赟编写；第四章由盐城市交警支队张洋编写；第七、九章由江苏警官学院杨世伟编写，第十章由南京市公安交通管理局车辆管理所郭蓉编写。最后由主编龚鹏飞、杨世伟统稿。在该书编写过程中，参阅了大量国内外的文献资料，由于条件所限，未能与原著者一一取得联系，引用及理解不当之处，敬请谅解，并向这些文献资料的原作者表示衷心的感谢。限于作者水平，书中难免会有错误和不妥，敬请读者不吝批评、指正。

龚鹏飞

2022 年 7 月 1 日

目　录

第一章　车辆与驾驶人管理概述 ……………………………………（ 1 ）
　　第一节　车辆与驾驶人管理的内涵 …………………………（ 2 ）
　　第二节　车辆与驾驶人管理的指导思想、基本制度和主要内容 ……（ 8 ）
　　第三节　我国车辆与驾驶人管理的历史沿革 ………………（ 10 ）
　　第四节　公安交通管理"放管服"改革新举措 ……………（ 22 ）

第二章　其他国家车辆与驾驶人管理制度的经验与启示 …………（ 29 ）
　　第一节　美国的经验与启示 …………………………………（ 30 ）
　　第二节　德国的经验与启示 …………………………………（ 34 ）
　　第三节　日本的经验与启示 …………………………………（ 39 ）

第三章　机动车管理 …………………………………………………（ 43 ）
　　第一节　机动车管理概述 ……………………………………（ 44 ）
　　第二节　机动车分类 …………………………………………（ 49 ）
　　第三节　车辆识别代号 ………………………………………（ 62 ）
　　第四节　机动车号牌 …………………………………………（ 72 ）
　　第五节　机动车行驶证和机动车登记证书 …………………（ 93 ）
　　第六节　机动车登记 …………………………………………（100）
　　第七节　机动车强制报废制度 ………………………………（123）

第四章　机动车查验 …………………………………………………（127）
　　第一节　机动车查验基础 ……………………………………（129）
　　第二节　机动车查验工作流程和具体事项 …………………（140）
　　第三节　机动车查验项目和查验合格主要要求 ……………（145）
　　第四节　机动车检验监督 ……………………………………（172）

第五章　机动车安全技术检验 ……(175)
第一节　机动车安全技术检验概述 ……(176)
第二节　注册登记检验 ……(179)
第三节　定期检验 ……(181)
第四节　道路交通事故车辆安全技术检验鉴定 ……(184)

第六章　机动车保险和交通事故社会救助基金 ……(193)
第一节　机动车保险概述 ……(194)
第二节　机动车商业保险 ……(196)
第三节　机动车交通事故责任强制保险 ……(200)
第四节　交通事故社会救助基金制度 ……(213)

第七章　机动车驾驶人考试 ……(217)
第一节　机动车驾驶人考试概述 ……(218)
第二节　机动车驾驶人考试项目、操作要求及评判标准 ……(223)
第三节　驾驶人考试系统发展和应用 ……(237)

第八章　机动车驾驶人管理 ……(243)
第一节　机动车驾驶人管理概述 ……(244)
第二节　驾驶证的作用和历史沿革 ……(246)
第三节　机动车驾驶证申领 ……(257)
第四节　机动车驾驶证管理的相关业务 ……(266)
第五节　机动车驾驶人交通安全违法行为累积记分制度 ……(271)

第九章　非机动车管理 ……(280)
第一节　非机动车管理概述 ……(281)
第二节　非机动车管理的内容 ……(288)

第十章　车辆与驾驶人档案管理 ……(294)
第一节　概述 ……(295)
第二节　机动车档案 ……(297)

第三节　机动车驾驶证档案 ·· （300）

第十一章　车辆与驾驶人的计算机管理 ·· （305）
　　第一节　车辆与驾驶人计算机管理概述 ······································ （306）
　　第二节　公安交通管理综合应用平台 ·· （310）

主要参考文献 ·· （314）

第一章
车辆与驾驶人管理概述

第一节 车辆与驾驶人管理的内涵

一、车辆与驾驶人管理的渊源

车辆与驾驶人管理是道路交通管理制度的基础,从世界各国道路交通管理的普遍经验来看,道路交通管理制度最初都是从对机动车进行登记、上牌,给机动车驾驶人颁发驾驶证这两个基本制度的基础上逐步形成的。因此,车辆与驾驶人管理是随着机动车的产生和发展以及机动车驾驶证的出现而发展起来的。

汽车的发明源于蒸汽机的问世,18世纪末期,瓦特改良的蒸汽机投入使用,拉开了第一次工业革命的序幕。1867年,德国工程师奥托研制成功世界上第一台往返活塞式四冲程内燃机。1885年,德国人卡尔·本茨(Karl Benz)购买了奥托的内燃机的专利,并将一个内燃机和加速器安装在一辆三轮马车上,世界上第一辆汽车就这样诞生了(见图1-1)。1886年1月29日,德国曼海姆专利局批准卡尔·本茨申请的专利,这一天被大多数人认为是现代汽车的诞生日。1886年,德国人戈特利普·戴姆勒(Gottlib Daimler)发明了世界上第一辆四轮汽车,因此,1886年也被称为汽车诞生年。

图1-1 世界上第一辆汽车

汽车虽然起源于欧洲,但汽车的发展和普及却在大洋彼岸的美国。1896年,亨利·福特(Henry Ford)研制成功2缸4轮汽车,1903年福特汽车公司成立,

1908年福特T形车（见图1-2）下线，促进大众化的汽车消费，世界汽车工业革命就此开始。1913年，福特汽车公司最先建立流水线汽车装配系统，并因此引发了世界汽车制造业一次惊天动地的革命，促进了汽车生产的规模化。1908年，威廉·杜兰特（William Crapo Durant）通过合纵连横，将别克、澳克兰、凯迪拉克和奥斯比尔等21家汽车公司、10家汽配公司和1家销售公司联合起来成立通用汽车公司，并逐渐发展成为汽车工业的巨无霸，1997—2000年连续四年雄踞全球五百强企业之首。法国、英国、日本等国也为汽车工业的发展作出了巨大的贡献。

图1-2 T形车

1901年，匈牙利人李恩时（Leinz）将两辆美国进口的奥兹莫比尔牌汽车运到上海，开中国汽车风气之先，成为我国最早出现的汽车。1902年1月，上海公共租界工部局决定向李恩时的汽车颁发临时牌照并准许上街行驶，并在1902年增设汽车执照专项，制定了车主遵守的规则，这也是我国第一次对机动车和驾驶人进行的规范管理。1931年5月31日，由张学良主持生产的我国第一辆国产汽车——民生牌75型载货汽车在沈阳诞生，是我国汽车工业发展史的开端。此后，随着机动车数量的不断增加，车辆与驾驶人管理也不断丰富和完善，民国时期已经逐渐形成了一系列的管理制度。1939年，国民政府行政院核准公布了《汽车管理规则》和《汽车驾驶人管理规则》，统一了全国车辆管理法规；国民政府交通部设立了汽车监理机构，主管全国车辆管理的指导工作，统一汽车牌照的制作。1949年新中国成立后，随着我国汽车、摩托车工业的发展，国家从机动车生产、销售、登记、使用等方面对机动车进行规范管理，从驾驶许可、违法（章）处罚等方面对机动车驾驶人进行规范管理，并逐步通过法律法规、标准、文件等形式对管理措施进行了确定，形成了一整套完整的车辆与驾驶人管理制度。

二、车辆与驾驶人管理的概念

（一）广义的车辆与驾驶人管理

从广义上来讲，车辆与驾驶人管理是政府相关部门依据国家法律规范、相关政策和技术标准，对车辆的生产、销售、使用、报废等环节以及驾驶人的驾驶许可、驾驶行为等实施管理、监督的行政行为。

在道路交通管理中，车辆，是指在道路上行驶的车辆，包括机动车与非机动车。机动车，是指以动力装置驱动或者牵引，上道路行驶的供人员乘用或者用于运送物品以及进行工程专项工作的轮式车辆。非机动车，是指以人力或者畜力驱动，上道路行驶的交通工具，以及虽有动力装置但设计最高时速、空车质量、外形尺寸符合有关国家标准的残疾人机动轮椅车、电动自行车等交通工具。

驾驶人，是指驾驶机动车或者非机动车上路行驶的人员，包括机动车驾驶人和非机动车驾驶人。

广义的车辆与驾驶人管理系统是一个综合管理系统，不仅涵盖道路交通管理的全部内容，而且还囊括了相关政府管理部门涉及车辆与驾驶人管理的全部内容，包括车辆的发展政策、生产管理、销售管理、登记管理、使用管理和报废管理，以及驾驶人的许可、培训、考试和日常管理等，涉及公安、发展改革、工业和信息化、交通运输、质量监督、环境保护、工商、税务等管理部门的工作。

（二）狭义的车辆与驾驶人管理

狭义的车辆与驾驶人管理是公安机关交通管理部门依据国家法律规范和相关技术标准，对机动车进行查验登记、核发牌证，对机动车检验进行监督，对驾驶人进行考核、审验和核发驾驶证、教育管理，对驾驶培训进行监督的行政行为。

与广义的车辆与驾驶人管理相比，狭义的车辆与驾驶人管理最主要的特点是管理主体和范围不同，其管理的主体仅限于公安机关交通管理部门，管理的范围也仅限于公安机关交通管理部门的业务范围，包括车辆的登记、检验、报废、强制保险和驾驶人考试、发证、审验等内容。本书所称的车辆与驾驶人管理主要是指狭义的概念。

三、车辆与驾驶人管理的特点

《中华人民共和国道路交通安全法》（以下简称《道路交通安全法》）的核心内容就是以人为本，这也是对道路交通管理最基本的要求。作为道路交通管理的窗口单位，公安机关交通管理部门对车辆与驾驶人的管理更要体现和践行"严格执法、热情服务"。随着社会经济高速发展和人民生活水平不断提高，车辆尤其是机动车已成为人们生活中不可或缺的一部分，驾驶机动车不再单纯地作为一种生存技能，而是成为人们的一种生活习惯。车辆与驾驶人不断增多，使老百姓有更多的机会与公安机关交通管理部门发生密切联系，他们渴望得到更加周到、更加文明的服务。公安机关交通管理部门作为党和政府的执法机关和服务窗口，应根据广大群众的需求，在依法行政的同时，明确为民执法、为民服务的宗旨，完善窗口服务，开展阳光工程，开辟绿色通道，减少办事环节，提高办事效率。公安机关交通管理部门通过对车管民警进行管理、教育、培训和纪律监督，建立一支懂法律、懂技术、执法水平高、服务意识强的车管民警队伍，为经济建设服务，为人民群众服务，为交通安全服务，为公安基础工作服务。

在我国，车辆管理的主体是公安机关交通管理部门，依据是国家法律、法规，属于国家行政管理的范畴。行政管理的属性决定了车辆管理工作的行政强制性、违法处理性和社会服务性，所以车辆与驾驶人管理工作具有很强的法律性、技术性和社会性特点。

（一）法律性

车辆与驾驶人管理工作是依据国家有关法律规范进行的。其中，有许多规定是全国保持一致的，如车辆牌照制度、驾驶执照都必须全国统一，全国通行。车辆与驾驶人管理工作还要严格执行国家及地方政府的各项有关政策。公安机关交通管理部门必须做到有法必依、执法必严、违法必究、规范操作。同时，自觉主动地不断进行管理方式的改革创新，以适应当前全面开放、高度透明的社会执法环境。

公安机关交通管理部门车辆管理所按照法律、法规、规章对车辆和机动车驾驶人进行登记和管理，管理必须统一规范。为了保证合格的车辆上路行驶，保证驾驶人安全驾驶车辆，近年来，国家制定了一系列法律、法规、规章、标准，法律法规有《道路交通安全法》《中华人民共和国道路交通安全法实施条例》（以下简称《道路交通安全法实施条例》）等，部门规章有《机动车驾驶证申领和使用规定》《机动车登记规定》等，国家标准有《机动车运行安全技术条件》（GB 7528—2017）、《道路车辆外廓尺寸、轴荷及质量限值》（GB 1589—2016）等，行业标准有《机动车安全技术检验项目和方法》（GB 38900—2020）、《机动车驾驶人场地驾驶技能考试系统》（GA/T 554—2008）等。可以说，依法行政最重要的一点就是规范性，严格管理的过程就是落实和执行上述法律、法规、规章、标准的过程，就是依法行政。

（二）技术性

车辆与驾驶人管理是一项技术性很强的工作，承担这项工作的人员要具备必要的车辆管理基础理论知识和技能，要懂得车辆的构造性能、设计、试验、检验以及检测手段和测试设备使用、维修与调整，还要具备必要的驾驶技能，以及掌握驾驶技术考核方法和标准。不断提高业务技术素质，是做好车辆与驾驶人管理工作的重要保证。

科学技术快速发展的今天，要求车辆与驾驶人管理部门不断更新管理方式、转变管理理念来适应现代化大城市交通管理发展的需要。科技信息化的管理，决定了从业人员也必须具有一定的技术素质和水平，具备相当的基础理论知识和专业技能，掌握现代化科技管理手段，从而真正做到管理到位、服务到位，做到管理科学化、现代化。

（三）社会性

车辆与驾驶人管理工作是一项社会性较强的工作。在人、车、路交通环境构成的道路交通系统基本要素中，人和车是参与道路交通的主体，是最主要的因素。为了更好地保障道路交通的安全、有序和畅通，驾驶人应具有良好的职业道德、身心素质、安全意识及熟练的驾驶技术，机动车应具有良好的安全性、稳定性、动力性和通过性。车辆与驾驶人管理的核心和重点是机动车上路的行驶准入和驾驶人驾车的资格准入。因此，车辆登记检验、驾驶人考试发证是预防道路交通事故成效的关键，也是车辆与驾驶人管理社会性的内在要求。

车辆与驾驶人管理的很多方面都直接涉及群众的利益。人数众多的驾驶人队伍既是管理对象，又是服务对象；各级车辆与驾驶人管理工作人员既是管理者，又是被监督者。车辆与驾驶人管理部门要注重服务质量，简化手续，方便群众。各级车管民警在工作中既要注意掌握政策，又要端正服务观念，掌握正确的工作方法。在审批表格、发证发照、培训考核、检验车辆以及吊销、暂扣、注销证照等环节上，必须坚持原则，秉公办事，拒礼拒贿，实事求是，树立良好形象。总之，要做好车辆管理工作，要求每一位从事这项工作的同志具备较高的政策水平、技术水平和全心全意为人民服务的精神。

四、车辆与驾驶人管理的意义

车辆与驾驶人管理在道路交通管理工作中占有重要的地位，也是公安基础工作之一。做好这项工作，对提高运输效率、节省能源，从源头上保障交通安全，维护社会治安秩序，预防犯罪分子利用车辆进行犯罪活动等都具有重要作用，对控制和减少车辆发展给人类带来的公害也具有重大意义。

（一）保障交通安全，减少人民生命财产损失

随着经济建设的飞速发展，机动车、非机动车和驾驶人的数量急剧增长，发生交通事故的概率也随之增多，交通事故已发展成为一个严重的社会问题。交通事故不仅给国家和人民造成严重的损失，也给很多家庭带来痛苦和不幸，同时也影响到社会的安定。车辆与驾驶人管理是道路交通管理工作的基础，是预防道路交通事故的第一道防线，车辆登记、检验把关是否到位，驾驶人考试发证是否严格，对驾驶人的教育工作是否有效等直接影响预防道路交通事故的成效，对于保障人民生命财产安全、促进社会安定具有重要意义。

（二）保障交通运输发展，促进社会和谐

车辆与驾驶人管理是服务经济社会建设、服务人民群众的重要窗口，关系到国家产业政策、交通运输的发展，关系到人民群众生活水平的提高，关系到社会的和谐。

（三）防止公害，降低消耗

由于机动车数量的剧增，机动车在运行中产生的噪声、废气等对环境的污染也越来越严重，对人民群众的身心健康、自然界的生态平衡和社会正常秩序都造成了极大的危害。这不仅影响着现在，而且影响着未来，如不加以控制，势必祸及我们的子孙后代。运行着的机动车，每天消耗大量的能源。在能源紧缺的今天，降低机动车的消耗，已成为一个亟待解决的问题。车辆与驾驶人管理部门通过对车辆与驾驶人的管理，加强机动车的安全认证、安全质检，加强老旧车辆的报废更新等工作，对于防止公害、降低能源消耗具有重要作用。

（四）打击犯罪，维护社会稳定

针对走私、盗抢车辆等利用机动车犯罪的案件，采用机动车登记办法是否能

控制住，关系到维护社会经济、治安稳定。车辆与驾驶人管理部门是服务公安工作的重要部门，通过对机动车的牌证管理，对车辆与驾驶人的计算机网络管理等，可以有效地打击犯罪，维护社会的稳定。

第二节 车辆与驾驶人管理的指导思想、基本制度和主要内容

一、车辆与驾驶人管理的指导思想

（一）统一立法，属地管理

我国的机动车牌证和驾驶证全国统一，全国通用，故关于车辆与驾驶人管理的法律和技术标准必须是全国统一的。在管理中必须严格依法办事，才能达到目的。如果各地在管理中各行其是、各自为政，那么全国统一的有关法律、法规和技术标准就会成为一纸空文，管理工作就会陷入混乱状态，而且可能客观上为犯罪分子提供方便，损害国家利益和公民合法权益。

由于我国地域广阔，各地情况不同，故采用属地管理的方法。各地可根据全国性的法律、法规和技术标准，因地制宜制定实施方法、细则等，以便更有效地实施管理。此外，属地管理有利于得到群众的支持，有利于对车辆的管理和驾驶人的教育管理。

（二）服务为本，接受监督

我国道路交通管理的性质决定了公安机关交通管理部门的一切管理活动，都必须从广大人民群众的根本利益出发，行使国家赋予的管理职能，为人民服务。在工作中，必须遵守文明服务规范，客观公正。为了更好地为人民服务，防止腐败，车辆与驾驶人管理工作必须健全监督制约机制，采取有效的监督措施，接受群众的监督。

（三）保护合法，打击非法

保护公民和法人的合法权益，打击非法活动，是公安机关的神圣职责之一。车辆与驾驶人管理部门，必须对合法车辆的制造、使用、维修、交易等予以保护，对车辆走私，无牌无证行驶，非法组装、交易等予以打击，才能保证有关法律和技术的严肃性，体现公安机关为人民服务的宗旨。

二、车辆与驾驶人管理的基本制度

车辆牌证管理制度和驾驶证管理制度是车辆与驾驶人管理的两个根本制度。世界各国对车辆与驾驶人管理的历史和实践证明,只有坚持这两个根本制度,才能有效地做好车辆与驾驶人管理工作。

车辆牌证管理制度,是用车辆牌照核发和管理的方法,控制车辆安全技术状态和增长速度,创造安全行车条件的有效手段。驾驶证管理制度,是通过驾驶执照考取、核发和管理的方法,保证驾驶人的安全素质和掌握驾驶人队伍状况的有效手段。要做好车辆与驾驶人管理工作,充分发挥车辆与驾驶人管理工作的作用,必须加强对这两个基本制度的研究,改革不合理的部分,充分完善这两个制度,使其更加科学,更好适应汽车社会化发展的需要。

三、车辆与驾驶人管理的主要内容

（一）车辆管理的主要内容

1. 机动车登记；
2. 机动车牌证管理；
3. 机动车强制保险；
4. 机动车安全技术检验；
5. 机动车强制报废；
6. 非机动车管理。

（二）驾驶人管理的主要内容

1. 驾驶人考试；
2. 驾驶证的申领与核发；
3. 驾驶证的审验；
4. 交通安全违法行为累积记分；
5. 驾驶人的教育管理；
6. 驾驶人的档案管理。

第三节　我国车辆与驾驶人管理的历史沿革

一、新中国成立前的车辆与驾驶人管理

1901年我国有了第一辆汽车，1902年我国开始进口汽车，1903年清政府首先在天津设立了管理交通的警务人员，任务是"平易道路"（即管理交通）。1905年，北京巡警总厅警务处设立了交通股，有了专门的交通管理机构。1920年前后，在上海出现了专门针对车辆的管理法规。随后，北京、上海、青岛、汉口、广州等一些大城市都相继公布了地方性的社会车辆管理法规。这些车辆管理法规奠定了我国车辆管理法规的基础。

1934年12月，当时的内政部颁布了全国统一的《陆上交通管理规则》，其中有103条包括车辆管理的内容。这是我国近代第一部全国性的交通管理法规，其中有对汽车进行登记、检验的规定。

1937年至1945年，当时的国民政府行政院及交通部陆续公布了一批全国性的车辆管理法规，如《汽车管理规则》《汽车驾驶人管理规则》《发给各国驻华外交官汽车牌照驾驶执照优待办法》《入境汽车驾驶人员申领驾驶执照办法》《汽车补牌补照过户及变更登记实施细则》。这是我国专门对汽车及驾驶人管理作出相关规定的第一批车辆管理法规，确定了汽车号牌、执照、驾驶执照由交通部统一制发。1939年，当时的交通部成立了汽车牌照管理所，当时的国民政府行政院再次发布《汽车管理规则》，合并了关于对汽车检验、登记的规定和对驾驶员考验发照的规定，这个规则还把我国道路交通实行靠左侧行驶的原则改为靠右侧通行。1947年7月，经行政院核准，交通部公布《汽车管理规则》，根据这一规则，随后发布了一系列实施细则或办法，将原来《汽车管理规则》中的汽车登记、汽车检验、汽车装载和驾驶人考验、驾驶人及技工受雇和解雇登记等的细则单项公布。

二、多部门共同管理阶段（1949—1985年）

这个阶段的时间跨度长达30多年，其间正处于我国几个重要的历史时期，包括新中国成立后社会主义改造和全面建设社会主义时期、"文化大革命"时期

和社会主义现代化建设初期。这个阶段的车辆与驾驶人管理工作受国家政治、经济和管理体制影响较大，由公安、交通、农机等部门共同管理。

1953年7月15日，长春第一汽车制造厂破土动工，1956年，新中国生产的第一辆国产汽车——解放CA10四吨载重卡车下线，结束了我国不能整车生产汽车的历史。1968年，第二汽车制造厂在湖北省十堰市动工兴建，一批汽车修配企业发展成为汽车厂和长途客车厂，城建和交通部门也设立了一批公交客车厂。这个时期由于各制造企业缺乏自主活力，且仅重视发展中型货车，又经历了"文化大革命"的汽车生产滑坡期，直到1978年改革开放后，才又重新迈进蓬勃发展的新时期。从1956年到1985年，我国共生产汽车217万辆，全国有37个汽车制造厂、200多个汽车改装厂、2000多个汽车配件厂，约72万名汽车制造工人，年生产能力已达到30万辆。

1950年，政务院批准发布的《汽车管理暂行办法》是新中国成立后我国第一个车辆管理法规。1960年，经国务院批准，交通部发布了《机动车管理办法》，该办法第一次对车辆与驾驶人管理进行了规范。这个时期内，国家对车辆与驾驶人管理行政机构的职责分工也进行了多次调整，形成了公安、交通、农机等多部门共同管理的格局，对当时的车辆与驾驶人管理发挥了有效的作用，客观体现了这个时期国家对车辆与驾驶人管理的重视程度。

三、统一管理起步阶段（1986—1995年）

这个阶段是全国道路交通体制改革的十年，我国正处于计划经济向市场经济的过渡时期。道路交通体制改革后，车辆与驾驶人管理遇到了新的历史发展机遇，进入公安机关统一管理时期，车辆与驾驶人管理模式和法制化建设发生了较大变化。

（一）公安机关统一管理城乡道路交通的体制确立

这一时期，我国实行对外改革开放、对内搞活经济，城乡机动车辆大幅增长，随之也带来交通事故的大幅上升。国务院经研究认为，交通安全管理统一由公安部门管理更有利于交通安全工作，更有利于形成预防和减少道路交通事故的合力。1986年10月7日，国务院下发《关于改革道路交通管理体制的通知》（国发〔1986〕94号），对全国道路交通管理体制进行了重大改革，将全国城乡道路交通划归公安机关统一管理，从根本上解决了道路交通由多部门管理的历史遗留问题。该通知明确了"公安机关对全国城乡道路交通依法管理，包括交通安全宣传教育、交通指挥、维护交通秩序、处理交通事故和车辆检验、驾驶员考核与发牌发证、路障管理以及交通标志、标线等安全设施的设置与管理等"。车辆与驾驶人管理遇到了新的历史发展机遇，进入公安机关统一管理阶段。

道路交通管理体制改革之前，公安交通管理工作没有专门的管理机构。1949年11月16日，经政务院批准，公安部设立治安行政局，职责包括城市交通管理；1951年，治安行政局成立交通消防科；1953年，根据道路交通的发展，治安行政局成立交通处，基本职责是负责城市交通管理，维持城市交通秩序，部分城市在公安局设立交通处、科。1986年12月31日，公安部正式挂牌成立交通管理局，下设车辆管理处。各省、自治区、直辖市公安厅、局相继成立车辆管理处、科；各地、市、州公安局交通大队相继成立车辆管理所。1987年4月7日，公安部下发《关于传达李鹏副总理对道路交通管理体制改革的指示的通知》，要求各地公安机关在各级政府领导下，抓紧完成道路交通管理体制改革的交接工作。1987年年底，各地公安机关完成了公路交通管理的接收任务，全国各级公安交通管理机构逐步健全，全国车辆和驾驶人管理体制基本理顺。

（二）《中华人民共和国道路交通管理条例》应运而生

公安部交通管理局成立后，办的第一件大事就是将《中华人民共和国道路交通管理条例》（以下简称《道路交通管理条例》）（草案）上报国务院。早在1972年3月，公安部与交通部就联合发布了《城市和公路交通管理规则》（试行），这可以说是《道路交通管理条例》的前身。这个规则是《道路交通管理条例》出台前执行时间最长的一个法规，但其中也存在许多不足的地方，关键还是公安、交通两部门在一些方面存在交叉管理、交叉执法的问题。20世纪80年代初期，公安部和交通部组成专门的联合调研小组，并邀请来自北京、河北、天津、安徽等地交通管理方面的专家，就完善道路交通管理法规进行专题调研。专家们查找、翻阅了大量的国内外资料，并就《城市和公路交通管理规则》（试行）里的内容进行了反复论证，形成了《道路交通管理条例》（草案）。但是，由于一些方面的管理职责没有理顺，立法工作一度搁浅。1986年，国务院下发《关于改革道路交通管理体制的通知》，规定全国城乡道路交通由公安机关负责统一管理，《道路交通管理条例》立法工作重新启动并顺利出台。1988年3月9日，国务院发布了《道路交通管理条例》，自1988年8月1日起施行。《道路交通管理条例》对车辆与驾驶人管理工作进行了明确规定，车辆必须经过车辆管理机关检验合格，领取号牌、行驶证，方准行驶，号牌须按指定位置安装，并保持清晰，号牌和行驶证不准转借、涂改或伪造；规定机动车驾驶员必须经过车辆管理机关考试合格领取驾驶证，方能驾驶车辆。《道路交通管理条例》由各级公安机关负责实施、公安部负责解释。《道路交通管理条例》的出台，为全国车辆与驾驶人管理工作奠定了重要的基础。

（三）机动车和驾驶人管理的配套规范逐步建立

20世纪80年代中后期以来，随着《道路交通管理条例》的颁布实施，机动车和驾驶人管理开始进入法律制度和规范体系逐步建立时期。《道路交通管理条例》对车辆和驾驶员管理大多属于通行方面的规定，对车辆登记、驾驶证申领等方面的内容并无详细叙述，而且缺乏与之配套的行政规章作为管理依据。这一时期，公安部加快了立法进程。出台了一系列机动车和驾驶人管理方面的规章、制度、标准和规范性文件。1989年2月1日，时任公安部部长王芳签发公安部第1号令，颁布《机动车驾驶员培训学校（班）管理办法》，这是公安部首次以部令的形式发布部门规章，而且专门针对机动车和驾驶人管理制定发布，可见对此项工作的重视程度。同年，又发布了《机动车辆安全技术检测站管理办法》（公安部令第2号）、《临时入境机动车辆与驾驶员管理办法》（公安部令第4号）。之后，公安部连续以部令的形式发布了《农用运输车安全基准》（公安部令第12号）、《机动车号牌生产管理办法》（公安部令第13号）、《摩托车安全基准》（公安部令第15号）、《警车管理规定》（公安部令第27号）等规章。1987年10月1日，经国家标准局批准发布实施的《机动车运行安全技术条件》（GB 7258—1987）是在《城市机动车辆安全检验暂行标准》的基础上，广泛征求意见制定而成的，它是首次对机动车上道路行驶的安全技术条件作出全国统一的标准化管理规定。目前，《机动车运行安全技术条件》（GB 7258）虽几经修订，仍是机动车运行安全的根本标准，是其他有关机动车标准的基础性标准。随后，《机动车驾驶证证件》（GN 43—1988）、《机动车号牌》（GA 36—1992）、《机动车行驶证》（GA 37—1992）等公共安全行业标准相继出台，以标准的形式规范了全国机动车牌证和驾驶证管理工作，为贯彻执行好机动车牌证标准，自1989年7月1日起，全国开始启用并统一换发新的机动车驾驶证，1994年7月1日起，全国开始启用并统一换发"九二式"机动车号牌。

这个阶段，根据实际工作中遇到的问题，公安部还就某些具体事项及时下发文件作出相应调整、补充和完善。1993年，为严厉打击当时比较猖獗的走私进口汽车违法犯罪活动，国务院办公厅下发《关于加强进口汽车牌证管理的通知》

（国办发［1993］55号），对进口汽车牌证核发、统计和复核，海关证明的签发和备案等作出了规定。同年，公安部、海关总署、国家工商行政管理局联合下发《关于贯彻实施〈国务院办公厅关于加强进口汽车牌证管理的通知〉有关问题的通知》（公发［1993］97号），对贯彻实施国务院办公厅《关于加强进口汽车牌证管理的通知》提出了公安交通管理部门在办理核发进口汽车、摩托车牌证手续时，要首先查验有无海关签发的《货物进口证明书》，或者全国统一的《没收走私汽车、摩托车证明书》的具体要求。除此之外，公安部还发布了《关于严格审查进口汽车申领牌证手续等有关问题的紧急通知》（公明发［1993］2074号）和《关于进一步做好进口汽车牌证管理工作几个问题的通知》（公通字［1993］103号）等一系列文件，以规范全国进口汽车登记工作。这些规范性文件虽然零散、繁多，但具有较强的针对性、时效性，在短时期内取得了良好效果，在当时的机动车和驾驶人管理工作中发挥了重要作用。

（四）科学技术开始在机动车和驾驶人管理中应用

随后计划经济向市场经济转轨，我国经济建设开始飞速发展，机动车和驾驶人数量也大幅增长，过去依靠人工对机动车和驾驶人进行管理的状况已经远远不能适应工作的要求。1988年，公安部发布了《机动车管理信息系统分类与代码》和《机动车驾驶员管理信息系统分类与代码》行业标准，全国公安交通管理部门开始投入大量资金和人力、物力，积极开发机动车和驾驶员计算机管理信息系统，并结合换发新驾驶证和"九二式"机动车号牌加快建设进度。

1992年6月3日，公安部交通管理局下发《关于使用计算机管理机动车、驾驶员信息工作的通知》（公交管［1992］79号），决定从1993年1月1日起，全国所有的车辆管理所都要使用计算机管理机动车、驾驶员信息及驾驶证、行驶证打印等业务。到1996年，全国所有省、地（市）车辆管理所和县级车管分支机构均实现了计算机管理机动车和驾驶员，统计、查询、检索、制表、办证工作效率和质量大幅提高。计算机在车管工作中的广泛应用，不仅严密和规范了车辆与驾驶人管理工作程序，堵塞了工作漏洞，而且在加强交通、治安管理和刑侦工作方面也发挥了重要作用。据统计，从使用计算机管理到1996年，仅北京车辆管理所就为治安、交通管理查询机动车193670辆次，协助破获交通肇事逃逸案件143起，这些数字在当时那个年代如果没有计算机应用是不可想象的。至此，机动车和驾驶人管理工作开始走向科技化、信息化。

四、规范化管理阶段（1996—2003年）

这个时期是《道路交通安全法》颁布前的规范调整期。这一阶段我国经济体制完成了从计划经济向市场经济的转变，加入了世界贸易组织（WTO），经济的快速发展对车辆与驾驶人管理工作产生了巨大影响。这一时期，车辆与驾驶人管理各项工作开始走上规范化建设的道路，我们将其称为规范化管理阶段。

（一）驾驶人考试和驾驶证管理制度基本确立

1996年之前，我国对机动车驾驶证管理、驾驶员考试等工作仅在《道路交通管理条例》中做了比较笼统、概括的表述，驾驶证管理只有《机动车驾驶证证件》（GA 43—1988）公共安全行业标准，驾驶员考试工作执行1985年9月1日起试行的《城市机动车驾驶员考试暂行办法》和《公安系统机动车考验员管理试行办法》，缺乏行政规章进行统一和规范。1996年，为适应我国经济建设的高速发展，满足广大人民群众申领机动车驾驶证的要求，规范迅猛增长的机动车驾驶证申领、考试、发证等业务，公安部相继制定发布了《机动车驾驶证管理办法》（公安部令第28号）和《机动车驾驶员考试办法》（公安部令第29号），于1996年9月1日在全国正式施行。《机动车驾驶证管理办法》对机动车驾驶证的准驾车型进行了详细的分类，明确了驾驶证的申请、考试、发证和审验、换证、注销等具体规定。《机动车驾驶员考试办法》则进一步细化了机动车驾驶人考试内容，考试车辆、场地、道路规定以及考试标准，引入了"科目"考试的概念并首次提出考试员资格认证的要求。这两个部令的发布实施，是公安交通管理工作的一项重大改革，对规范机动车驾驶证管理和驾驶人考试制度、简化和统一驾驶证申领程序和申请手续、更好地服务于经济社会发展均发挥了重要的作用。

（二）全国统一的机动车登记制度逐步建立

20世纪90年代中期前，我国的机动车登记工作尚未统一。1960年的《机动车管理办法》和1988年的《道路交通管理条例》虽然规定了一些属于机动车注册登记的内容，但并没有使用注册登记的概念，也没有把注册登记专门作为一项制度加以确立。1997年，公安部交通管理局在全国统一实行了《机动车注册登记工作规范（试行）》（公交管［1997］96号）。1999年，公安部下发了《关于印发〈车辆管理所业务岗位规范〉等5个规定的通知》（公通字［1999］46号），建立和完善了车辆管理所内部监督制约机制，进一步加强和规范机动车登记管理。2000年11月，公安部在此基础上制定了《中华人民共和国机动车登记办法》（公安部令第 56 号，以下简称《机动车登记办法》），同时下发了《机动车登记工作规范》，并于 2001 年 10 月 1 日起正式实施，进一步加强机动车管理，规范机动车登记行为，统一了办理机动车登记的具体情形和办理程序，统一了机动车行驶证和机动车登记证等机动车牌证的签注要求，统一了机动车档案的管理。这是首部以公安部令的形式向全国发布的关于机动车登记方面的部门规章。

（三）机动车和驾驶人信息系统建设与应用迈出坚实步伐

进入 20 世纪 90 年代中后期，在经济大潮的冲击下，全国走私、拼装汽车违法犯罪活动十分猖獗，如当时震惊全国的"厦门远华"走私案，从 1994 年到 1998 年，赖昌星团伙走私货物总金额高达人民币 530 多亿元，偷逃税款超过人民币 300 亿元。其中，仅从 1997 年 2 月至 12 月，就走私各种汽车共计 3588 辆，案值人民币 15.7 亿元，偷逃税款人民币 9 亿元。巨额的利润刺激着犯罪分子铤而走险，部分公安民警和领导也为此以身试法，走上了违法犯罪道路。为此，国务院连续下发多个文件，对进口车牌证管理进行规范，公安部、海关总署、国家工商总局等相继发布文件，严格规范进口机动车登记管理，逐步建立了全国统一的进口汽车注册登记审批和通报制度。但是，办理登记缺乏有效的监管和识别手段，难以有效遏制走私汽车日益猖獗的趋势。

1998 年，为了贯彻全国打击走私工作会议精神，严厉打击日益猖獗的走私汽车犯罪活动，公安部在广泛调研的基础上，着手利用计算机和数据库技术堵住走私汽车非法入户的漏洞，构建了部、省两级进口车计算机核查系统网络软硬件平台，将正常进口车信息以及海关、工商、公安罚没的走私车信息进行汇总，建立部、省两级进口车核查数据库，供各地车辆管理所办理进口车业务进行比对，有效克服了过去仅凭"眼看手摸"鉴别进口车凭证真伪、查获的假证无法确定等弊端，解决了困扰进口车入户管理工作的一大难题。1998 年 8 月 1 日，"全国进口机动车计算机核查系统"正式启用。2003 年以后，公安部又与海关总署建立了进口车数据信息交换系统，对进口车数据进行实时交换比对，堵住了走私汽车非法入户的漏洞，实现了进口车核查的唯一性、安全性、准确性，体现了信息技术不可替代的作用。进口车计算机核查系统是全国公安交通管理部门建设最早、见效最快的业务应用系统，迈出了道路交通管理信息系统建设和应用的第一步。

在创建"平安大道"，实施"畅通工程"活动中为解决各地对无牌无证、假牌假证等交通违法行为查处中的科技应用问题，公安部将机动车和驾驶人信息查询系统建设作为实施道路交通管理信息系统总体方案龙头项目，首次统一了机动车和驾驶人数据标准，以及部、省、市三级系统网络平台实现了对全国范围内的机动车和驾驶人信息查询，为全国机动车/驾驶人信息资源数据库建设奠定了坚实基础。2002年，公安部交通管理局决定将各（区、市）交警总队小型机内存储的机动车数据统一汇总并形成全国机动车登记基础数据库；2003年，对全国公安交通管理信息系统机动车数据信息进行了全面清理和补录，进一步提高了机动车数据质量。2003年年底，公安部决定将全国机动车驾驶人信息资源数据库列为全国"金盾工程"八大基础性信息资源库之一。

（四）管理与服务并重的理念初步形成

随着我国加入WTO后经济的快速发展和人民群众生活水平的提高，公共需求呈现出增长迅速、主体多元、需求多样的特点。人民群众不仅要求实现基本公共服务均等化，而且还要求优质、高效、便捷、热情。由于在体制改革以后，车辆管理所的管理制度主要是基于打击和防范车辆违法犯罪的思路建立起来的，集中体现了岗位设置多、审批环节多等管理性特征，虽然起到了严格管理、保护民警的作用，但降低了服务效率和服务质量。1995年，江泽民为济南交警题词"严格执法，热情服务"，在全国范围内开展了深入学习济南交警活动。各地以此为契机，把改革和加强车管工作、提高服务质量作为深入学习济南交警的重点来抓，在车管工作中认真贯彻题词精神，把"外树形象，内强素质"同改革车管工作，实行科学化管理、人性化服务和提高办事效率有机结合起来，便民利民服务意识在这一时期不断发展。

2003年，公安部交通管理局在前几年推出的机动车和驾驶人管理工作服务群众措施的基础上，结合当时正在开展的"贯彻'十六大'，全面建小康，公安怎么办？"大讨论活动，进行了广泛深入的调查研究，针对机动车和驾驶人管理工作中存在的诸如环节多、不方便等群众最关心的利益问题，在集中民意、集思广益的基础上，积极研究和提出了放宽驾驶证申请条件、延长小型汽车检验周期、车辆号牌号码计算机公开选取等十七项便民改革措施。公安部党委认为，这十七项改革措施是公安部门贯彻落实党的十六大精神的重要举措，是实践"三个代表"重要思想，坚持立党为公、执政为民的具体行动，值得推广。在增加了户籍、出入境、消防管理等警种的便民措施后，公安部于2003年8月7日正式向社会公布三十项便民利民措施。公安部三十项便民利民措施在全国公安机关唱响了"人民公安为人民"的主旋律，受到社会各界的普遍欢迎和一致好评。在公安部便民利民措施的带动下,各个行业、各个部门的便民利民措施如雨后春笋般纷纷出台。一时间在全国范围内掀起了推出便民利民措施的热潮。2003年9月5日,国务院召开道路交通安全电视电话会议,第一次提出了车辆和驾驶人管理是预防道路交通事故的第一道防线。严格机动车和驾驶人管理,把好机动车上路准入关口和驾驶人驾驶准入关口,是车辆与驾驶人管理的基本职责。至此,管理与服务并重成为机动车和驾驶人管理工作的主题。在新的发展形势下,筑牢预防道路交通事故第一道防线、进一步方便人民群众工作生活、促进经济社会发展成为车辆和驾驶人管理工作的发展方向。

五、法治化管理阶段(2004年—至今)

党的十六大把健全社会主义法制、依法治国和建设社会主义作为建设中国特色社会主义必须坚持的一条基本经验,对新时期的工作提出了新的任务和更高的要求。这一时期,我国车辆工作全面进入了法治化管理阶段,以《道路交通安全法》及其实施条例为基础、以4个公安部规章为支撑、以有关技术标准为保障的车辆法律制度和标准体系基本形成,为实现车管工作法治化提供了有力保障。

(一)《道路交通安全法》颁布实施

2004年是我国公安交通管理法制建设史上具有里程碑意义的一年。随着我国经济社会的快速发展,机动车和驾驶人数量持续大幅增加,道路交通管理工作面临许多新问题、新情况,原有的《道路交通管理条例》以及其他行政法规、部门规章已经难以适应新形势的要求,新的问题需要法律作出规定;法规与其他法律、司法解释之间存在不协调的问题需要通过法律加以解决;道路交通安全管理方面取得的经验需要以法律的形式加以规定。因此,制定一部权威性高、可操作性强、规范全面、权利义务明确的道路交通管理基本法律已经成为我国经济社会发展和法制建设的客观需要。从1994年起,公安部开始着手《道路交通安全法》的研究和起草工作,其间经过充分酝酿、反复修改,从起草到颁布历时10年。2001年12月24日第九届全国人大常委会第25次会议上第1次审议,2002年8月21日第九届全国人大常委会第29次会议上第2次审议,2003年6月23日第十届全国人大常委会第3次会议上第3次审议,2003年10月28日第十届全国人大常委会第5次会议上第4次审议并获得通过。法学界称之为"四读",审议的次数在当时创造了我国法律制定历史审议次数之最。可见,《道路交通安全法》的起草、制定、审议过程十分不易,社会和群众最关切,各方面的争议最多。至此，我国第一部关于道路交通安全的法律——《道路交通安全法》诞生，并于2004年5月1日起正式实施。

《道路交通安全法》是我国第一部全面规范道路交通活动中参与人权利义务关系的基本法律，是我们做好道路交通管理工作的基础和保障。这部与人民生命财产权利密切相关的法律，充分体现了尊重生命、以人为本的原则，在我国立法方面实现了新的突破，标志着我国道路交通事业全面走向法治时代的崭新开端。

（二）车辆与驾驶人管理法律法规体系基本形成

在《道路交通安全法》《机动车登记办法》《机动车登记规范》《进口机动车登记审批管理规定》《报废汽车回收管理办法》《机动车驾驶员考试办法》《机动车驾驶员管理办法》等法规、规章实施经验的基础上，对车辆管理制度和原则以国家法律的形式予以确定，对基本的业务要求加以明确、完善和规范。2004年4月30日，国务院公布《道路交通安全法实施条例》（国务院令第405号），同日，公安部发布了《机动车驾驶证申领和使用规定》（公安部令第71号，以下简称71号令）和《机动车登记规定》（公安部令第72号，以下简称72号令），自2004年5月1日起与《道路交通安全法实施条例》同步施行，同年，公安部下发《机动车驾驶证业务工作规范》和《机动车登记工作规范》。作为下位法，71号令和72号令这两个公安部令的施行，凸显车辆管理工作对于促进公安交通管理工作的重要作用。同时，通过这两个公安部令可以看出公安部在修订部门规章时所遵循的简化手续、方便群众的原则，并在具体的条文中一一体现出来，秉承了《道路交通安全法》以人为本、便民利民的立法理念。

71号令是在公安部令第28号、第29号和第45号三个部令的基础上修改、合并而成的。"三合一"的目的，一是整合管理手段，让源头管理与路面执法形成合力；二是增强可操作性，把考试、发证、记分三个管理步骤合而为一，既有利于实际管理和执法，又便于社会公众学习掌握；三是减少立法成本，提高工作效率。从立法技术上讲，对有内在联系的事物，应尽可能放在一个规定中，这样有利于立法，有利于执法，有利于监督，有利于学习掌握，也有利于配套实施。

72号令则是针对我国经济快速发展，机动车数量剧增，机动车登记出现了一些新情况和新问题，进而对公安部令第56号进行修订形成的。其特点主要体现在：一是随着科技手段的大量应用，进一步简化机动车登记工作的流程，方便群众办理机动车牌证；二是为配合《道路交通安全法》确立的机动车登记制度的落实，对原来部门规章中有关重复或不一致的内容进行调整和修改，确保与

《道路交通安全法》及其实施条例配套实施。

从《道路交通安全法》《机动车驾驶证申领和使用规定》和《机动车登记规定》的名称变化上也可以看出我国民主法治建设的成长轨迹。无论是制定国家法律,还是修改公安部令,多次征求社会群众和学者的意见后,不少群众和专家提出"交通管理"概念太大、涉及太广,建议法律名称可着重体现道路交通中的"安全"概念,同时不要重点着重于"管理"理念而应当向"服务"理念转变。在全国人大常委会审议时,全国人大常委会部分委员也强调,道路交通首要是安全,其次才是畅通。因此,道路交通安全立法必须体现"尊重生命、以人为本"的原则。经过《道路交通管理条例》到《道路交通安全法》的更名过程,体现了道路交通管理切合民意、注重人文关怀的立法初衷。在《机动车驾驶证申领和使用规定》和《机动车登记规定》的命名上同样体现从"强管理"到"重服务"的转型,将"管理法"变为"申领和使用规定"以及"登记规定",既符合法律的立法原则,又充分体现部门规章所包含的主要内容。

由此,一个涵盖法律、行政法规、部门规章和标准规范的车辆与驾驶人管理法律体系基本形成。车辆与驾驶人管理工作完成了法制建设初期阶段的主要任务,已具备条件向法制巩固阶段过渡。在这一时期,车辆与驾驶人管理法制建设的主要任务,就是将工作重心转移到法律执行层面上,提高法律制度的执行权威。

(三) 车辆与驾驶人管理法律法规体系不断完善

在这一阶段,为积极构建服务型车辆管理所,更好地服务社会群众,全国公安交通管理部门陆续推出车辆与驾驶人管理便民利民措施。便民利民措施的推出,遵循"凡属许可类的措施必须由部令作出规定、属于工作程序类的措施以规范性文件予以规定"的原则,以修订后的公安部令及其工作规范为法律依据,以部门规章的形式对便民利民措施中的许可性规定进行调整,以规范性文件的形式对便民利民措施中的内部程序性规定进行调整。为进一步强化车辆与驾驶人管理法制化建设,使现行规章更适合经济社会发展和交通形势变化,把"以人为本""规范执法"的法制理念融入部门规章之中。公安部结合车辆与驾驶人管理的工作实际,借鉴国外的先进经验和成功做法,不断修改和完善相关规章制度。

在驾驶人管理方面,2006年,在公安部令第4号和第71号的基础上,公安部修订发布了《临时入境机动车和驾驶人管理规定》(公安部令第90号,以下简称90号令)、《机动车驾驶证申领和使用规定》(公安部令第91号,以下简称

91号令）。其中，90号令进一步规范了临时入境机动车和驾驶人管理，统一了临时入境机动车号牌和行驶证、临时机动车驾驶许可的办理条件和程序，为临时入境的机动车上路行驶、驾驶人临时驾驶机动车提供了便利。91号令主要改进了驾驶证管理制度尤其是驾驶人考试制度，严格了大中型客货车驾驶证的申领条件，将实际道路驾驶考试单独设立为一个考试科目，在一定程度上解决了考试针对性不强、难易程度不均衡、重技能培训轻安全意识等问题，引导驾驶人培训和考试从"技能型"转变为"安全型"，切实提高新驾驶人的安全驾驶意识和能力。2009年12月，公安部从"放宽残疾人驾驶汽车身体条件，保障残疾人权益""推进便民服务措施，方便群众办理驾驶证""完善驾驶证管理制度，突出管理针对性"三个方面，修订发布了《机动车驾驶证申领和使用规定》（公安部令第111号，以下简称111号令）。111号令允许右下肢或双下肢残疾以及有听力障碍的残疾人驾驶汽车，不仅圆了不少残疾人的驾驶梦想，还为支持残疾人驾驶汽车出行制定了有效的管理措施，以保障残疾人和其他道路交通参与者的人身、财产安全。111号令还推出许多便民服务措施，简化了摩托车驾驶证的申领程序，增加了驾驶证因逾期未换证被注销的救济措施，着力提高服务群众水平；同时，进一步完善驾驶证管理制度，严格驾驶人的日常管理，在源头上有效预防和减少道路交通事故，保障道路交通安全。

2008年，公安部本着进一步规范办理程序，强化服务方式，为群众提供更多便利的原则，修订发布了《机动车登记规定》（公安部令第102号，以下简称102号令）。102号令的修订有如下亮点：一是推出了机动车号牌号码自编自选、简化办理机动车登记程序等便民利民措施，并将近年来公安部推行的便民利民措施通过部门规章形式进行简化；二是进一步规范了机动车登记条件和程序，规范了车辆管理所内部的职能设置和监督机制，明确规定设立县级车辆管理所；三是增加了法律责任规定，对非法改装机动车、不按规定办理登记等违法行为设定了罚则，体现有法可依、执法必严。

2012年，为贯彻实施《校车安全管理条例》（国务院令第617号），进一步加强校车登记管理，保障校车安全，公安部修订发布了《机动车登记规定》（公安部令第124号，以下简称124号令）。为了贯彻实施124号令，规范办理机动车登记和校车标牌核发业务，公安部又修订了《机动车登记工作规范》。

2012年和2016年，《机动车驾驶证申领和使用规定》也先后经历了2次修订，2016年修订的《机动车驾驶证申领和使用规定》（公安部令第139号，以下简称139号令）是为了进一步完善机动车驾驶人考试和管理制度，优化机动车驾驶证考领程序，首次将小型汽车驾驶证自学直考纳入法律规范体系中来。

2021年12月，公安部发布了新修订的《机动车驾驶证申领和使用规定》（公安部令第162号，以下简称162号令）、《机动车登记规定》（公安部令第164号，以下简称164号令），其中《机动车驾驶证申领和使用规定》自2022年4月1日起施行，《机动车登记规定》自2022年5月1日起施行。

在相关技术标准的制定和修改中，公安部会同有关部门修订实施了《机动车运行安全技术条件》（GB 7258—2017）、《道路车辆外廓尺寸、轴荷及质量限值》（GB 1589—2016）等国家标准，进一步严格了机动车安全技术要求；制定和修改了《机动车驾驶证件》《机动车驾驶人场地驾驶技能考试系统》《机动车号牌》《机动车查验工作规程》等数十个行业标准，全面促进了机动车和驾驶人管理工作的制度化、规范化、标准化。

第四节　公安交通管理"放管服"改革新举措

2015年5月12日，国务院召开全国推进简政放权放管结合职能转变工作电视电话会议，首次提出了"放管服"改革的概念。放管服，就是简政放权、放管结合、优化服务的简称。"放"即简政放权，降低准入门槛。"管"即创新监管，促进公平竞争。"服"即高效服务，营造便利环境。公安交管部门聚焦群众新期盼、新要求，主动回应关切，自2018年以来陆续推出了20项公安交管"放管服"改革措施、10项便民利民服务举措、6项服务经济社会发展和服务群众企业措施、6项公安交管改革便民利企新措施等一系列便民利民措施，受到社会各界普遍欢迎。

一、2018年推出20项公安交管"放管服"改革措施

为积极回应人民群众对美好生活的新期待、新要求，进一步深化"放管服"改革，公安部于2018年推出了20项公安交管"放管服"改革措施，大力推进简政放权、减证便民，通过"马上办、网上办、就近办、一次办"，提升交通管理服务便利化工作，相关措施于2018年9月1日起全面启动推行。20项交通管理"放管服"改革新举措明细如下：

1. 申请材料四个减免。办理交管业务时，申请人身份证明免予复印，申请表格免手填写，车辆识别代号免费拓印，车辆购置税、交强险、体检证明等相关部门证明凭证实现联网后逐步免予提交。

2. 18类业务一证即办。补换领、审验驾驶证等18类车驾管业务，申请人凭本人居民身份证明一证即办。

3. 普通业务一窗通办。整合优化车驾管业务办理流程，推行网银、微信、支付宝等缴费支付电子化，实现业务受理、资料审核、缴纳费用、牌证发放"一次排队、一次办结"。

4. 个性服务自助快办。推广使用自助服务终端，群众可自助办理补换领驾驶证、机动车选号、信息变更、交通违法处理等业务。

5. 交管服务网上办理。完善互联网交通安全综合服务管理平台，提供网上补证换证、预约选号、事故处理等交管服务。

6. 政务信息网上互通。积极推进交管服务平台与其他政务平台互联互通，群众在其他政务平台也可以办理交管业务，实现"单点登录、全网通办"。

7. 安全教育网上学习。试点推行互联网学习教育平台，方便驾驶人审验教育和满分教育网上申请、网上认证、网上学习。

8. 交通事故网上处理。推进与法院、保险机构的数据信息共享，推动实现车损事故网上定损、理赔。

9. 社会服务网点代办。推行登记服务站代办，由汽车销售商、二手车市场、保险等单位代办新车注册登记、二手车转移登记等车驾管业务，提供购车、选号、投保、缴税等"一站式"服务。

10. 邮政服务网点代办。建立警邮合作平台，由邮政网点代办补换领驾驶证/行驶证、申领免检标志、自助处理交通违法等业务，实现就近受理、后台制证、邮寄送达。

11. 延伸农村交管服务。向县级下放小型汽车登记和驾驶人考试等车驾管业务，有条件的地方可办理进口车注册登记；推行乡镇政务服务网点代办摩托车登记、补换领驾驶证等业务。

12. 推进交通事故快处快赔。推行"警保联动"，推动保险公司理赔员与交警、辅警共同上路巡查，快速处置财产损失交通事故。推行在农村建立交通事故协理员队伍，协助事故快处快赔。

13. 实行车辆全国"通检"。2018年9月1日起，全面推行小型汽车、货车和中型客车跨省异地检验，申请人可以在机动车登记地以外省份直接检验，申领检验合格标志，无须办理委托检验手续。

14. 推进车检程序优化。对 6 年内免检车辆，通过互联网服务平台验证交强险后，直接申领免检标志。推动检验机构开通网上预约车检服务，方便群众"随到随检"。

15. 便利车辆异地转籍。试点推行非营运小微型车档案电子化网上转递，对异地转籍车辆，申请人不再需要到迁出地车管所提取纸质档案、查验车辆，减少群众两地间往返。

16. 便利驾驶证省内异地申领。放宽小型汽车驾驶证异地申领条件，2018 年 9 月 1 日起，本省（区）申请人可凭居民身份证直接申请；跨省（区）异地申请人在办理所在省（区）任一地市居住证后，也可直接在全省范围内申领。

17. 健全监督制度机制。完善监管制度，畅通社会群众咨询、投诉、举报渠道，构建常态化、智能化、社会化的监管体系。

18. 加强智慧监管建设。创新大数据、信息化科技监管手段应用，建设信息化监管中心，实现对交管业务全方位监管、全过程留痕。

19. 加强事中、事后监管。加强网上、网下监督检查，严格违法违规责任追究；建立失信联合惩戒机制，对违法违规的检验机构、社会化考场等实施联合惩戒。

20. 加强信息系统安全保障。加强信息数据系统建设与安全技术保障体系建设，防范信息数据应用安全风险。

二、2019 年上半年推出 10 项深化公安交管"放管服"改革便民利民服务措施

为深入贯彻党中央、国务院推进"放管服"改革部署，全面落实中央政法工作会议和全国公安厅局长会议要求，积极回应群众和企业关切，进一步简政放权、减证便民，优化营商环境，助推高质量发展，努力提供普惠均等、便捷高效、智能精准的公安交管服务，在 2018 年推出 20 项"一次办、马上办、就近办、网上办"公安交管"放管服"改革新举措的基础上，2019 年上半年公安部继续推出了 10 项深化公安交管"放管服"改革便民利民服务措施，包括 5 类业务可以"异地通办"、5 项服务可以"便捷快办"，进一步提升交管服务水平，进一步增强人民群众的幸福感和满意度。深化公安交管"放管服"改革 10 项便民

利民服务措施如下：

1. 推行小型汽车驾驶证全国"一证通考"。申请人可以凭居民身份证在全国范围内任一地申领小型汽车驾驶证，无须再提交居住登记凭证。港澳台居民可以凭港澳台居民居住证在全国范围内任一地申领。

2. 实行小型汽车驾驶证异地分科目考试。申请人申领小型汽车驾驶证期间已通过部分科目考试后，因工作、学习、生活等需要居住地发生变更的，可以在全国范围内申请变更一次考试地。申请人可以持本人身份证件至现居住地车辆管理所申请继续参加其他科目考试，已通过的科目考试成绩继续有效。

3. 试行大中型客货车驾驶证省内异地申领。对在省（区）内异地申领大中型客货车驾驶证的，申请人可以凭居民身份证直接申请，无须再提交居住登记凭证。对跨省（区）异地申领的，在办理现所在省任一地居住证后，也可直接在全省范围内申领大中型客货车驾驶证。

4. 扩大车辆转籍信息网上转递试点。在原有15个试点城市的基础上，进一步扩大非营运小微型载客汽车档案电子化网上转递试点，在直辖市、省会市、自治区首府市、计划单列市全部推行，同时各省（区）至少再选择1至2个城市推行。对机动车在试点城市之间转籍的，申请人可以直接到车辆迁入地车辆管理所申请并办理，无须再回迁出地验车、提取纸质档案。

5. 实行摩托车全国通检和6年免检。申请人可以在全国范围内任一地直接检验摩托车，申领检验合格标志，无须办理委托检验手续。注册登记6年以内的摩托车免予到检验机构检验，需要定期检验时，机动车所有人可以直接到公安交管部门申领检验标志。

6. 简化机动车抵押登记手续。当事人向公安交管部门申请办理机动车抵押登记时，对商业银行、汽车金融公司作为抵押权人的，不需要再提交营业执照原件，改为提交加盖公章的营业执照复印件，营业执照复印件或抵押合同可以使用电子印章。推行在银行、汽车金融公司等机构设立交通管理服务站，方便群众办理机动车抵押登记。已实现与银保监部门、银行等金融机构联网的，实行机动车抵押信息网上转递，公安交管部门网上比对核查。

7. 扩大使用原号牌号码范围。对登记在同一机动车所有人名下的同号牌种类的非营运车辆，可以申请车辆间互换机动车号牌号码，更好地满足群众和单位的需求；同一机动车一年内可变更一次号牌号码。放宽使用原机动车号牌号码时限，原车注销、迁出或转移后，保留原号的时限由1年调整为2年。

8. 实行机动车销售企业代发临时行驶车号牌。推进在机动车销售企业设立交通管理服务站，发放临时行驶车号牌，方便群众购车、领取临牌后即可上路行驶。

9. 全面推行车辆购置税信息联网。在原有 4 个省（市）试点的基础上，会同税务部门全面推进车辆购置税信息联网核对，公安交管部门办理机动车注册登记时网上核对购置税电子信息，群众无须再向公安交管部门提交纸质购置税完税或免税证明。

10. 推行 12123 交管语音服务热线。深化"互联网+交管服务"，推广应用 12123 语音服务平台，启用全国统一交管服务电话号码"12123"，为群众提供交通管理业务咨询、信息查询、业务预约/受理、互联网平台用户信息注册/变更等服务功能。

三、2019 年下半年推出 6 项公安交管新措施

2019 年 9 月 10 日，公安部又公布了交管 6 项新措施，包括 3 项便捷快办服务、3 项网上交管服务，新措施于 9 月 20 日起推行。

（一）3 项便捷快办服务

3 项便捷快办服务是：车辆登记销售企业快捷代办，购买车辆、购置保险、选号登记等销售企业一站办结；租赁车交通违法处理简捷快办，承租人可以通过"交管12123"APP 网上查询、自助处理租赁汽车交通违法；临时入境车辆牌证便捷可办，简化申领手续，延长使用期限。

（二）3 项网上交管服务

3 项网上交管服务为：推进小客车转籍信息网上转递，非营运小客车异地转籍的，可以直接到车辆迁入地申请，不需要到迁出地车管所提档、验车；推广应用互联网学习教育平台，实行驾驶人审验教育和满分教育网上申请、认证、学习；全面推行交通事故多发点段网上导航提示，提供交通事故多发点段、占路施工、交通管制、交管业务网点等信息导航提示服务。

截至 2020 年 1 月，汽车 4S 店快捷代办服务加快推进，5000 多家汽车 4S 店开展购车、选号、登记"一站式"服务；便利租赁汽车处理交通违法试点启动，北京、河北、江苏、四川等 10 个试点省市已备案汽车租赁企业 1000 多家，便利处理交通违法 1 万多笔；临时入境车辆人员出行更加便利，交管部门在入境机场、港口等地设立服务站点 240 多个，牌证手续更加简化，入境即可就地申领；

小客车转籍信息网上转递扩大试点,已有 300 个城市落地实施,20 多万名车主直接在转入地办理车辆转籍,减少两地往返;互联网学习教育平台全面推广,300 多万人次在网上接受审验教育和满分教育;交通事故多发点段导航提示试点顺利,23 个省份已试点推行,通过高德、百度、腾讯等导航软件累计发布交通安全预警信息 15 万余条(次)。

四、2020 年推出公安交管改革便民利企 6 项新措施

(一)试点机动车检验合格标志电子化

群众在办理完成车辆登记、检验业务后,可以通过互联网交通安全综合服务管理平台或者"交管12123"手机 APP 查看、下载检验标志电子凭证,车辆不需要再粘贴纸质检验标志,免去粘贴麻烦,公安交管部门不得以未放置检验标志为由处罚。在汽车租赁、抵押、交易、交通事故保险理赔等领域,当事人、企业可以使用手机 APP 读取检验标志电子凭证信息,便利群众办事,服务企业发展。2020 年 3 月 1 日起,北京、天津、上海、重庆、哈尔滨、南京、杭州、宁波、济南、株洲、深圳、海口、成都、贵阳、玉溪、乌鲁木齐 16 个城市先行试点。

(二)试点接受教育减免交通违法记分

坚持教育与处罚相结合,对符合规定条件的机动车驾驶人,参加公安机关交通管理部门组织的交通安全教育学习、考试或者交通安全公益活动达到相关要求的,减免最高不超过六分交通违法记分,发挥记分制度教育引导、鼓励守法的正向激励作用。2020 年 3 月 1 日起,在湖北、广东深圳等地先行试点。

(三)试点提供交通事故处理进度和结果网上查询

深化"互联网+交管服务",对发生造成人员伤亡或者较大财产损失,公安交管部门适用一般程序处理交通事故的,事故当事人各方可以通过互联网交通安全综合服务管理平台、"交管12123"手机 APP 查询案件受理、扣留扣押、调查取证、检验鉴定、损害赔偿调解等事故处理进度,以及道路交通事故认定书、复核结论等事故处理结果。2020 年 3 月 1 日起,在上海、江苏、山东、广东、重庆、四川 6 个省(市)先行试点。

(四)全面推行租赁车交通违法处理简捷快办

在部分省市试点基础上,在全国范围内全面推行租赁车交通违法处理简捷快办,承租人可以通过"交管12123"手机 APP 网上查询、自助处理承租期间发生

的交通违法，避免两地奔波；对承租驾驶人未及时接受处理，经租赁企业申请并确认无误的，将交通违法记录转移至承租驾驶人名下，减轻租赁企业负担。2020年3月底前，全国全面实施。

（五）全面推行小客车转籍信息网上转递

在部分省市试点基础上，在全国范围内全面推行非营运小微型载客汽车档案电子化网上转递，申请人可以直接到车辆迁入地车辆管理所申请并办理机动车转籍，无须再回迁出地验车、提取纸质档案。2020年3月底前，全国全面实施。

（六）全面推行交通安全导航提示服务

在部分省市试点基础上，在全国范围内全面推行交通安全导航提示服务，对交通事故、占路施工、交通管制、公路事故多发点段等情况，通过地图导航向交通参与者发布交通安全预警提示信息，保障群众出行安全顺畅。2020年3月底前，全国全面实施。

第二章
其他国家车辆与驾驶人管理制度的经验与启示

第一节 美国的经验与启示

一、美国道路交通管理概述

美国被称为"汽车轮子上的国家",拥有世界上最完善的公路交通网络,是公路交通最发达的国家。美国的公路按使用功能分为州际公路、其他高速公路、主干道、次干道、主要连接线、次要连接线及地方公路。根据美国联邦公路局(FHWA)发布的公路统计资料(Highway Statistics 2018),截至2018年,美国全国注册机动车数量达273602100辆,公共道路总里程6751639km(4195274mi),其中国家公路系统(NHS)总里程354327km(220169mi),公路行驶车公里数达52389亿车公里。

美国是一个联邦制国家,政府层级从上到下主要由联邦、州、各地方(主要是县、市级)政府三级构成。美国社会的共识是:公民自己能解决的事情,政府就不应介入;地方政府能解决的事情,就不上交州政府;州政府能解决的事情,就不交到联邦政府;只有地方及各州解决不了或必须由联邦政府统一管理的外交、国防等事务,才交由总统领导的联邦政府机构负责管理,而且必须有法律上的明确授权。1832年,在安德鲁·杰克逊总统当政时期,他的行政管理机构向联邦最高法院诉称美国联邦宪法并没有明确界定道路和交通方面的事务是联邦政府的职责,因此相关的职责应由各州承担,美国联邦最高法院支持了这一观点。自此后,对于道路和交通的基本管理职责就永远地分配给各州政府,各州政府作为道路交通(含车辆和驾驶人管理)的第一责任人。

二、美国的车辆和驾驶人管理

美国各州有各自不同的道路交通管理法律规范,甚至美国各州的州际公路最高限速都各不相同,因此,美国不像我国有全国统一的机动车驾驶证,而是各个州有各自的机动车驾驶证。美国各州都要求在公共道路上驾驶机动车,必须获得相应的机动车驾驶证(Driver's License)或者临时驾驶证/学车许可证(Permit/learner's permit)。美国各州的机动车驾驶证通常可以分为商业驾驶证(commercial driver licenses, CDL)和非商业驾驶证/普通驾驶证(Non-commercial driver licenses，DL），商业驾驶证类似我国的 A 类、B 类及其他特殊用途的机动车驾驶证，申领条件比较严格。而普通驾驶证类似我国的小型汽车驾驶证，申领条件则比较宽松。美国被称为"汽车轮子上的国家"，截至 2018 年年底，美国常住人约 3.27 亿人，注册机动车约 2.74 亿辆，注册机动车驾驶人约 2.27 亿人，平均每 3 人中有 2 人拥有机动车驾驶证。除极少数大城市外，广大的中小城市和乡村地区，居民居住比较分散，而公共交通又欠发达，因此，驾驶机动车通常是美国居民生活所必须具备的一项基本技能。类似我国的成年人都会骑自行车一样，美国的成年人几乎都会驾驶机动车，获得机动车驾驶证，也是美国公民的一种成年标志，机动车驾驶证在美国可以作为身份证（photo ID）使用。尽管美国大多数州都要求本州居民在年满 18 周岁后才能获得标准的机动车驾驶证（standard driver's license），但根据各州规定，通常年满 16 周岁就可以申领一种过渡性的机动车驾驶证（Provisional Driver License/intermediate driver license），而初学的最低年龄通常是 15 周岁到 15.5 周岁，但未满 18 周岁的未成年人整个学习和考试过程都需父母或者监护人陪同。有些州（如宾夕法尼亚州）对过渡性的机动车驾驶证上签注的驾驶证类型与标准的机动车驾驶证类型有所不同，大多数州并无不同，但是对未满 18 周岁的驾驶人的驾驶行为通常都会有一定限制，如俄亥俄州对未满 18 周岁的未成年机动车驾驶人，通常不允许其在凌晨 1：00~5：00 上公共道路上行驶。

美国各州的车辆和驾驶人管理机构（类似我国的车辆管理所）的称呼和隶属关系等也各不相同。通过查询美国各州的车辆管理网站发现，美国各州车辆管理机构的称呼及隶属关系大概可以分为三类：一是 DMV（Department of Motor Vehicles），如加利福尼亚州、纽约州、内华达州等的 DMV 是直属州政府的一级局，相当于我国的公安厅（局）、交通（厅）局这个级别；二是 BMV（Bureau of Motor Vehicles），如俄亥俄州的 BMV 是隶属俄亥俄州警察局下面的二级局；三是 MVA（Motor Vehicle Administration），如马里兰州的 MVA 是隶属州交通运输部下的二级局。下文为了方便，统称为车辆管理局。美国各州车辆管理局对机动车驾驶人的学习和考试规定大致相同，但在一些细节方面略有差异，下面选取美国东部的宾夕法尼亚州、中部的俄亥俄州及西部的华盛顿州。对这三个州在普通机动车驾驶证申领过程中学习和考试的相关规定比较如表 2-1 所示。

表 2-1 宾夕法尼亚州、俄亥俄州及华盛顿州普通机动车驾驶证学习和考试相关规定比较表

比较内容	学习驾驶					驾驶考试		
	(1)专业培训	(2)上路学习的必备条件	(3)教练员	(4)学习用车	(5)学习路线、场地	(6)视力测试	(7)笔试	(8)路考
宾夕法尼亚州	年满18周岁前申请驾照的,路考时需要提供不少于65小时的车辆驾驶训练证明	通过(6)和(7)的测试,获得学车许可证	年满21周岁持有相应驾照,或持有相应驾照的年满18周岁的配偶、监护人或父母	无特殊要求	州内道路,对道路等级没有要求	无须预约	无须预约,18道选择题至少对15道	需预约,车辆自备,含类似我国科目二的侧方停车及科目三的全部内容
俄亥俄州	未满18周岁的,路考时需要提供中学或者专业机构的课堂教育证明,年满18周岁不需要任何专业培训证明	通过(6)和(7)的测试,获得临时驾驶证	年满21周岁持有相应驾照;若学习者未满16周岁,只能是持有相应驾照的父母、监护人或专业教练员	无特殊要求	当地街道等低速道路	无须预约	无须预约,要求40道选择题至少对30道	需预约,车辆自备,分两部分:第一部分类似我国科目二的倒车入库;第二部分类似我国科目三的部分分类考试
华盛顿州	能提供专业培训证明的,可以提前(年满15周岁)申领临时驾照	通过(6)和(7)的测试,获得临时驾驶证	持相应驾驶证至少满5年	无特殊要求	州内道路,对道路等级没有要求	无须预约	无须预约,25道选择题至少对20道	需预约,车辆自备,含类似我国科目二的侧方停车及科目三的全部内容

从表 2-1 可以看出，美国各州普通机动车驾驶证申领的程序通常是：当申领人年满 15 周岁或 15.5 周岁，就可以在中学或专业的驾驶培训机构接受一定时间的专业教育或培训，然后在父母或者监护人的陪同下，在所在州车辆管理局的各个分支机构通过视力测试（Vision Screening）和笔试（Writing Test）。这个笔试类似于我国的科目一考试，主要涉及交通信号、交通标志标线、限速规定及其他本州的交通安全法律规定，全部是选择题，通常需要答对 75%~85% 的题目才算合格。视力筛选和笔试通常不需要预约，随到随考。在通过视力测试和笔试后，通常当场就可以领到一个临时驾驶证/学车许可证。临时驾驶证的有效期通常是 1 年，到期还可以申请延长，有了这个临时驾驶证，就可以在持有一定年限相应准驾车型驾驶证的父母、监护人或其他人的陪同下混入当地普通道路上学习驾驶，陪驾的人需要坐在副驾驶的位置。在练习一段时间以后，就可以预约路考，路考通过以后即可获得机动车驾驶证。美国各州除了未满 18 周岁的未成年人学习驾驶外，其他情况对教练员很少有专门的要求。对学习和考试的车辆也无特殊要求，普通家用的小型汽车即可。但根据笔者的经验，美国乘用车普遍是自动挡，手动挡汽车所占比例很小，操作起来相比我国驾校普遍采用的手动挡老爷车要容易。美国的交通环境相对我国来说比较简单，再加上类似我国科目二考试的内容比较容易，所以对学习场地并无特殊要求。笔者曾在俄亥俄州生活过 1 年，申领过俄亥俄州的普通机动车驾驶证，当时练习倒车入库的场地就是在居住地附近一个教堂的停车场上，教堂的停车场在非周末的时间非常空旷，适合学习者练习车辆的操作性能。对学习的线路也无特殊要求，通常混入当地的普通低速道路上进行练习，就笔者的经验看，初学时通常选在交通密度不大、非高峰期的普通道路上进行练习，不宜选在高速道路、高峰期或人口稠密的地方练习。路考前通常要求考试人测试一下车辆喇叭、车灯、雨刮器、车辆制动器等的功能是否正常，对装备有先进停车引导系统（Advanced Parking Guidance System，APGS）的车辆，在路考时要求必须关闭该系统。路考中类似我国科目二考试的内容也相对容易，通常只考类似我国的侧方停车或倒车入库的内容。路考中类似我国科目三考试的要求要比我国更为严格，如果在路考中出现违反交通安全法律规范（如在停车标志前没有将车完全停下、违反信号灯的指示、违反让路通行规定等）、危险驾驶、发生交通事故、不遵守考试员的指示或者有过多的操作失误将被判定不通过考试，通过路考即可获得机动车驾驶证。

美国大多数州的机动车驾驶证有效期是 4 年，到期后需要到当地车辆管理局换发新的驾驶证。持有美国一个州的机动车驾驶证可以在美国全境的任何公共道路上驾驶机动车,任何机构不得要求其他附加的驾驶证或许可。但如果持有美国一个州的机动车驾驶证迁往另一个州定居,成为另一个州的新居民,通常需要换发另一个州新的机动车驾驶证。美国各州都要求在申请换发新驾驶证时,必须放弃原有的机动车驾驶证,美国不允许任何人同时持有二个或二个以上州的机动车驾驶证。在申请换发新驾驶证时,路考(类似我国的科目二、科目三的考试)通常可以免考,而有些州要求笔试考试(如俄亥俄州),有些州是可以免考的(如华盛顿州)。

第二节 德国的经验与启示

一、德国道路交通概况

截至2011年,德国居民8200万人,机动车保有量5600万辆,机动车驾驶人4800万人。2011年,全德道路交通事故死亡4002人,万车死亡率为0.71,是世界上道路交通安全状况最好的国家之一。德国公路总里程约65万公里,其中高速公路1.3万公里,居世界第四位。德国公路技术等级高,不论是高速公路还是乡村公路,车道宽度、道路线形等均严格按等级标准建设,交通标志标线清晰、完好、连续、充足、视认性好。具体表现为:一是指路标志设置密集连续,平均每500米到1000米便设置指示方向、重要地点的标志,指示性非常明确,对驾驶行为起到很好的引导作用(见图2-1)。二是限速、禁止超车、禁行标志设置明确,一些路段含有固定标志和电子显示屏可变标志,对交通行为有很强的约束性、规范性,便于识认和遵守。三是在施工路段的分流、导流、临时限速标志、警示标志设置很规范。四是乡村公路标志标线设置规范、完善。同时,道路防护设施安全性高,特别是高速公路中央隔离带普遍采用双层钢质护栏,护栏中间还有横向钢架支撑,增加碰撞弹性,防护效果更好(见图2-2)。道路交通应急设施完善,隧道内均设置了紧急逃生通道,高速公路路侧平均每2公里有一部紧急电话,供紧急情况时使用。

第二章　其他国家车辆与驾驶人管理制度的经验与启示

图 2-1　清晰的指路标志

图 2-2　高速公路中央隔离带

二、德国车辆和驾驶人管理的经验和启示

（一）车辆整体构成水平高

德国是汽车发明国和汽车制造大国、强国，技术先进，轿车、大型客车、货车、特种车等各种车型制造标准、质量都很高，主动安全性能好。戴姆勒汽车公司高度重视汽车安全，首先是法律规定的要求对公司来说是最低标准，其次是国家车辆技术标准，再次是客户需求，最后是公司不断研发引领行业发展的新技术，通过更高、更严的标准，提升车辆的安全性，提升汽车的品牌价值，赢得更多的客户。他们不仅仅以达到国家、欧盟标准为目标，而是以更高的标准引领行业、国家乃至国际的标准。德国的货车绝大多数为封闭式的厢式货车，大型客车中没有卧铺客车，车辆性能好，各种车辆之间的速度差小，降低了事故发生的概率。

（二）注重车辆安全技术的研发应用

德国的汽车企业非常注重汽车安全技术的研发应用。一是自动紧急制动系统（AEBS），车辆行驶过程中，当与前方车辆距离过近或前方有静止障碍物时，该系统会提示驾驶人减速，如果驾驶人没有反应，随着距离进一步拉近，系统会自动按30%的幅度刹车；在车辆处于即将发生碰撞的速度临界点时，系统会100%

紧急刹车，避免车辆发生碰撞。这一系统主要在驾驶人醉酒、吸毒、发病或疲劳驾驶等情形，驾驶人未能及时控制或不能控制车速而采取物理辅助制动措施，可有效避免车辆碰撞。二是电子稳定控制系统（ESC），它综合了对防抱死制动系统（ABS）、制动辅助系统（BAS）和牵引力控制系统（ASR）等的集成控制，通过从各传感器传来的车辆行驶状态信息进行分析，然后向ABS、ASR等发出纠偏指令，帮助车辆在各种状况下保持最佳的稳定性。车辆自动稳定系统主要在坡路、湿滑路面车辆转弯侧滑过程中对各个车轮制动力进行均衡配制，以防车辆侧滑倾覆。关于这些安全技术的推广使用，欧盟和德国的法律已作出规定。2011年11月起，所有在欧盟新注册的乘用车必须装配ESC，从2014年11月起所有新车都必须装配该系统。欧盟还规定分两步在所有3.5吨以上商用车上必须安装自动紧急制动系统（AEBS），第一步从2013年11月1日开始。在负责德国机动车检验工作的车辆系统数据有限责任公司（FSD），技术人员演示了使用他们研制的车辆安全性能检测适配系统进行车辆安全技术检验，该系统通过适配器连接车辆行车计算机，精确度高，可提高检验质量和效率，能在20秒内完成与车辆的通信，快速检查车辆灯光、制动、防抱死等控制系统的工作状态，以及各项电子控制系统的工作状态，有效提高了车辆安全检测效率。

（三）实行职业驾驶人再培训制度

为提高大客车和货车驾驶人等职业驾驶人素质，预防营运车辆交通事故，德国从2008年起实施职业驾驶人再培训制度，要求从事客货运输的驾驶人每5年必须参加不少于35小时的业务培训，培训内容由驾驶人管理职能部门统一规定，主要包括新的法律法规、安全驾驶要求、环保驾驶要求、货物安全装载要求等，培训时间和记录必须统一签注在驾驶证上，以备警察和运输局执法人员随时检查。培训工作由各地驾校和汽车俱乐部等机构负责实施，驾驶人可自主选择驾校和汽车俱乐部参加培训。通过实施职业驾驶人再培训制度，一方面提高了驾驶人安全意识和职业素养，另一方面管理部门也可根据执法过程中发现的问题，及时调整培训内容，开展针对性教育。

目前，我国除一个记分周期内累积记分达到12分的驾驶人应当强制接受教育外，没有其他再培训的规定。建议借鉴德国做法，建立公路客车、旅游客车、公共汽车、出租车、货车（含危险品运输车）驾驶人再培训制度，定期对从事道路运输的长途客车、公交车、旅游客车、出租车、危险品运输车驾驶人开展培训，重点培训新的法律法规和交通安全意识培养，通报交通安全事故教训，紧急突发情况下的应急处置、雨雪天气情况下的安全驾驶技能等内容。

(四) 建立交通运输企业交通违法连带责任制度

根据欧盟指令（EC 561/2006）和德国联邦法律公报（BGBl. IS. 1057）规定，运输企业应当确保驾驶人在道路运输中遵守交通安全法规，并同时承担驾驶人违法的责任。在德国，发现营运车辆驾驶人违法情况，除处罚驾驶人外，还要对运输企业实施连带处罚，相关处罚记录将作为企业是否能持续获得营运资质的依据。据联邦货物运输局介绍，如果发现驾驶人疲劳驾驶超过规定时间2小时，只要证明所在运输企业在发车计划安排上有不合理的地方，除对驾驶人处以60欧元罚款外，还要对企业处以120欧元以上罚款。

我国《道路交通安全法》第92条第4款规定，运输单位的车辆有超员、超载情形，经处罚不改的，对直接负责的主管人员处2000元以上5000元以下罚款。2007年，公安部专门就《道路交通安全法》第92条第4款的适用问题作出批复，明确2年以内有超员违法行为记录并受到处罚的，可以依照《道路交通安全法》第92条第4款规定，认定为"经处罚不改"，由企业住所地公安交通管理部门对企业直接负责的主管人员（包括企业主要负责人、主管安全和经营的企业负责人与部门负责人以及安全管理人员）分别处以2000元以上5000元以下罚款。从目前的执行情况看，有一定效果，但还不明显，接连发生的重特大道路交通事故，暴露出客货运企业安全主体责任落实不力。建议针对大型客货车事故多、运输企业风险责任小的实际，进一步督促企业落实安全主体责任。

(五) 有效监管疲劳驾驶违法行为

行驶记录仪作为一种有效监控疲劳驾驶行为的手段，广泛应用于世界很多国家。通过行驶记录仪的应用与管理，德国严格有效地控制了疲劳驾驶违法行为。根据欧盟统一规定，大于3.5吨的商用车和9座以上的客车必须安装汽车行驶记录仪，驾驶人开车之前，要将存有自身信息的IC卡插入行驶记录仪；德国法规（EG）561/2006规定，营运驾驶人每天的驾驶时间不超过9小时（每周可有两天例外为10小时，但总驾驶时间不超过56小时），且连续驾驶4.5小时必须休息45分钟以上。警察或联邦运输局交通监督执法人员可以随时通过计算机、U盘等读取设备，读取驾驶人最近28天内的行驶记录，对存在疲劳驾驶行为的驾驶人实施处罚，对处于疲劳状态的驾驶人强制休息（见图2-3、图2-4）。在德国从事旅游客运的驾驶人必须制订行车计划，并与旅游安排相符，如被警察检查发现未按计划执行，将受到处罚，对疲劳驾驶制约作用明显。

我国从2004年起开始推广使用行驶记录仪，强制要求在营运载客汽车、重型载货汽车、半挂牵引车上安装使用。目前，国家标准《汽车行驶记录仪》已完成修订，新标准中的行驶记录仪涵盖了卫星定位功能，具备了通过行驶记录仪应用管理疲劳驾驶的条件。建议明确规范行驶记录仪的使用规定，要求客货运企业、驾驶人提供基于行驶记录仪的车辆行驶情况记录，安全监管、公安交管、交通运输部门通过数据记录联合开展监督执法，严格监管疲劳驾驶等违法行为。

图2-3　执法人员检查司机驾驶时间

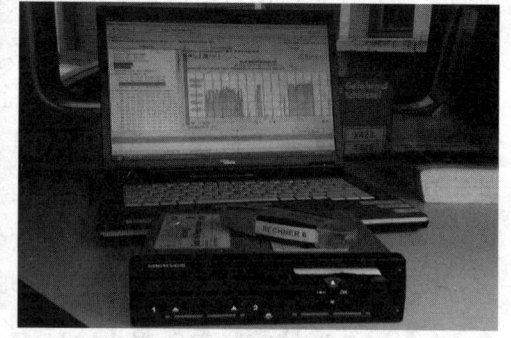

图2-4　行驶记录仪及数据采集、分析软件

（六）严格治理"毒驾"违法行为

针对12岁至25岁年龄段青少年吸毒后驾驶车辆行为高发的情况，2006年，德国16个联邦州共同制定了联合整治方案，严格查处"毒驾"违法行为。除加强路面查缉外，每年圣诞节前两天，均会举行全国查缉治理"毒驾"的统一行动。德国对吸食毒品（大麻、迷幻药、可卡因、吗啡和海洛因等）后的驾驶行为处罚十分严厉（见表2-2），吸毒后驾驶未发生道路交通事故的，属行政违法行为，对驾驶人处以记分、最高1500欧元罚款和暂扣3个月以内驾驶证的处罚；吸毒后驾驶引发交通事故的，属于刑事犯罪行为，除吊销驾驶证外，驾驶人还将面临刑事判决，相关处罚记录还会录入联邦中心的犯罪记录。通过有力的打击治理，德国警方有效遏制了"毒驾"行为，近5年因吸毒后驾驶导致的道路交通事

故比例持续下降。

对吸毒后驾驶，我国目前还缺乏有针对性的法律规定。建议借鉴我国治理酒驾成功经验和德国治理"毒驾"的做法，协调立法部门针对"毒驾"作出专门规定，严管严惩"毒驾"违法行为。

表2-2 德国对吸毒驾驶的处罚

吸毒驾驶情况		罚款（欧元）	记分	驾驶证	刑事处罚
未发生交通事故	第一次	500	4	暂扣1个月	——
	第二次	1000	4	暂扣3个月	——
	第三次	1500	4	暂扣3个月	——
发生交通事故	法庭判决	——		吊销	判刑

第三节 日本的经验与启示

一、日本道路交通概况

日本由本州、四国、九州和北海道四个大岛组成，行政区划由一都（东京）、两府（京都、大阪）、一道（北海道）和43个县组成。从国土面积看，日本国土狭长，面积为37.8万平方公里，但海洋经济专属区面积很大。从人口分布看，日本人口1.25亿，相当于英、意两国人口的总和。因为地形以山地和丘陵为主，仅占国土10%的沿海地区平原，集中了全国90%的人口；全国80%的人口居住于城市或大城镇，26%以上的人口居住在首都圈，49%以上的人口集中在大东京、京阪神、中京三大都市圈，而东京都人口密度达到每平方公里5748人。近年来，日本道路交通发展逐渐呈饱和态势，驾驶人数量、道路通车里程增长缓慢，机动车保有量甚至呈现下降。

一是日本道路网络已经基本成型固化，通车里程年均增长较少。按照日本《道路法》的分类，道路分为高速国道、一般国道、县道（日本的县即我国的省）、市道（町道、村道）四类。2010年，日本道路通车里程达121万公里，截至2018年年底，日本道路通车里程达122万公里，年均增幅仅为0.1%，其中高速国道总长8776公里，仅占全国道路里程的0.7%，但承担了全国总"车公里"（vehicle Kilometers traveled，KVT）的9%、货运"车公里"的13.3%，在道路运输中扮演着重要角色。日本自 2001 年开始推广使用 ETC，目前 ETC 用户约为 8300 万，安装率超过 90%。

二是日本机动车驾驶人数量从 2005 年以来年均增长率均低于 1%，占全国人口比例相对稳定。截至 2018 年，全国机动车驾驶人数量约为 8225 万人，占全国总人口的 75.7%，25 岁以上人口驾照持有率达 90% 以上。

三是日本机动车保有量从 2006 年以来呈逐年减少的态势。2006 年全国机动车保有量为 9144 万辆，2007 年为 9117 万辆，2009 年为 9020 万辆，至 2018 年约为 7765 万辆。

与相对平稳的道路交通要素相比，近年来日本道路交通事故呈逐年下降趋势。自 20 世纪 50 年代以来，日本经历了两个道路交通事故高峰期，分别是 1970 年和 2004 年，日本将这两个事故发生高峰点称为"交通战争"。但是，道路交通死亡人数自 20 世纪 90 年代就已经开始大幅下降，从 1970 年的 1.67 万人持续降至 2012 年的 4500 人以下，2018 年创下新低为 3532 人。行人和高龄者道路交通死伤占比较高，65 岁以上老人交通事故率是全国平均值的 2 倍。

二、日本车辆和驾驶人管理的经验和启示

（一）车辆管理

日本与我国车辆管理制度相近之处：两国机动车检验制度基本相近，均实行新车检验与定期检验相结合的制度。车辆的定期检验周期根据不同车型、不同用途有所不同，原则上是非营运的小型汽车检验周期长，营运车和大型汽车检验周期短。其中，日本私人客车第一次定期检验为 3 年，以后每 2 年检验 1 次；中小型货车第一次定期检验为 2 年，以后每年检验 1 次；出租车、营运客车、大型货车每年检验 1 次。两国的机动车检验项目和要求也基本相近，包括底盘、灯光、制动、侧滑等线外检验和上线检验项目，但日本对营运客车及改装车辆，还要增加车辆侧倾稳定性检测。

日本与我国车辆管理制度不同之处：一是日本对私人和商用机动车分类登记管理。日本的机动车登记由国土交通省负责，由设在各地的机动车登记机构办理检验和登记。办理登记时按照不同用途和车型核发不同颜色的号牌，个人用机动车使用白底绿字的号牌，营业用机动车使用绿底白字的号牌。排量 1.3 升以下的微型机动车使用黄底黑字（个人用）或黑底黄字号牌（营业用）。政府鼓励微型机动车的购买和使用，在税收政策上有较大的优惠政策。二是日本机动车的检验

与维修、保养相结合。日本机动车安全性能检验由各地交通局委托的机动车检验所承担。但机动车如果在指定的修理厂接受了维修、保养，并经检验合格，在申请定期检验时不需要提供被检车辆，只需提供修理厂提供的安全合格证明，可以免予接受交通部门的机动车检验。三是日本路面抽检车辆制度落实较好。为确保车辆定期检验，日本国土交通省不定期组织在街头随机拦截车辆开展检查，主要检查是否参加定期检验，以及检测安全性能、尾气排放、噪音等项目，效果较好。

（二）机动车驾驶人管理

日本与我国机动车驾驶人管理相近之处：一是驾驶人考试内容和要求基本相近。两国驾驶人考试都实行理论知识考试、场地驾驶技能考试、实际道路考试三部分，考试的内容、项目和要求也基本相近。其中，理论知识考试题目均为100道题，考试成绩90分为合格；场地驾驶考试均包括倒车入库、曲线行驶、坡道停车起步等项目；实际道路小型汽车考试我国通常考试3公里，日本为4公里。二是驾驶人培训都实行计时培训制度。两国驾驶人培训都分为驾驶技能训练和理论知识培训，其中，驾驶技能训练又包括场地驾驶训练和实际道路驾驶训练。两国均实行计时培训制度，我国小型汽车培训学时为86小时，其中理论知识培训28小时，驾驶技能培训58小时。日本相对较少，要求理论知识培训不少于26小时，驾驶技能培训不少于31小时。

日本与我国机动车驾驶人管理不同之处：一是日本驾驶技能考试由指定驾校承担。我国驾驶人三个科目的考试全部由公安交通管理部门承担。日本驾驶人考试分为两部分，驾驶技能考试由公安委员会指定的驾驶培训学校负责；理论知识考试由各地公安委员会负责。学员在驾驶培训学校完成培训科目并通过学校考试，获得毕业证书后，再参加由公安委员会组织的理论知识考试，就可以获得机动车驾驶证。二是日本驾驶人培训考试制度执行较严。日本公安委员会对驾校的培训、考试工作监管严格，每名学员都有详细的培训和考试记录，公安委员会定期抽查，对存在违规问题的将撤销培训和考试资格。严格的监管保证了理论知识和技能培训时间与要求得到很好的落实。其中包括在驾驶模拟器上进行的雨雪天、湿滑路、山区路等复杂条件驾驶训练，以及突发情况处理、事故救护处置技能和知识培训。汽车在实际道路上训练的里程均不少于500公里。三是驾驶人日常培训教育常态化、制度化。日本驾驶人管理中最有特色也最有实效的是驾驶人培训教育管理制度。已领取驾驶证的人必须按规定接受各种教育讲座。在实习期内，驾驶人如果违反交通法规，需要参加由公安委员会组织的初学者驾驶人培训讲座；驾驶证期满换证时，要参加由公安委员会组织的教育讲座；因交通违法被扣6分的，要被暂扣驾驶证，参加由警察部门组织的6至12小时的教育讲座；年龄超过70周岁的，每年要参加由公安委员会组织的高龄驾驶人专题教育培训。四是日本对驾驶人实行分类管理制度，奖惩分明。日本实行非职业和职业驾驶人两种不同的管理制度，对职业驾驶人核发专门的驾驶证。按照驾驶人是否严格遵守交通法律法规，将驾驶人分为优良级和一般级两种。5年内没有交通违法的，换发有效期栏为金色的优良级驾驶证，5年内有交通违法的，换发有效期栏为蓝色的一般级驾驶证。换发驾驶证时，一般驾驶人要参加1小时以上的讲座，优良驾驶人只需参加30分钟。

第三章
机动车管理

第一节　机动车管理概述

一、机动车的概念

道路车辆，是指设计和制造上用于在道路上载运人员、运送物品或进行专项作业，法律允许上道路行驶的车辆，包括机动车和非机动车。《道路交通安全法》第119条规定："机动车"，是指以动力装置驱动或者牵引，上道路行驶的供人员乘用或者用于运送物品以及进行工程专项作业的轮式车辆。

根据《机动车运行安全技术条件》（GB 7528—2017）的定义，机动车是由动力装置驱动或牵引，上道路行驶的供人员乘用或用于运送物品以及进行工程专项作业的轮式车辆，包括汽车及汽车列车、摩托车、拖拉机运输机组、轮式专用机械车、挂车。

《道路交通管理机动车类型》（GA 802—2019）对 GB 7528—2017 关于机动车的定义进行了改写，定义机动车是由动力装置驱动或者牵引，上道路行驶的供人员乘用或者用于运送物品以及进行工程专项作业的轮式车辆，包括汽车及汽车列车、摩托车、轮式专用机械车、挂车、有轨电车、特型机动车和上道路行驶的拖拉机，不包括虽有动力装置但最大设计车速、整备质量、外廓尺寸等指标符合有关国家标准的残疾人机动轮椅车和电动自行车。

需要说明的是，有轨电车属于《道路交通安全法》规定的机动车（即道路机动车辆），但其结构和技术特性与汽车、轮式专用机械车等其他道路机动车辆有明显的差异，故不适用 GB 7258—2017 关于机动车的相关技术参数的规定；而叉车，鉴于其外形和结构的特殊性，不适于在道路上行驶和使用，不属于道路机动车的范畴。

二、机动车发展概述

（一）德国人发明了汽车

1. 1867 年，德国工程师奥托研制成功世界上第一台往复活塞式四冲程发动机，并于 1885 年宣布放弃专利。

2. 1885 年，德国人卡尔·本茨购买了奥托的内燃机的专利，并将一个内燃机和加速器安装在一辆三轮马车上。1886 年 1 月 29 日，德国曼海姆专利局批准卡尔·本茨为在1885年研制成功的第一辆单缸三轮汽车申请的专利,这一天被大多数人认为是现代汽车诞生日。

3.1886年,德国人戈特利普·戴姆勒制成世界上第一辆四轮汽车。

4.1887年,奔驰汽车公司成立;1890年,戴姆勒公司成立;1926年,奔驰和戴姆勒公司合并成为戴姆勒-奔驰公司,生产"梅赛德斯-奔驰"牌汽车。

(二)美国人发展了汽车

汽车起源于欧洲,但汽车的发展却在大洋彼岸的北美。

1. 福特汽车公司的发展。1896年,亨利·福特研制成功2缸4轮汽车;1903年,福特汽车公司成立;1908年,福特T形车促进了大众化汽车消费;1913年,福特汽车公司最先建立流水线汽车装配系统,并因此引发了世界汽车制造业的一次惊天动地的革命,促进了汽车生产的规模化。

2. 通用汽车公司的发展。1897年,兰索姆·E·奥兹(Ransom E. Olds)投资50000美元,筹办了奥兹莫比汽车公司。此公司成为通用汽车集团内历史最悠久的组成部分。同年,该厂出产了第一辆奥兹莫比牌汽车。1902年,凯迪拉克汽车公司成立;1903年,别克汽车公司成立;1908年,威廉·杜兰特通过合纵连横,将别克、澳克兰、凯迪拉克和奥斯比尔等21家汽车公司、10家汽配公司和1家销售公司联合起来成立通用汽车公司。通用汽车公司在1997—2000年连续4年雄踞全球五百强企业冠军宝座;2009年,破产重组,2010年,美国车市逐渐复苏,通用依然是美国市场的销量冠军,2012年,经历破产重组后的通用汽车焕发出新的活力,通用汽车公司全球汽车销量达到9285991辆,仅次于丰田汽车集团,排名第二。

(三)法国人以科技推动汽车

1.1769年,法国陆军工程师古诺制造出第一辆蒸汽驱动的汽车。

2.1859年,法国人普兰特发明铅酸蓄电池;1860年,法国工程师洛娜因发明世界上第一只用陶瓷绝缘制成的电点火火花塞;1862年,电器工程师来诺研制出二冲程内燃机。

3.1888年,法国标致汽车公司成立,发明齿轮变速器和差速器。

4.1898年,路易斯·雷诺创建雷诺汽车公司,发明汽车传动轴。

5.1913年,安德烈·雪铁龙创建雪铁龙公司,发明人字形齿轮。

(四)英国人以精心制作汽车

1.1769年,瓦特发明蒸汽机,拉开了第一次工业革命的序幕。

2. 1838年，英国发明家亨纳特发明了世界上第一台内燃机点火装置，该发明被称为"世界汽车发展史上的一场革命"。

3. 1904年，劳斯莱斯汽车公司成立，1907年生产"幻影"。

4. 1919年，宾利汽车公司成立。

5. 美洲豹、陆虎、罗孚、劳斯莱斯、宾利、莲花、迷你、阿斯顿·马丁、沃克斯豪尔等英系名车相继问世。

（五）日本人以野心创新汽车

1. 1933年，丰田自动织布机成立汽车部，后独立为丰田汽车公司。

2. 1933年，日产前身塞米股份公司成立。

3. 1936年，日本三菱公司开始生产汽车。

4. 1937年，五十铃汽车公司成立。

5. 1948年，本田公司成立。

6. 日本汽车工业发展遇到三次机遇：朝鲜战争、国内需求和石油危机。1958年，日本首次向美国出口汽车；1970年，日本成为世界第二大汽车生产国；1980年，日本汽车年产量首次超过美国，目前形成丰田、本田、日产、三菱、马自达5大汽车集团，其中丰田汽车公司最近已连续多年位居汽车企业的龙头。

（六）汽车在新中国的发展

新中国成立前，我国的汽车工业几乎为零。新中国成立后，我国的汽车工业先后经历了初创阶段、摸索成长阶段、快速全面发展阶段以及21世纪的黄金10年和白金10年。

1. 1949—1960年，初创阶段。

（1）1953年7月15日，第一汽车制造厂动工，1956年7月13日，国产第一辆解放牌4吨载货汽车在第一汽车制造厂诞生。

（2）1958年以后的"大跃进"期间，各省市纷纷利用汽车配件厂和修理厂仿制和拼装汽车，形成了中国汽车工业发展史上第一次"热潮"。到20世纪50年代末，中国的汽车制造厂迅速增长到16家，汽车改装厂增加到28家，汽车特别是载货汽车产量迅速稳步增长，达到年产2万多辆的水平。

2. 1960—1980年，摸索成长阶段。该阶段从1960年到1980年，跨越了四个"五年计划"，以第二汽车制造厂、四川汽车制造厂和陕西汽车制造厂的建设为主线。

（1）1967年4月1日，第二汽车制造厂正式破土动工，举行开工典礼。9月工程全面开工，其建设周期长达10年之久。

（2）20世纪60年代后期，为满足重型载货汽车需求，四川汽车制造厂和陕西汽车制造厂以及一大批配套厂先后投入建设。

（3）到1979年，中国汽车年产量已达到19万辆，形成了以载货车和越野车为主体的汽车产品体系。

3. 1981—1999年，快速全面发展阶段。80年代初期，中国汽车工业不但产品数量不能满足要求，产品结构也以中型载货车为主，"缺重少轻，轿车几乎空白"。

（1）1982年5月，中国汽车工业公司在北京成立。

（2）1984年1月15日，北京汽车制造厂与美国汽车公司（AMC）合资经营的北京吉普汽车有限公司举行开业仪式。

（3）1984年7月，中法合资广州标致汽车公司成立。

（4）1985年3月，中国与德国合资的上海大众汽车有限公司正式成立。

（5）1987年8月，国务院北戴河会议讨论发展轿车工业问题，确定一汽、二汽、上海三个轿车生产基地，为今天的中国汽车生产格局奠定了基础。

（6）到20世纪90年代末，中国汽车生产能力比70年代末增长了几乎10倍，全国汽车年产量1992年首次超过100万辆。1998年汽车产量162.8万辆，世界排名第10位，其中商用车生产112.1万辆，世界排名第3位；轿车生产50.7万辆，世界排名第14位。1992—1998年，全国生产汽车累计984.7万辆，其中轿车234.8万辆，基本满足了国内快速增长的汽车需求。

4. 2000—2010年，中国汽车工业发展的黄金10年。21世纪第一个10年，对中国汽车行业来说，是极不平凡的10年。这10年里，全国汽车销量从200万辆跃升到1800万辆。2009年我国汽车工业取得了全球瞩目的成绩，首次超过美国，成为全球产销量第一的国家。形成了以上汽、东风、一汽为龙头的"3+X"汽车生产企业。

5. 2011年至今，中国汽车工业发展的白金10年。21世纪的头10年就像人发育最快的青春期，接下来的10年，自然就会进入成熟期，发育的速度也自然会慢下来，甚至停下来。但是，速度慢下来，体质却会更强健，如果前10年是发展速度的黄金10年，那么接下来的10年就是体质提升的"白金10年"。

中国汽车工业协会的数据显示，2017年我国共产、销2901.54万辆和2887.89万辆汽车，同比分别增长3.19%和3.04%，产、销量双双达到历史最高点。2018—2019年，受购置税优惠政策全面退出、中美经贸摩擦、环保标准切换、新能源补贴退坡等因素的影响，我国汽车的产、销量连续2年出现下降。

2018年,国内汽车产、销分别完成2780.9万辆和2808.1万辆,产、销量比上年同期分别下降4.2%和2.8%,为1990年来首次年度下降。2019年,国内汽车产、销分别完成2572.1万辆和2576.9万辆,同比分别下降7.5%和8.2%,但产销量继续蝉联全球第一。

根据公安部交通管理局的统计,截至2019年年底,全国机动车保有量达3.48亿辆,其中汽车2.6亿辆;2019年增量达2098万辆(扣除报废注销量),继续保持平稳增长趋势。2019年机动车新注册登记(上牌)量3214万辆,较2018年增加42万辆,增长1.32%;其中摩托车新注册登记量577万辆,较2018年增加124万辆,增长27.27%。新能源汽车保有量达381万辆,较2018年增加120万辆,增长46.05%;私家车保有量突破2亿辆。截至2019年年底,全国有66个城市的汽车保有量超过百万辆,30个城市超过200万辆,11个城市超过300万辆,其中北京、成都超过500万辆,重庆、苏州、上海超过400万辆,郑州、深圳、西安、武汉、东莞、天津超过300万辆。

三、机动车管理的概念

机动车管理是公安机关交通管理部门依据国家有关法律、法规和政策,对机动车进行查验、登记、核发牌证,对车辆制造、机动车安全检验进行安全监督的一项专门工作。机动车管理,是打击涉及机动车犯罪的重要部门,是服务经济建设和人民群众的重要窗口,是预防道路交通事故的第一道防线。

四、机动车管理的内容

我国的机动车管理制度涉及如下内容:

1. 对新机动车进行注册登记,同时核发车辆号牌、行驶证及登记证书,建立机动车档案。

2. 对在使用机动车进行其他登记,包括车辆的转移、变更、抵押登记、质押备案等。

3. 对机动车进行安全技术检验。

4. 办理机动车牌号和行驶证的补发及换发手续。

5. 机动车强制报废。

6. 对机动车的生产、改装和保修单位进行技术监督。

7. 管理机动车档案。

五、机动车管理的意义

（一）保证交通安全、减少人民生命财产损失

交通安全是关系国计民生、千家万户的大事，是人民群众对交通活动的迫切要求和期望。随着我国经济的快速发展，机动车保有量的增加，发生交通事故的概率也随之增多。交通事故已发展成为一个严重的社会问题。交通事故不仅给国家和人民造成了严重的损失，也给很多家庭带来痛苦和不幸，同时也影响了社会的安定。因此，只有加强对机动车辆的行政与技术管理，即通过加强对机动车辆的注册登记、安全检验等项工作的管理，才能更好地预防和减少交通事故的发生，确保道路交通的良好秩序，保障人民生命和国家、集体、个人财产的安全。放松这项工作或某一环节抓得不紧，都将酿成难以挽回的后果。

（二）促进机动车辆制造与维修水平的提高，降低社会公害

机动车大量增长带来的社会问题之一就是排气污染、噪声公害日益严重。通过对机动车的技术管理，对机动车各零部件的性能提出具体要求，特别是严格汽车尾气的排放标准、噪声标准等，来促进我国汽车制造与保修单位提高产品质量和产品性能。从而确保广大人民生活环境的安静与清洁，确保人民的身心健康。

（三）加强机动车的档案管理，及时掌握各类机动车的静态分布情况

为科学管理交通，为交通管理部门制定正确的车辆管理政策提供科学依据。

（四）加强机动车的报废管理

科学合理地制定机动车的报废标准，对降低能源消耗，增强安全性能指数，提高运输效益有着重要的意义。

（五）打击犯罪，维护社会稳定

近年来，交通肇事逃逸及利用汽车的违法犯罪案件不断发生，对社会治安和人民生命财产造成严重威胁。通过对机动车的牌照管理和车辆的计算机网络管理等，可以有效地打击涉车的违法犯罪行为、维护社会稳定。

第二节 机动车分类

一、《机动车运行安全技术条件》（GB 7258—2017）的分类

《机动车运行安全技术条件》（GB 7258—2017）把机动车分为汽车、挂车、

汽车列车、摩托车、拖拉机运输机组、轮式专用机械车。

（一）汽车

汽车是由动力驱动、具有四个或四个以上车轮的非轨道承载的车辆，包括与电力线相联的车辆（如无轨电车）；主要用于：载运人员和/或货物（物品）；牵引载运货物（物品）的车辆或特殊用途的车辆以及专项作业。

本术语还包括以下由动力驱动、非轨道承载的三轮车辆：

（1）整车整备质量超过400kg、不带驾驶室、用于载运货物的三轮车辆；

（2）整车整备质量超过600kg、不带驾驶室、不具有载运货物结构或功能且设计和制造上最多乘坐2人（包括驾驶人）的三轮车辆；

（3）整车整备质量超过600kg的带驾驶室的三轮车辆。

1. 载客汽车 passenger vehicle。设计和制造上主要用于载运人员的汽车，包括装置有专用设备或器具但以载运人员为主要目的的汽车，包括：

（1）乘用车。设计和制造上主要用于载运乘客及其随身行李和/或临时物品的汽车，包括驾驶人座位在内最多不超过9个座位。它可以装置一定的专用设备或器具，也可以牵引一辆中置轴挂车。

（2）旅居车。装备有睡具（可由桌椅转换而来）及其他必要的生活设施、用于旅行宿营的汽车。

（3）客车。设计和制造上主要用于载运乘客及其随身行李的汽车，包括驾驶人座位在内座位数超过9个。根据是否设置有站立乘客区，分为未设置乘客站立区的客车和设有乘客站立区的客车。

未设置乘客站立区的客车：设计和制造上无乘客站立区、不允许乘客站立、全体乘客均乘坐在座位上或卧睡的客车，包括公路客车、旅游客车、未设置乘客站立区的公共汽车、专用客车等。

设有乘客站立区的客车：最大设计车速小于70km/h、设有座椅及乘客站立区，并有足够的空间供频繁停站时乘客上下车走动，有固定的公交营运线路和车站，主要在城市建成区运营的客车；也包括无轨电车，即以电机驱动，与电力线相连的客车。

（4）校车。用于有组织地接送3周岁以上学龄前幼儿或接受义务教育的学生上下学的7座以上的载客汽车。包括幼儿校车、小学生校车、中小学生校车和专用校车。其中，幼儿校车，是指接送3周岁以上学龄前幼儿上下学的校车；小学生校车，是指接送小学生上下学的校车；中小学生校车，是指接送9年制义务教育阶段学生（小学生和初中生）上下学的校车；专用校车，是指设计和制造上专门用于运送 3 周岁以上学龄前幼儿或义务教育阶段学生的专用客车。

2. 载货汽车。简称货车，是指设计和制造上主要用于载运货物或牵引挂车的汽车，也包括：装置有专用设备或器具但以载运货物为主要目的的汽车；由非封闭式货车改装的，虽装置有专用设备或器具，但不属于专项作业车的汽车（封闭式货车是指载货部位的结构为封闭厢体且与驾驶室联成一体，车身结构为一厢式或两厢式的载货汽车）。

（1）半挂牵引车。装备有特殊装置用于牵引半挂车的汽车。

（2）低速汽车。三轮汽车和低速货车的总称。三轮汽车，是指最大设计车速小于或等于 50km/h 的，具有三个车轮的载货汽车。低速货车，是指最大设计车速小于 70km/h 的，具有四个车轮的载货汽车。

3. 专项作业车。装置有专用设备或器具，在设计和制造上用于工程专项（包括卫生医疗）作业的汽车，如汽车起重机、消防车、混凝土泵车、清障车、高空作业车、扫路车、吸污车、钻机车、仪器车、检测车、监测车、电源车、通信车、电视车、采血车、医疗车、体检医疗车等，但不包括装置有专用设备或器具而座位数（包括驾驶人座位）超过 9 个的汽车（消防车除外）。

4. 气体燃料汽车。装备以石油气、天然气或煤气等气体为燃料的发动机的汽车。

5. 两用燃料汽车。具有两套相互独立的燃料供给系统，且两套燃料供给系统可分别但不可同时向燃烧室供给燃料的汽车，如汽油/压缩天然气两用燃料汽车、汽油/液化石油气两用燃料汽车等。

6. 双燃料汽车。具有两套燃料供给系统，且两套燃料供给系统按预定的配比向燃烧室供给燃料，在缸内混合燃烧的汽车，如柴油-压缩天然气双燃料汽车，柴油-液化石油气双燃料汽车等。

7. 纯电动汽车。由电机驱动，且驱动电能来源于车载可充电能量储存系统（REESS）的汽车。

8. 插电式混合动力汽车。具有可外接充电功能，且有一定纯电驱动模式续驶里程的混合动力汽车，包括增程式电动汽车。

9. 燃料电池汽车。以燃料电池作为主要动力电源的汽车。

10. 教练车。专门从事驾驶技能培训的汽车。

11. 残疾人专用汽车。在采用自动变速器的乘用车上加装符合标准和规定的驾驶辅助装置，专门供特定类型的肢体残疾人驾驶的汽车。

（二）挂车

设计和制造上需由汽车或拖拉机牵引，才能在道路上正常使用的无动力道路车辆，包括牵引杆挂车、中置轴挂车和半挂车，用于载运货物及一些特殊用途。

1. 牵引杆挂车。又称全挂车，至少有两根轴的挂车，具有：一轴可转向；通过角向移动的牵引杆与牵引车联结；牵引杆可垂直移动，联结到底盘上，因此不能承受任何垂直力。

2. 中置轴挂车。牵引装置不能垂直移动（相对于挂车），车轴位于紧靠挂车的重心（当均匀载荷时）的挂车，这种车辆只有较小的垂直静载荷作用于牵引车，不超过相当于挂车最大质量的10%或10000N的载荷（两者取较小者）。其中一轴或多轴可由牵引车来驱动。

3. 半挂车。均匀受载时挂车质心位于车轴前面，装有可将垂直力和/或水平力传递到牵引车的联结装置的挂车。

4. 旅居挂车。装备有睡具（可由桌椅转换而来）及其他必要的生活设施、用于旅行宿营的挂车，包括中置轴旅居挂车和旅居半挂车。

（三）汽车列车

由汽车（低速汽车除外）牵引挂车组成，包括乘用车列车、货车列车和铰接列车。

1. 乘用车列车。乘用车和中置轴挂车的组合。

2. 货车列车。货车和牵引杆挂车或中置轴挂车的组合。其中牵引杆挂车列车又称全挂拖斗车或全挂汽车列车，是货车和牵引杆挂车的组合。中置轴挂车列车是货车和中置轴挂车的组合。

3. 铰接列车。又称半挂汽车列车，半挂牵引车和半挂车的组合，也包括带有连接板的货车和旅居半挂车的组合。

（四）摩托车

由动力装置驱动的，具有两个或三个车轮的道路车辆，但不包括：整车整备质量超过400kg、不带驾驶室、用于载运货物的三轮车辆；整车整备质量超过600kg、不带驾驶室、不具有载运货物结构或功能且设计和制造上最多乘坐2人（包括驾驶人）的三轮车辆；整车整备质量超过600kg的带驾驶室的三轮车辆；最大设计车速、整车整备质量、外廓尺寸等指标符合相关国家标准和规定的、专供残疾人驾驶的机动轮椅车；符合电动自行车国家标准规定的车辆。

1. 普通摩托车。无论采用何种驱动方式,其最大设计车速大于 50km/h,或如使用内燃机,其排量大于 50mL,或如使用电驱动,其电机额定功率总和大于 4kW 的摩托车,包括两轮普通摩托车、边三轮摩托车、正三轮摩托车。

(1) 两轮普通摩托车。车辆纵向中心平面上装有两个车轮的普通摩托车。

(2) 边三轮摩托车。在两轮普通摩托车的右侧装有边车的摩托车。

(3) 正三轮摩托车。装有三个车轮,其中一个车轮在纵向中心平面上,另外两个车轮与纵向中心平面对称布置的普通摩托车,包括:装有与前轮对称分布的两个后轮的摩托车,且如设计和制造上允许载运货物或超过 2 名乘员(含驾驶人),其最大设计车速小于 70km/h;装有与后轮对称分布的两个前轮、设计和制造上不具有载运货物结构且最多乘坐 2 人(包括驾驶人)的摩托车。

2. 轻便摩托车。无论采用何种驱动方式,其最大设计车速不大于 50km/h 的摩托车,且:如使用内燃机,其排量不大于 50mL;如使用电驱动,其电机额定功率总和不大于 4kW。

(1) 两轮轻便摩托车。车辆纵向中心平面上装有两个车轮的轻便摩托车。

(2) 正三轮轻便摩托车。装有与前轮对称分布的两个后轮的轻便摩托车。

(五)拖拉机运输机组

由拖拉机牵引一辆挂车组成的用于载运货物的机动车,包括轮式拖拉机运输机组和手扶拖拉机运输机组。

(六)轮式专用机械车

有特殊结构和专门功能,装有橡胶车轮可以自行行驶,最大设计车速大于 20km/h 的轮式机械,如装载机、平地机、挖掘机、推土机等,但不包括叉车。

二、按《道路交通管理机动车类型》(GA 802—2019)分类

为了方便道路交通管理工作,公安部制定和颁布了《道路交通管理机动车类型》(GA 802—2019)行业标准,该标准规定了机动车类型的规格和结构分类、机动车使用性质分类,以及车辆类型的确定要求。

(一)机动车规格分类

机动车规格分类见表 3-1。

表 3-1 机动车规格分类表

分类		说明[c]
汽车	载客汽车[a] 大型	车长大于或等于 6000mm 或者乘坐人数大于或等于 20 人的载客汽车
	中型	车长小于 6000mm 且乘坐人数为 10~19 人的载客汽车
	小型	车长小于 6000mm 且乘坐人数小于或等于 9 人的载客汽车,但不包括微型载客汽车
	微型	车长小于或等于 3500mm 且内燃机气缸总排量小于或等于 1000mL(对纯电动汽车为驱动电机总峰值功率小于或等于 15kW)的载客汽车
	载货汽车 重型	总质量大于或等于 12000kg 的载货汽车
	中型	车长大于或等于 6000mm 的载货汽车,或者总质量大于或等于 4500kg 且小于 12000kg 的载货汽车;但不包括重型载货汽车和低速货车
	轻型	车长小于 6000mm 且总质量小于 4500kg 的载货汽车,但不包括微型载货汽车和低速汽车(三轮汽车和低速货车的总称)
	微型	车长小于或等于 3500mm 且总质量小于或等于 1800kg 的载货汽车,但不包括低速汽车
	三轮(三轮汽车)	以柴油机为动力,最大设计车速小于或等于 50km/h,总质量小于或等于 2000kg,长小于或等于 4600mm,宽小于或等于 1600mm,高小于或等于 2000mm,具有三个车轮的货车。其中,采用方向盘转向、由传动轴传递动力、有驾驶室且驾驶人座椅后有物品放置空间的,总质量小于或等于 3000kg,车长小于或等于 5200mm,宽小于或等于 1800mm,高小于或等于 2200mm。三轮汽车不应具有专项作业的功能
	低速(低速货车)	以柴油机为动力,最大设计车速小于 70km/h,总质量小于或等于 4500kg,长小于或等于 6000mm,宽小于或等于 2000mm,高小于或等于 2500mm,具有四个车轮的货车。低速货车不应具有专项作业的功能
	专项作业车	专项作业车是指装置有专用设备或器具,在设计和制造上用于工程专项(包括卫生医疗)作业的汽车,如汽车起重机、消防车、混凝土泵车、清障车、高空作业车、扫路车、吸污车、钻机车、仪器车、检测车、监测车、电源车、通信车、电视车、采血车、医疗车、体检医疗车等,但不包括装置有专用设备或器具而座位数(包括驾驶人座位)超过 9 个的汽车(消防车除外)。专项作业车的规格分为重型、中型、轻型、微型,具体按照载货汽车的相关规定确定
有轨电车		有轨电车的规格按照载客汽车的相关规定确定
摩托车	普通	最大设计车速大于 50km/h 或者内燃机气缸总排量大于 50mL 或者电机额定功率总和大于 4kW 的摩托车
	轻便	最大设计车速小于或等于 50km/h,且满足以下两个条件之一的摩托车:1)若使用内燃机驱动,内燃机气缸总排量小于或等于 50mL;2)若使用电驱动,电机额定功率总和小于或等于 4kW
挂车[b]	重型	总质量大于或等于 12000kg 的挂车
	中型	总质量大于或等于 4500kg 且小于 12000kg 的挂车
	轻型	总质量大于或等于 750kg 且小于 4500kg 的挂车
	微型	总质量小于 750kg 的挂车

续表

a 对《道路机动车辆生产企业及产品公告》（以下简称《公告》）记载的乘坐人数为区间的国产载客汽车（包括以载运人员为主要目的的专用汽车），以《公告》上记载的乘坐人数上限确定其规格；对进口载客汽车，按实际核定的乘坐人数确定其规格。乘坐人数包括驾驶人。
b 不适用于设计和制造上需由拖拉机牵引的挂车。
c 机动车实车的车长与《公告》或者其他技术资料记载的机动车车长的公差符合相关管理规定且不超限时，以《公告》或者其他技术资料记载的机动车车长确定其规格。

（二）机动车结构分类

机动车结构分类见表3-2。

表3-2 机动车结构分类表

分类		说明
汽车	载客汽车	
	普通客车[a]	单层地板，一厢或两厢式结构，安装座椅的载客汽车，但不包括轿车、面包车、越野客车
	双层客车	车身为长方体或近似长方体，双层地板，一厢或两厢式结构，安装座椅的载客汽车
	卧铺客车	车身为长方体或近似长方体，单层地板，一厢或两厢式结构，安装卧铺的载客汽车
	铰接客车	车身为长方体或近似长方体，由铰接装置连接两个车厢且连通，安装座椅的载客汽车
	轿车	车身结构为两厢式且乘坐人数小于或等于5人，或者车身结构为三厢式且乘坐人数小于或等于9人，安装座椅的载客汽车
	面包车	平头或短头车身结构，单层地板，发动机中置（指发动机缸体整体位于汽车前后轴之间的布置形式），宽高比（指整车车宽与车高的比值）小于或等于0.90，乘坐人数小于或等于9人，安装座椅的载客汽车
	旅居车	装备有睡具（可由桌椅转换而来）及其他必要的生活设施、用于旅行宿营的汽车
	专用校车	设计和制造上专门用于运送3周岁以上学龄前幼儿或义务教育阶段学生的载客汽车
	专用客车[a]	设计和制造上用于载运特定人员并完成特定功能的载客汽车，包括囚车、殡仪车、救护车、由载客汽车整车或底盘改装的运钞车，以及载客汽车类教练车等由载客汽车整车或底盘、封闭式货车改装但不属于专项作业车的专用汽车，也包括不属于专项作业车的其他乘坐人数大于6人的专用汽车（如电力工程车），但不包括专用校车
	无轨电车[b]	以电机驱动，与电力线相连，具有四个或四个以上车轮的非轨道承载道路车辆
	越野客车[a,b]	车身结构为一厢式或者两厢式，所有车轮能同时驱动，接近角、离去角、纵向通过角、最小离地间隙等技术参数按照高通过性设计的载客汽车

续表

分类		说 明
汽车	栏板货车	载货部位的结构为栏板的载货汽车,包括具有随车起重装置的栏板载货汽车,但不包括多用途货车、具有自动倾卸装置的载货汽车
	多用途货车	具有长头车身和驾驶室结构、核定乘坐人数小于或等于5人(含驾驶人)、驾驶室高度小于或等于2100mm、货箱栏板(货厢)上端离地高度小于或等于1500mm、最大设计总质量小于或等于3500kg的载货汽车
	厢式货车	载货部位的结构为厢体且与驾驶室各自独立的载货汽车;除翼开式车辆外,厢体的顶部应封闭、不可开启
	仓栅式货车	载货部位的结构为仓笼式或栅栏式且与驾驶室各自独立的载货汽车;载货部位的顶部应安装有与侧面栅栏固定的、不能拆卸和调整的顶棚杆,且不应具有(货箱)液压举升机构
	封闭式货车	载货部位的结构为封闭厢体且与驾驶室联成一体,车身结构为一厢式或两厢式的载货汽车
	罐式货车	载货部位的结构为封闭罐体的载货汽车
	平板货车	载货部位的地板为平板结构且无栏板、无锁具、无孔洞等固定货箱(货厢)装置的载货汽车
	集装箱车	载货部位为骨架结构且无地板,专门运输集装箱(包括罐式集装箱,下同)的载货汽车
	车辆运输车	载货部位经过特殊设计和制造,专门用于运输商品车的载货汽车
	特殊结构货车	专门运输特定物品、载货部位为特殊结构的载货汽车,包括未固定安装专用货箱的专用汽车,但不包括车辆运输车,如:混凝土搅拌运输车、车厢可卸式垃圾车、气瓶运输车
	自卸货车d	载货部位的结构为栏板且具有自动倾卸装置的载货汽车
	专门用途货车	由非封闭式货车改装的,虽装置有专用设备或器具,但不属于专项作业车的汽车,如:工具车、货车类教练车
	半挂牵引车	装备有特殊装置用于牵引半挂车的汽车
	全挂牵引车	专门用于牵引全挂车的汽车
专项作业车	非载货专项作业车	无载货功能的专项作业车,即不具有载货结构,或者虽具有载货结构但核定载质量(或托举质量)小于1000kg的专项作业车
	载货专项作业车	有载货功能的专项作业车,即核定载质量(或托举质量)大于或等于1000kg的专项作业车

续表

分类		说 明
摩托车	二轮摩托车	装有两个车轮、且两个车轮均在纵向中心平面上的摩托车
	正三轮载客摩托车	装有三个车轮,其中一个车轮在纵向中心平面上,另外两个车轮与纵向中心平面对称布置,不具有载货装置的摩托车
	正三轮载货摩托车	装有与前轮对称分布的两个后轮,具有载货装置的摩托车
	侧三轮摩托车	在二轮摩托车的右侧装有边车的摩托车
全挂车	栏板全挂车	载货部位为栏板结构的全挂车,但不包括具有自卸装置的情形
	厢式全挂车	载货部位为封闭厢体结构的全挂车;除翼开式车辆外,厢体的顶部应封闭、不可开启
	仓栅式全挂车	载货部位的结构为仓笼式或栅栏式的全挂车;载货部位的顶部安装有与侧面栅栏固定的、不能拆卸和调整的顶棚杆,且不应具有(货箱)液压举升机构
	罐式全挂车	载货部位为封闭罐体结构的全挂车
	平板全挂车	载货部位的地板为平板结构且无栏板、无锁具、无孔洞等固定货箱(货厢)装置的全挂车
	集装箱全挂车	载货部位为骨架结构且无地板,专门运输集装箱的全挂车
	自卸全挂车[d]	载货部位的结构为栏板且具有自动倾卸装置的全挂车
	特殊用途全挂车	装置有专用设备或器具,用于专项作业或其他特殊用途的非载运货物的全挂车
中置轴挂车	中置轴旅居挂车	装备有必要的生活设施,用于旅游和野外工作人员宿营的中置轴挂车
	中置轴车辆运输挂车	设计和制造上专门用于运输商品车的框架式中置轴挂车
	中置轴普通挂车	中置轴旅居挂车和中置轴车辆运输车以外的其他中置轴挂车
半挂车	栏板半挂车	载货部位为栏板结构的半挂车,但不包括具有自卸装置的情形
	厢式半挂车	载货部位为封闭厢体结构的半挂车;除翼开式车辆外,厢体的顶部应封闭、不可开启
	仓栅式半挂车	载货部位的结构为仓笼式或栅栏式的半挂车;载货部位的顶部应安装有与侧面栅栏固定的、不能拆卸和调整的顶棚杆,且不应具有(货箱)液压举升机构
	罐式半挂车	载货部位为封闭罐体结构的半挂车
	平板半挂车	载货部位的地板为平板结构且无栏板、无锁具、无孔洞等固定货箱(货厢)装置的半挂车
	集装箱半挂车	载货部位为骨架结构且无地板,专门运输集装箱的半挂车
	自卸半挂车[d]	载货部位的结构为栏板且具有自动倾卸装置的半挂车

续表

分类		说明
半挂车	低平板半挂车	采用低货台（货台承载面离地高度不大于1150mm）、轮胎名义断面宽度不超过245mm（公制）或者8.25英寸（英制）、与牵引车的连接为鹅颈式（连接部位不应具有载运货物的功能），用于运输不可拆解大型物体的半挂车
	车辆运输半挂车	载货部位经过特殊设计和制造，专门用于运输商品车的半挂车
	特殊结构半挂车	载货部位为特殊结构，专门运输特定物品的半挂车，但不包括车辆运输半挂车
	旅居半挂车	装备有必要的生活设施，用于旅游和野外工作人员宿营的半挂车
	专门用途半挂车	装备有专用设备或器具，但不属于专项作业半挂车的半挂车
	专项作业半挂车	装置有专用设备或器具，用于专项作业的半挂车
轮式专用机械车	轮式装载机械	具有装卸设备的轮胎式自行机械
	轮式挖掘机械	具有挖掘设备的轮胎式自行机械
	轮式平地机械	具有平地设备的轮胎式自行机械

a 普通客车、专用客车和越野客车中的"客车"为"载客汽车"的缩写，包括乘坐人数小于或等于9人的情形。
b 符合无轨电车或越野客车结构特征的汽车，即使同时符合其他客车结构特征，也应确定为无轨电车或越野客车；同时符合两者结构特征的汽车，应确定为无轨电车。
c 邮政车、冷藏车、保温车等以载运货物为主要目的的专用汽车，以及非客车整车或底盘改装的运钞车，根据其载货部位的结构特征确定为相对应的载货汽车。
d 货车、挂车的载货部位为非栏板结构时，若载货部位具有自动倾卸装置，结构确定为"载货部位的结构特征+自卸"，如"罐式自卸"、"平板自卸"；自卸式车辆如设计和制造上有可开启的顶盖时，不应视为违反标准规定。

（三）机动车使用性质分类

机动车按使用性质分为营运、非营运和运送学生。营运机动车是指个人或者单位以获取利润为目的而使用的机动车；非营运机动车是指个人或者单位不以获取利润为目的而使用的机动车；运送学生机动车是指用于有组织地接送3周岁以上学龄前幼儿或义务教育阶段学生上下学的7座及7座以上的载客汽车，即校车。

机动车使用性质细类见表3-3。

表 3-3　机动车使用性质细类表

分　类		说　明[a,b]
营运	公路客运	专门从事公路旅客运输的客车和乘用车
	公交客运	城市内专门从事公共交通客运的客车
	出租客运	以行驶里程和时间计费，将乘客运载至其指定地点的客车和乘用车
	旅游客运	专门运载游客的客车和乘用车
	租赁	专门租赁给其他单位或者个人自行使用，不随车配备驾驶劳务、以租用时间或者租用里程计费的机动车
	教练	专门从事驾驶技能培训的机动车
	货运	专门从事货物（危险货物除外）运输的货车、挂车
	危化品运输	专门用于运输剧毒化学品、爆炸品、放射性物品、腐蚀性物品等危险货物的货车、挂车
非营运	警用	公安机关、国家安全机关、司法行政系统（包括监狱、戒毒管理机关和司法局）和人民法院、人民检察院用于执行紧急职务的机动车
	消防	用于灭火的专用机动车和现场指挥机动车
	救护	急救、医疗机构和卫生防疫等部门用于抢救危重病人或处理紧急疫情的专用机动车
	工程救险	防汛、水利、电力、矿山、城建、交通、铁道等部门用于抢修公用设施、抢救人民生命财产的专用机动车和现场指挥机动车
	营转非	原为营运机动车（出租客运汽车除外），现改为非营运机动车
	出租转非	原为出租客运汽车，现改为非营运汽车，不再用作出租客运汽车
运送学生	运送幼儿（幼儿校车）	用于有组织地接送 3 周岁以上学龄前幼儿上下学的 7 座及 7 座以上载客汽车
	运送小学生（小学生校车）	用于有组织地接送小学生上下学的 7 座及 7 座以上载客汽车
	运送中小学生（中小学生校车）	用于有组织地接送义务教育阶段学生（小学生和初中生）上下学的 7 座及 7 座以上载客汽车
	运送初中生（初中生校车）	用于有组织地接送初中生上下学的 7 座及 7 座以上载客汽车

a 经出租汽车行政主管部门审核确认、用于网约车经营服务的 7 座及 7 座以下的乘用车为预约出租客运汽车；预约出租客运汽车退出网约车经营服务，转为非营运汽车的，为预约出租转非汽车；
b 非营运机动车没有对应细类的，使用性质确定为"非营运"。除使用性质确定为"非营运"、"营转非"、"出租转非"、"预约出租转非"以外的机动车，为生产经营性车辆。

（四）车辆类型的确定

1. 注册登记时车辆类型的确定。

（1）车辆类型根据机动车规格分类和机动车结构分类相加确定，规格分类在前，结构分类在后，如"大型普通客车""中型罐式货车""重型非载货专项作业车""重型集装箱半挂车""普通二轮摩托车"等。但低速货车的结构分类在前，规格分类在后，如"栏板低速货车""厢式低速货车""罐式低速货车"等。

（2）无对应的规格分类时，车辆类型按照结构分类确定，如"轮式装载机械"。

（3）三轮汽车无对应的结构分类，其车辆类型统一为"三轮汽车"。除三轮汽车外的其他机动车，其结构特征无对应的结构分类时，车辆类型按照机动车规格分类及最相近的结构分类相加确定。

（4）有轨电车无对应的结构分类，其车辆类型根据规格分类确定，如"大型有轨电车"。

（5）对专用汽车，应根据其基本车型、是否装载有专用设备或器具、是否设计和制造上用于工程作业（卫生医疗作业）等特征，确定为相应规格分类的专用客车、专门用途货车或其他结构分类的载货汽车、专项作业车。

（6）注册登记查验确定的车辆类型与公安交通管理信息系统记载的车辆类型不一致时，应按照规定程序对相应内容进行维护。

2. 车辆类型确定时的其他要求。

（1）对已注册登记的机动车，车辆类型按照《机动车行驶证》的记载确定。

（2）对符合注册登记条件但尚未注册登记的机动车，通过公安交通管理信息系统查询相应型号机动车的登记信息，根据实车确定车辆类型；必要时，根据《公告》或者其他技术资料确定其规格分类和结构分类，按照注册登记时车辆类型的确定方法确定其车辆类型。

（3）对其他不符合注册登记条件的机动车，根据其车辆结构特征，按照车辆长度、乘坐人数、总质量、内燃机排量、驱动电机功率、最大设计车速等参数确定相应的规格分类。

（4）对叉车等以动力驱动的非道路车辆，上道路行驶发生道路交通事故时，符合《道路交通安全法》中机动车的定义，应认定为机动车，无须确定其车辆类型。以动力驱动的非道路车辆，是指并非为在道路上行驶和使用而设计和制造，主要用于封闭道路和场所作业施工或者娱乐休闲，按照规定不能办理注册登记，由动力驱动（牵引）的车辆，如叉车、场地观光游览车、全地形车、电动滑板车、平衡车等。

（5）确定为拼装车的，应按照道路交通安全法律法规相关规定收缴机动车。

（6）确定为非法改装车的，应按照道路交通安全法律法规相关规定责令相关行为人将机动车恢复原状。

三、汽车的分类

我国加入世界贸易组织后，政府、行业、企业必须按照国际通行规则进行活动。为此，国家质量监督检验检疫总局已正式发布《汽车和挂车类型的术语和定义》（GB/T 3730.1—2001）和《机动车辆及挂车分类》（GB/T 15089—2001）两项国家推荐性标准，并定于2002年3月1日起替代原有国标予以正式实施。新标准参照国际惯例，汽车分类由原有的载货汽车、客车、轿车三大类，改为以乘用车、商用车两大类为主。

（一）《汽车和挂车类型的术语和定义》（GB/T 3730.1—2001）的分类

《汽车和挂车类型的术语和定义》将汽车分为乘用车（不超过9座）和商用车两大类（见图3-1）。

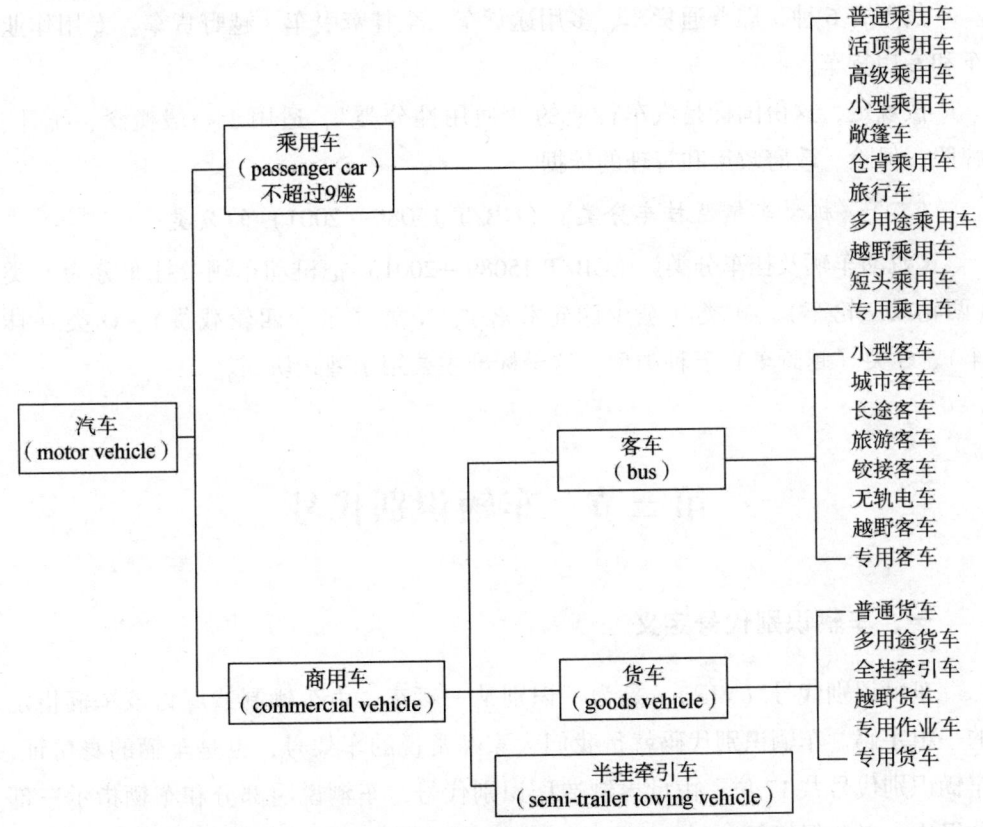

图3-1 汽车和挂车类型的术语和定义有关汽车的分类

1. 乘用车。《汽车和挂车类型的术语和定义》把非营利用途的车辆都归入了乘用车的大类之中，明确指出了乘用车就是代步的工具，属于消费品的行列。乘用车的定义是：在设计和技术特性上主要用于载运乘客及其随身行李和/或临时物品的汽车，包括驾驶员座位在内不超过9个座位。

乘用车下设11种类型，即普通乘用车、活顶乘用车、高级乘用车、小型乘用车、敞篷车、仓背乘用车、旅行车、多用途乘用车、越野乘用车、短头乘用车、专用乘用车（包含旅居车、防弹车、救护车、殡仪车）。

2. 商用车。在设计和技术特性上用于运送人员和货物的汽车，并且可以牵引挂车。《汽车和挂车类型的术语和定义》把商用车归为生产资料或生产工具的行列。

商用车分为客车、货车和半挂牵引车。

客车分为8种类型，即小型客车、城市客车、长途客车、旅游客车、铰接客车、无轨电车、越野客车、专用客车。

货车有6种，即普通货车、多用途货车、全挂牵引车、越野货车、专用作业车和专用货车。

按规定，这份国标是汽车行业的"通用性分类"，适用于一般概念、统计、牌照、保险、政府政策和管理的依据。

（二）《机动车辆及挂车分类》（GB/T 15089—2001）的分类

《机动车辆及挂车分类》（GB/T 15089—2001）把机动车辆及挂车分为L类（两轮或三轮车）、M类（至少四轮载客）、N类（至少四轮载货）、O类（挂车）、G类（越野车）五种类型。这份标准主要用于型式认证。

第三节　车辆识别代号

一、车辆识别代号定义

车辆识别代号（VIN），是为了识别某一辆车，由车辆制造厂为该车辆指定的一组字码。车辆识别代码就是我们大家经常说的车架号，也是车辆的身份证，车辆识别代号共17位，由世界制造厂识别代号、车辆说明部分和车辆指示三部分组成，以此保证每个制造厂在30年之内生产的每个车辆的识别代号具有唯一性。车辆识别代号中只能采用阿拉伯数字和除 I、O、Q 以外的大写英文字母（共 33 个字符）。

20 世纪 70 年代，以美国为首的欧美汽车生产大国的专家们，经过统计和研究，制定出一套在全世界范围内可行的 VIN 方案，确定了比较完善的 VIN 系列标准。同时，国际标准化组织 ISO 成立了道路车辆技术委员会车辆识别技术分委员会，将 VIN 方案和标准介绍给各国，并在全世界进行推广。目前已有 30 多个国家和地区采用了这套 VIN 技术。这 30 多个国家基本上涵盖了世界主要汽车和摩托车的生产大国。

我国于 1996 年 12 月颁布了 VIN 的相关标准，1997 年 1 月开始试行，在 2004 年、2019 年先后两次进行了修订。现行国标《道路车辆 车辆识别代号（VIN）》（GB 16735—2019）从 2020 年 1 月 1 日开始实施。该标准规定了车辆识别代号的内容与构成、车辆识别代号的标示要求和标示变更要求；适用于汽车及其非完整车辆、挂车、摩托车和轻便摩托车；其他需要标示 VIN 的车辆可参照执行。

VIN 常用于车辆管理、车辆检测、车辆防盗、车辆维修、二手车交易、汽车召回及车辆保险等领域。

二、车辆识别代号组成

车辆识别代号由世界制造厂识别代号（WMI）、车辆说明部分（VDS）及车辆指示部分（VIS）组成，共 17 位字码。

对年产量大于或等于 1000 辆的完整车辆和/或非完整车辆制造厂，车辆识别代号的第一部分为世界制造厂识别代号（WMI）；第二部分为车辆说明部分（VDS）；第三部分为车辆指示部分（VIS），如图 3-2 所示。

对年产量小于 1000 辆的完整车辆和/或非完整车辆制造厂，车辆识别代号的第一部分为世界制造厂识别代号（WMI）；第二部分为车辆说明部分（VDS）；第三部分的三、四、五位与第一部分的三位字码一起构成世界制造厂识别代号（WMI），其余五位为车辆指示部分（VIS），如图 3-3 所示。

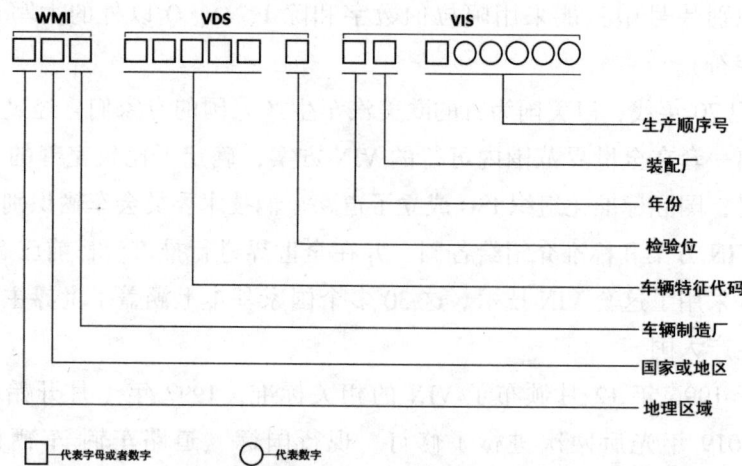

图 3-2 年产量大于或等于 1000 辆的完整车辆和/或非完整
车辆制造厂车辆识别代号结构示意图

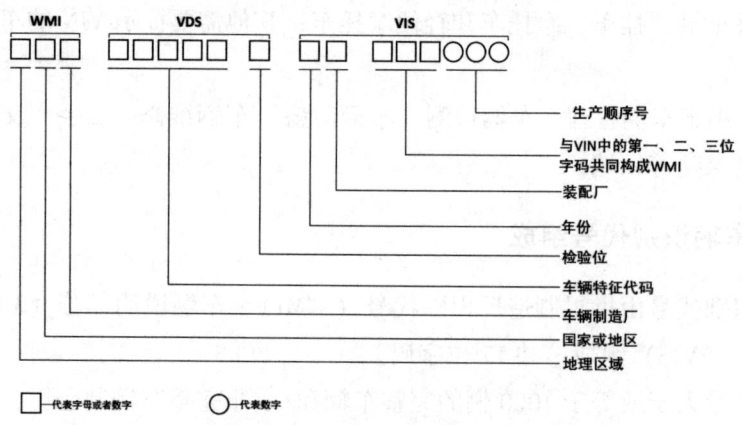

图 3-3 年产量小于 1000 辆的完整车辆和/或非完整
车辆制造厂车辆识别代号结构示意图

（一）世界制造厂识别代号（WMI）

世界制造厂识别代号（WMI）是车辆识别代号的第一部分，由车辆制造厂所在国家或地区的授权机构预先分配，WMI 应符合 GB 16737 的规定。当此代号被指定给某个车辆制造厂时，就能作为该厂的识别标志，世界制造厂识别代号在与车辆识别代号的其余部分一起使用时，足以保证 30 年之内在世界范围内制造的所有车辆的车辆识别代号具有唯一性。

WMI 前两位字码由 ISO 的代理机构美国汽车工程师学会（SAE）预先分配给各个地理区域和国家。WMI 代号的第一位字码是用以标明一个地理区域的一个字母或数字，美国汽车工程师学会已经根据预期的需要为某一个地理区域分配了几个字码。例如，北美是1~5；大洋洲是6和7；南美是8、9和0；欧洲是S~Z；非洲是A~H；亚洲是J~R。WMI的第二位字码是用以标明一个特定地区内的一个国家的一个字母或数字，美国汽车工程师学会已经为每一个国家分配了第一位及第二位字码的组合，并通过第一位和第二位字码的组合保证国家识别标志的唯一性。例如，WMI的前两位字码10~19、1A~1Z表示的是美国的制造厂商；2A~2W表示的是加拿大的制造厂商；W0~W9、WA~WZ表示的是德国的制造厂商；L0~L9、LA~LZ表示的是中国的制造厂商。

WMI的第三位字码是由国家机构指定的、用以标明某个特定的制造厂的一个字母或数字，对于年产量大于等于1000辆的，制造厂识别码由前三位字码构成；对于年产量小于1000辆的厂家，第三位字码都为"9"，由车辆指示部分（VIS）的3、4、5位与其共同构成制造厂识别码。

我国国内车辆制造厂的WMI代号由国家汽车主管部门进行分配，国家汽车主管部门应将分配的WMI代号向ISO授权的国际代理机构（SAE）进行申报并核对。已经分配给某个车辆制造厂的WMI代号，在此代号使用的最后1年之后，国家汽车主管部门至少在30年之内不得再分配给另外一个车辆制造厂。

（二）车辆说明部分（VDS）

车辆说明部分是车辆识别代号（VIN）的第二部分，用以说明车辆的一般特征信息。由六位字码组成（即VIN的第4~9位）。

其中VIN的第4~8位对车型特征进行描述，其代码及顺序由车辆制造厂决定。

VIN的第9位为检验位。检验位可为"0~9"中任一数字或字母"X"，用以核对车辆识别代号记录的准确性，检验位应按照《道路车辆 车辆识别代号（VIN）》（GB 16735—2019）附录A的规定计算。

VIN中校验位的设置是美国联邦法律规定的，其目的是核对VIN填写是否正确，并能防止假冒产品，它是其他16位字码对应数值乘以其所占位置权数的和除以11所得的余数，如果余数是10，使用"X"作为检验数字。一般来说，被凿改后的车架号是无法校验正确的。

（三）车辆指示部分（VIS）

车辆指示部分（VIS）是车辆识别代号的最后部分，车辆制造厂为区别不同车辆而指定的一组代码。这组代码连同VDS部分一起，足以保证每个车辆制造厂在30年之内生产的每个车辆的车辆识别代号具有唯一性。车辆指示部分由8位字码组成（即VIN的第10~17位）。

第10位：年份代码，年份代码按表3-4规定使用，30年循环一次。车辆制造厂若在此位使用车型年份，应向授权机构备案每个车型年份的起止日期，并及时更新；同时在每一辆车的机动车出厂合格证或产品一致性证书上注明使用了车型年份。

第11位：装配厂。

第12~17位：如果车辆制造厂生产年产量大于或等于1000辆的完整车辆和/或非完整车辆，VIN的第12~17位用来表示生产顺序号；如果车辆制造厂生产年产量小于1000辆的完整车辆和/或非完整车辆，则VIN的第12~14位与第一部分的三位字码一同表示一个车辆制造厂，第15~17位用来表示生产顺序号。一般情况下，汽车召回都是针对某一顺序号范围内的车辆，即某一批次的车辆。

表3-4　年份代码表

年份	代码	年份	代码	年份	代码	年份	代码
2001	1	2011	B	2021	M	2031	1
2002	2	2012	C	2022	N	2032	2
2003	3	2013	D	2023	P	2033	3
2004	4	2014	E	2024	R	2034	4
2005	5	2015	F	2025	S	2035	5
2006	6	2016	G	2026	T	2036	6
2007	7	2017	H	2027	V	2037	7
2008	8	2018	J	2028	W	2038	8
2009	9	2019	K	2029	X	2039	9
2010	A	2020	L	2030	Y	2040	A

三、车辆识别代号实例解析

图3-4是一辆桑塔纳车辆的VIN码为LSVHJ133022221761。

WIN			VDS				VIS									
L	S	V	H	J	1	3	3	0	2	2	2	2	1	7	6	1
1	2	3	4	5	6	7	8	9	10	11	12	13	14	15	16	17

图 3-4　VIN 码

1. 该 VIN 码的前三位"LSV"为世界制造厂识别代号,代表上海大众汽车有限公司;该 VIN 码的第 4 位为车身型式代码,其中"H"表示为 4 门加长型折背式车身;第 5 位为发动机/变速器代码,其中"J"表示 AYJ（06BC）/FNV（01N.A）,如图 3-5 所示。

第 1~3 位——世界制造厂识别代码

LSV——上海大众汽车有限公司

第 4 位——车身型式代码

A——4 门折背式车身　　　　　　　　B——4 门直背式车身

F——4 门短背式车身　　　　　　　　H——4 门加长型折背式车身

K——2 门短背式车身

第 5 位——发动机变速器代码

车型系列:上海桑塔纳轿车、上海桑塔纳旅行轿车、上海桑塔纳 2000 轿车

A——JV（026A）/AHM（0.14.K）

B——JV（026A）+LPG/AIM（0.14.K）

C——JV（026A）/2P（013.9）

D——JV（026A）+LPG/2P（013.9）

E——JV（026A）+CNG/20（013.9）

J——JV（06BC）/FNV（01N.A）

图 3-5　VIN 码前五位解析

2. 该 VIN 码的第 6 位为乘员保护系统代码，其中"1"表示驾驶员位置有安全气囊；第 7~8 位为车辆等级代码，"33"表示是上海桑塔纳轿车、上海桑塔纳旅行轿车、上海桑塔纳 2000 轿车，如图 3-6 所示。

🆅 LSVHJ13302222176 1

第 6 位——乘员保护系统代码

0——安全带

1——安全气囊（驾驶员）

2——安全气囊（驾驶员和副驾驶员、前座侧面）

3——安全气囊（驾驶员和副驾驶员、前后座侧面）

4——安全气囊（驾驶员和副驾驶员）

5——安全气囊（驾驶员和副驾驶员、前后座侧面、头部）

6——安全气囊（驾驶员和副驾驶员、前座侧面、头部）

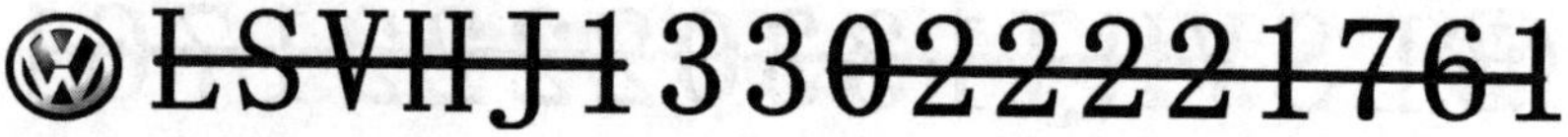

🆅 LSVHJ13302222176 1

第 7~8 位——车辆等级代码

33——上海桑塔纳轿车、上海桑塔纳旅行轿车、上海桑塔纳 2000 轿车

9F——上海帕萨特轿车

9J——上海波罗轿车

5X——上海高尔轿车

图 3-6　VIN 码第 6~8 位解析

3. 该 VIN 码的第 9 位为校验码，根据计算得到校验位为"0"；第 10 位为年份代码，"2"代表是 2002 年出厂的车辆；第 11 位为装配厂代码，"2"代表上海大众汽车有限公司；第 12~17 位为车辆制造顺序号。解读整个 VIN 码，其含义是：该车为 2002 年上海大众生产的桑塔纳 2000 型轿车，配备有 AYJ 发动机，FNV（01N.A）自动变速器，出厂编号是 221761，如图 3-7 所示。

第三章　机动车管理

LSVHJ13302<u>2221761</u>

第9位——校验位

0~9中任何一数字或字母"X"

LSVHJ133<u>0</u>22221761

第10位——年份代码

V——977　W——1998　X——1999　Y——2000　1——2001　2——2002　3——2003
4——2004　5——2005　6——2006　7——2007　8——2008　9——2009　A——2010

LSVHJ133<u>0</u>22221761

第11位——装配厂代码

2——上海大众汽车有限公司

LSVHJ13302<u>221761</u>

第12~17位——车辆制造顺序号

图3-7　VIN码第9~17位解析

四、VIN码校验位的计算

（一）VIN码校验位的计算方法

VIN码第9位校验位的具体计算方法和步骤是：

1. 把VIN码中使用的每个数字和字母都对应设定为一个数值，见表3-5、表3-6。

表3-5　VIN中的数字对应值表

VIN中的数字	0	1	2	3	4	5	6	7	8	9
对应值	0	1	2	3	4	5	6	7	8	9

表3-6　VIN中的字母对应值表

VIN中的数字	A	B	C	D	E	F	G	H	J	K	L	M	N	P	R	S	T	U	V	W	X	Y	Z
对应值	1	2	3	4	5	6	7	8	1	2	3	4	5	7	9	2	3	4	5	6	7	8	9

2. 将 VIN 码中的每一位指定一个加权系数，见表 3-7。

表 3-7　VIN 中的每一位的加权系数表

VIN 中的位置	1	2	3	4	5	6	7	8	9	10	11	12	13	14	15	16	17
加权系数	8	7	6	5	4	3	2	10	0	9	8	7	6	5	4	3	2

3. 将 VIN 码中除校验位外的其他 16 位每一位的字母或者数字对应的数值乘以对应的加权系数，再将乘得的积相加所得的和除以 11，余数为校验码。如果余数等于 10，校验码应是字母 X。

（二）VIN 码校验位的计算实例

VIN 码为 LSVCD49F222188136 的校验位的计算方法见表 3-8，该 VIN 码中除校验位外的其他 16 位每一位的字母或者数字对应的数值乘以对应的加权系数所得的累加和为 343，343 除以 11 的余数为 2，所以第 9 位的校验位为 2，该 VIN 码校验无误。

表 3-8　校验位的计算方法

VIN 中的位置	1	2	3	4	5	6	7	8	9	10	11	12	13	14	15	16	17
VIN 代号	L	S	V	C	D	4	9	F	2	2	2	1	8	8	1	3	6
对应值	3	2	5	3	4	4	9	6	2	2	2	1	8	8	1	3	6
加权系数	8	7	6	5	4	3	2	10	*	9	8	7	6	5	4	3	2
乘积总和	24+14+30+15+16+12+18+60+0+18+16+7+48+40+9+4+12=343																
余数	343/11=31 余 2																

五、车辆识别代号的标示位置

1. 每辆车辆都应具有唯一的车辆识别代号，并永久保持地标示在车辆上，同一车辆上标示的所有的车辆识别代号的字码构成与排列顺序应相同。除按规定申请并获批对已标示的车辆识别代号进行重新标示或变更外，不得对已标示的车辆识别代号进行变更。

2. 车辆应在产品标牌上标示车辆识别代号（两轮摩托车和轻便摩托车可除外），产品标牌的型式、标示位置、标示要求应符合《机动车产品标牌》（GB/T 184111）的规定。

3. 车辆应至少有一个车辆识别代号直接打刻在车架（无车架的车辆为车身主要承载且不能拆卸的部件）能防止锈蚀、磨损的部位上。打刻车辆识别代号的部件不应采用打磨、挖补、垫片、凿改、重新涂漆（设计和制造上为保护打刻的车辆识别代号而采取涂漆工艺的情形除外）等方式处理，从上（前）方观察时，打刻区域周边足够大面积的表面不应有任何覆盖物，如有覆盖物，该覆盖物的表面应明确标示"车辆识别代号"或"VIN"字样，且覆盖物在不使用任何专用工具的情况下能直接取下（或揭开）及复原，以方便观察到足够大的包括打刻区域的表面。打刻的车辆识别代号从上（前）方应易于观察、拓印，对于汽车和挂车还应能拍照。

4. 具有电子控制单元的汽车，其至少有一个电子控制单元应不可篡改地存储车辆识别代号。

5. M_1、N_1类车辆应在靠近风窗立柱的位置标示车辆识别代号，该车辆识别代号在白天不需移动任何部件从车外即能清晰识读。

6. 除按照上述 2~5 条规定标示车辆识别代号之外，M_1 类车辆还应在行李舱的易见部位标示车辆识别代号；且若车辆制造厂选取车辆识别代号作为车辆及部件识别标记的标识信息，还应按照《车辆及部件识别标记》（GB 30509）的规定，标示车辆识别代号。

7. 除按照上述 2~4 条规定标示车辆识别代号之外，最大设计总质量大于或等于 12000kg 的栏板式、仓栅式、自卸式、罐式货车及最大设计总质量大于或等于 10000kg 的栏板式、仓栅式、自卸式、罐式挂车还应在其货箱或常压罐体（或设计和制造上固定在货箱或常压罐体上且用于与车架连接的结构件）上打刻至少两个车辆识别代号。打刻的车辆识别代号应位于货箱（常压罐体）左、右两侧或前端面且易于拍照；若打刻在货箱（常压罐体）左、右两侧时，打刻的车辆识别代号距货箱（常压罐体）前端面的距离应小于或等于 1000mm，若打刻在左、右两侧连接结构件时应尽量靠近货箱（常压罐体）前端面。

8. 车辆制造厂应至少在一种随车文件中标示车辆识别代号。

第四节 机动车号牌

一、机动车号牌和机动车登记编号

（一）机动车号牌

机动车号牌是准予机动车在中华人民共和国境内道路上行驶的法定标志，其号码是机动车登记编号。

（二）机动车登记编号

办理机动车登记业务时，应按规则给机动车确定编号。机动车登记编号包含：用汉字表示的省、自治区、直辖市简称，用英文字母表示的发牌机关代号，由阿拉伯数字和英文字母组成的序号以及用汉字表示的专用号牌简称。

二、机动车号牌的发展历史

新中国成立后，随着机动车数量的日益增长，机动车号牌也经历了数次调整，共经历了八次演变过程。

（一）第一代机动车号牌（1949年9月—1950年9月）

第一代机动车号牌（见图3-8）的设计简单、简洁、大方，前面有一颗五角星，既具中国特色，又包含一种复古的美感。车牌主要是地区+数字的组合。但这样也存在弊端，因为4位数的车牌数字很容易导致车牌数量不足。

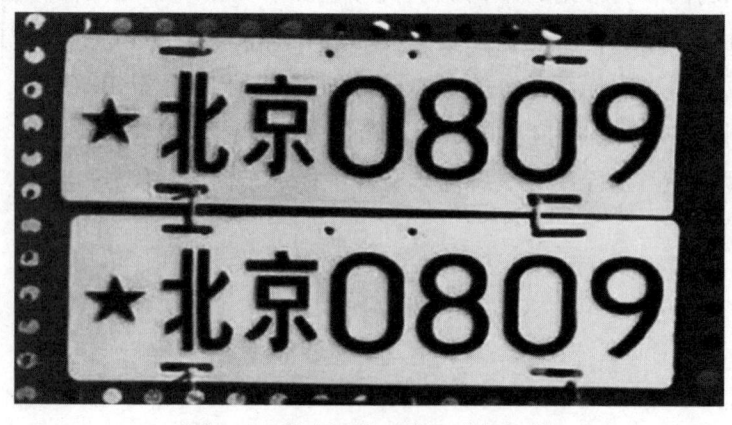

图3-8 新中国第一代机动车号牌

（二）第二代机动车号牌（1950年10月—1964年2月）

第二代机动车号牌（见图3-9、图3-10）设计采用数字代表省份，比如北京是1。随后通过红五角星隔开两边的数字。由于减少了汉字节约了空间，红五角星后方的数字从4位数改为5位数，由此车牌的数量可以获得更多。同时车牌的颜色增加了蓝色和黄色作为汽车种类的区分。在许多影视作品里，细心观察的朋友们肯定会发现这一代车牌的身影。

图3-9　第二代机动车号牌

图3-10　第二代机动车号牌

（三）第三代机动车号牌（1964年3月—1973年2月）

第三代机动车号牌（见图3-11）在第二代的基础上做了小幅度修改。还是以数字代表省份，取消了红五角星，改为短横线作为分隔，同时也增加了黑色底色车牌作为特种车使用。

图3-11　第三代机动车号牌

（四）第四代机动车号牌（1973年3月—1986年7月）

随着中国综合实力的不断提升，外交建设与经济活动日益强大。车牌的种类也随之增加，出现大使馆车、半挂车等车牌。车牌的底色也变得丰富，原本取消的汉字也出现在车牌上。出现了第四代机动车号牌（见图3-12）。

图3-12　第四代机动车号牌

（五）第五代机动车号牌（1986年8月—1994年6月）

1985年11月5日，《关于使用新的机动车号牌的通知》决定，自1986年7月1日起，使用新的机动车号牌，即第五代机动车号牌（见图3-13）。由于是1986年开始使用的车牌，因此第五代机动车号牌也被称为86式车牌。这一代的车牌已经统一了尺寸大小，通过车牌颜色来区分车型的种类和特殊车辆，小车为绿牌，大车为红牌，外籍车为黑牌，教练车、试验车为蓝牌等。同时采用汉字来区分地区和车辆的特殊用途。牌照内容分为两行，上面一行小字由省市区名称+2位数字序号（使馆车为3位数字）组成，下面一行大字为5位登记号码。

图3-13　第五代机动车号牌

（六）第六代机动车号牌——92式号牌（1994年7月—2007年10月）

第六代机动车号牌被称为92式号牌（见图3-14），自1994年启用，号牌有蓝、黄、黑3种底色，大小7种规格，牌面字符的排列有单排和双排两种横列式。92式号牌有4个突破：一是制定了标准；二是用反光膜；三是使用英文字母；四是同时使用单排和双排结构。92式号牌其中间分隔符是一个小铜芯片，使用久了小铜芯片容易脱落，形成一个小洞。

图3-14　92式号牌

（七）第七代机动车号牌——个性化号牌（2002年）

2002年，公安部交通管理局仿照英美的模式，在北京、天津、浙江、广东四地试行个性化号牌改革试点，车牌采用蓝白渐变底色，牌照内容分为两行，上行为车辆所属省市区简称和发牌机关代码，下行由6位数字或字母组成，前车牌的分隔符为"·"，后车牌的为"-"，选号使用自主编排的方式（见图3-15）。这个新式牌照最吸引人的地方在于车主可以随心所欲地组合车号，但这也是它仅仅被使用了10天就被叫停的原因，因为其中有不少人在编排号码时使用敏感或是个性化的词汇。

图3-15　个性化机动车号牌

（八）第八代机动车号牌——07式号牌（2007年至今）

公安部2007年9月28日发布，自2007年11月1日实施的《中华人民共和国机动车号牌》（GA 36—2007）规定了2007式机动车号牌的样式，07式机动车号牌与92式号牌在外观上最主要的区别为其中间分隔符是一个油漆漆成的圆点，而不再是一个铜芯片（见图3-16）。自2008年7月1日起，逐步推广使用三统一的机动车号牌：统一标准字模、统一标准色板、统一反光膜。后来随着汽车的发展和新能源车的出现，GA 36在2014年和2018年经过了二次修订，现行的《中华人民共和国机动车号牌》（GA 36—2018）自2018年5月1日开始实施。

图3-16　07式机动车号牌

三、机动车号牌的作用

1. 机动车取得通行权（出行权）的法定标志。《道路交通安全法》第11条规定："驾驶机动车上道路行驶，应当悬挂机动车号牌……机动车号牌应当按照规定悬挂并保持清晰、完整，不得故意遮挡、污损。任何单位和个人不得收缴、扣留机动车号牌。"

2. 便于识别、检查、监督。通过号牌可以了解掌握机动车的数量，分布使用情况和归属等。有利于公众监督驾驶人遵守交规，以保障行车安全；有利于防止走私、窃车等违法犯罪活动，维护社会治安。

3. 便于查缉交通违法和肇事逃逸的车辆和人员。

四、现行民用机动车号牌（GA 36—2018）

（一）机动车号牌分类、规格、颜色及适用范围

机动车号牌（以下简称号牌）的分类、规格、颜色及适用范围见表3-9。

表 3-9 号牌的分类、规格、颜色及适用范围

序号	分类	外廓尺寸 mm×mm	颜色	数量	适用范围
1	大型汽车号牌	前：440×140 后：440×220	黄底黑字，黑框线	2	符合 GA 802 规定的中型（含）以上载客、载货汽车和专项作业车（适用大型新能源汽车号牌的除外）；有轨电车。
2	挂车号牌	440×220		1	符合 GA 802 规定的挂车。
3	大型新能源汽车号牌	480×140	黄绿底黑字，黑框线		符合 GA 802 规定的中型（含）以上的新能源汽车。
4	小型汽车号牌	440×140	蓝底白字，白框线		符合 GA 802 规定的中型以下的载客、载货汽车和专项作业车（适用小型新能源汽车号牌的除外）。
5	小型新能源汽车号牌	480×140	渐变绿底黑字，黑框线	2	符合 GA 802 规定的中型以下的新能源汽车。
6	使馆汽车号牌	440×140	黑底白字，白框线		符合外发〔2017〕10 号通知规定的汽车。
7	领馆汽车号牌				驻华领事馆的汽车。
8	港澳入出境车号牌		黑底白字，白框线		港澳地区入出内地的汽车。
9	教练汽车号牌	440×140	黄底黑字，黑框线	2	教练用汽车。
10	警用汽车号牌		白底黑字，红"警"字，黑框线		汽车类警车。
11	普通摩托车号牌		黄底黑字，黑框线	1	符合 GA 802 规定的两轮普通摩托车、边三轮摩托车和正三轮摩托车。
12	轻便摩托车号牌		蓝底白字，白框线		符合 GA 802 规定的两轮轻便摩托车和正三轮轻便摩托车。
13	使馆摩托车号牌	220×140	黑底白字，白框线		符合外发〔2017〕10 号通知规定的摩托车。
14	领馆摩托车号牌		黑底白字，白框线		驻华领事馆的摩托车。
15	教练摩托车号牌		黄底黑字，黑框线		教练用摩托车。
16	警用摩托车号牌		白底黑字，红"警"字，黑框线		摩托车类警车。

续表

序号	分类	外廓尺寸 mm×mm	颜色	数量	适用范围
17	低速车号牌	300×165	黄底黑字，黑框线	2	符合 GA 802 规定的低速载货汽车、三轮汽车和轮式专用机械车。
18	临时行驶车号牌	220×140	天（酞）蓝底纹，黑字黑框线	2	行政辖区内临时行驶的载客汽车。
				1	行政辖区内临时行驶的其他机动车。
			棕黄底纹，黑字黑框线	2	跨行政辖区临时行驶的载客汽车。
				1	跨行政辖区临时行驶的其他机动车。
			棕黄底纹，黑"试"字，黑字黑框线	2	试验用载客汽车。
				1	试验用其他机动车。
			棕黄底纹，黑"超"字，黑字黑框线	1	特型机动车，质量参数和/或尺寸参数超出 GB 1589 规定的汽车、挂车。
19	临时入境汽车号牌		白底棕蓝色专用底纹，黑字黑边框	1	临时入境汽车。
20	临时入境摩托车号牌	88×60		2	临时入境摩托车。
21	拖拉机号牌	按 NY 345.1 执行。			上道路行驶的拖拉机。

（二）号牌基材

1. 金属基材。大型汽车号牌、挂车号牌、大型新能源汽车号牌、小型汽车号牌、小型新能源汽车号牌、使馆汽车号牌、领馆汽车号牌、港澳地区入出境车号牌、教练汽车号牌、警用汽车号牌、普通摩托车号牌、轻便摩托车号牌、使馆摩托车号牌、领馆摩托车号牌、教练摩托车号牌、警用摩托车号牌、低速车号牌和拖拉机号牌基材为金属。

2. 纸质基材。临时行驶车号牌、临时入境汽车号牌、临时入境摩托车号牌基材为纸质。

（三）号牌式样

1. 适用于大型汽车前号牌、小型汽车号牌、港澳地区入出境车号牌、教练汽车号牌的号牌式样见图 3-17（图中单位为 mm）。

图 3-17　大型汽车前号牌、小型汽车号牌、港澳地区入出境车号牌、教练汽车号牌

2. 适用于使馆汽车号牌式样见图 3-18（图中单位为 mm）。

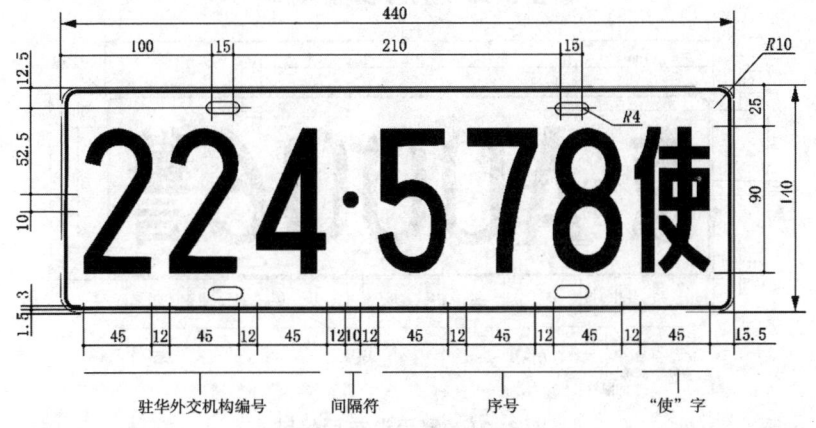

图 3-18　使馆汽车号牌

3. 适用于领馆汽车号牌式样见图 3-19（图中单位为 mm）。

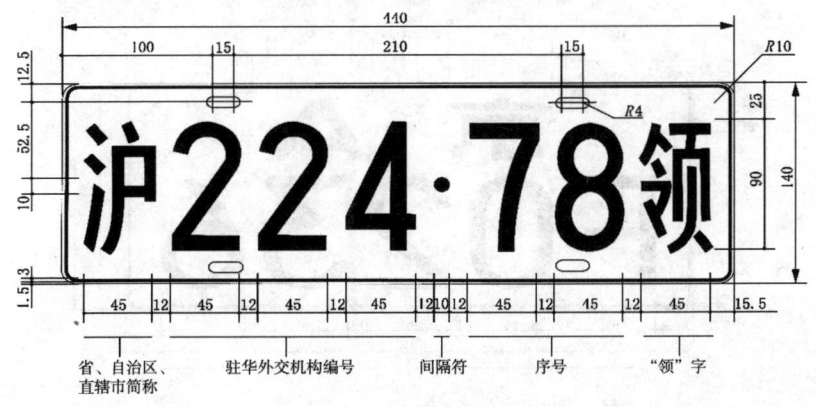

图 3-19　领馆汽车号牌

4. 适用于警用汽车号牌式样，前号牌式样见图 3-20（图中单位为 mm），后号牌式样见图 3-21（图中单位为 mm）。

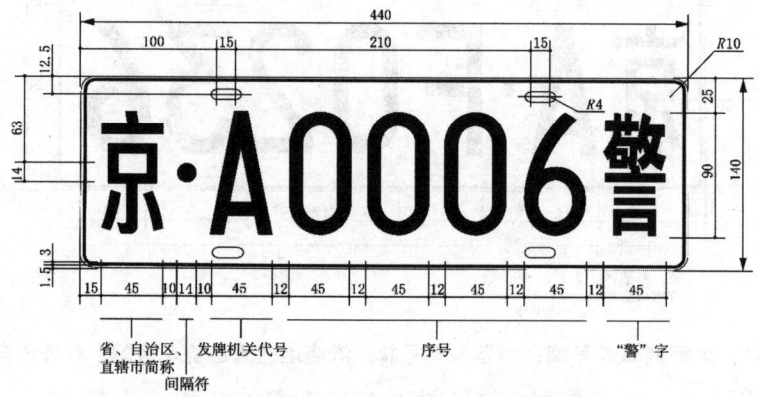

图 3-20　警用汽车前号牌

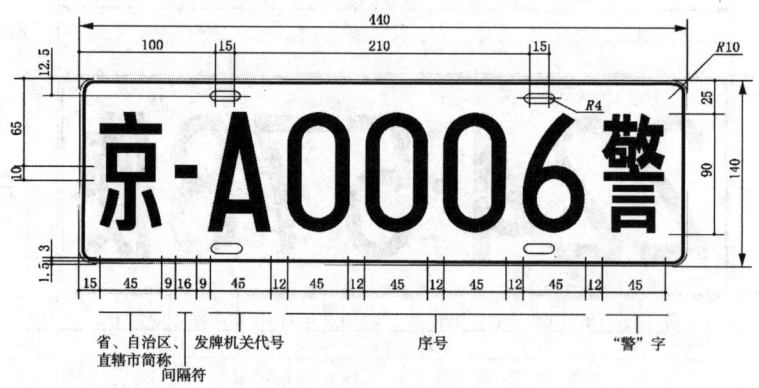

图 3-21　警用汽车后号牌

5. 适用于大型汽车后号牌和挂车号牌。号牌式样见图 3-22（图中单位为 mm）。

图 3-22　大型汽车后号牌和挂车号牌

6. 适用于小型新能源汽车号牌、大型新能源汽车前号牌式样见图 3-23（图中单位为 mm）。

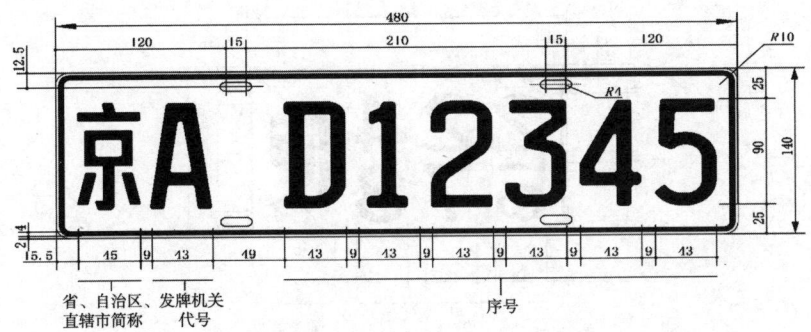

图 3-23　小型新能源汽车号牌、大型新能源汽车前号牌

7. 适用于大型新能源汽车后号牌式样见图 3-24（图中单位为 mm）。

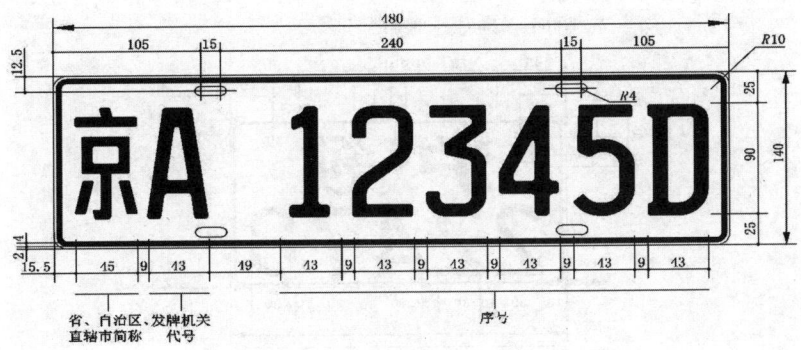

图 3-24　大型新能源汽车后号牌

8. 适用于普通摩托车号牌、轻便摩托车号牌、教练摩托车号牌式样见图 3-25（图中单位为 mm）。

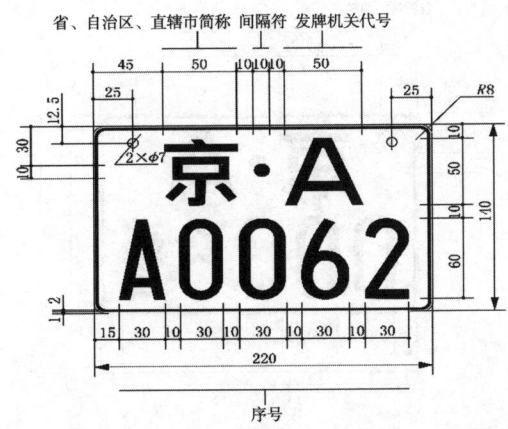

图 3-25　普通摩托车号牌、轻便摩托车号牌、教练摩托车号牌

9. 适用于使馆摩托车号牌式样见图 3-26（图中单位为 mm）。

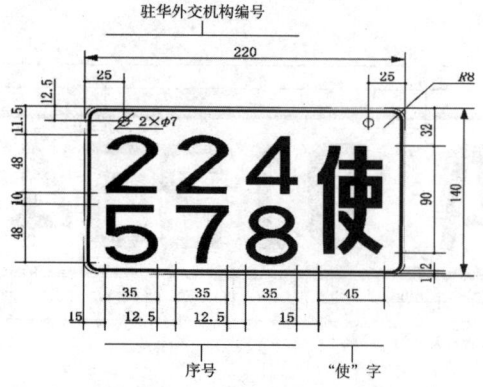

图 3-26　使馆摩托车号牌

10. 适用于领馆摩托车号牌式样见图 3-27（图中单位为 mm）。

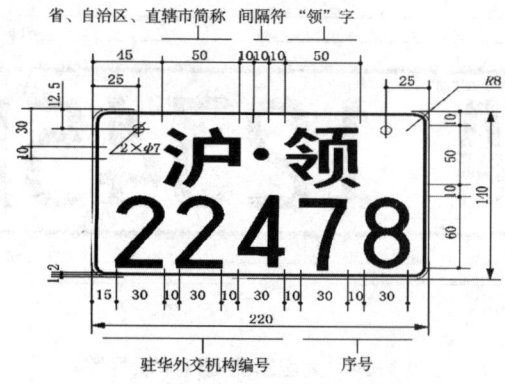

图 3-27　领馆摩托车号牌

11. 适用于警用摩托车号牌式样见图 3-28（图中单位为 mm）。

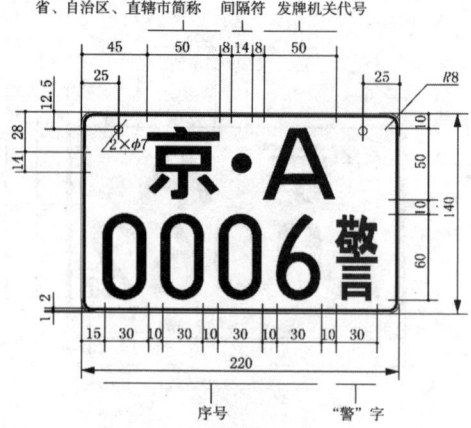

图 3-28　警用摩托车号牌

12. 适用于临时入境汽车号牌式样。

（1）区域内行驶的临时入境汽车号牌正面式样见图 3-29（图中单位为 mm），号牌背面式样见图 3-30（图中单位为 mm）。

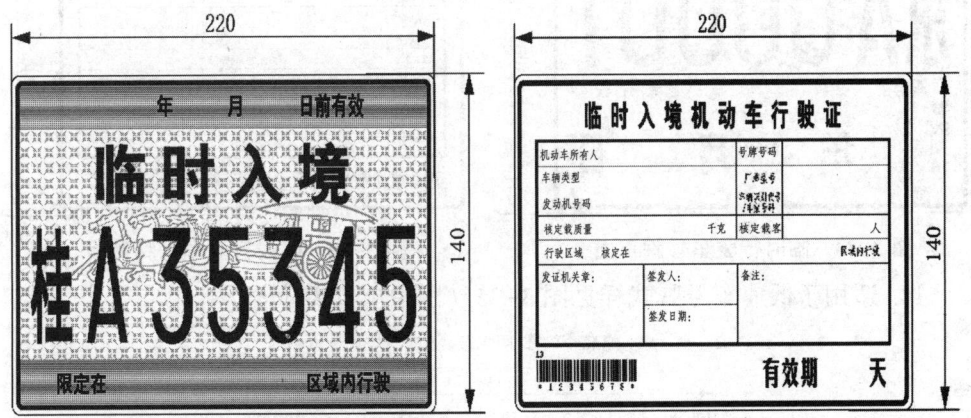

图 3-29　区域内行驶的临时　　　　图 3-30　区域内行驶的临时
　　　　入境汽车号牌正面　　　　　　　　　　入境汽车号牌背面

（2）跨区域行驶的临时入境汽车号牌正面式样见图 3-31（图中单位为 mm），号牌背面式样见图 3-32（图中单位为 mm）。

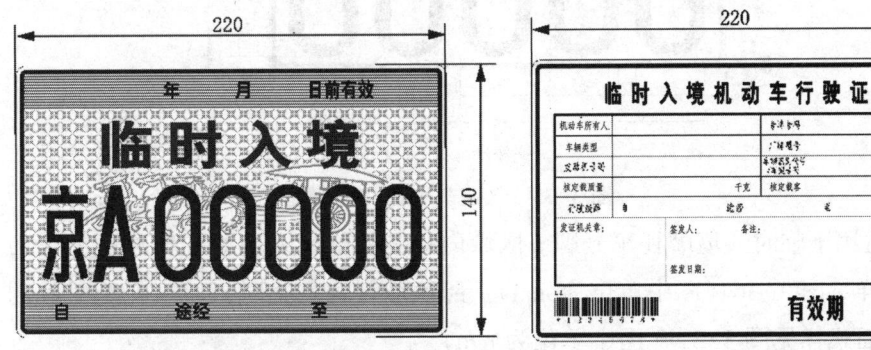

图 3-31　跨区域行驶的临时　　　　图 3-32　跨区域行驶的临时
　　　　入境汽车号牌正面　　　　　　　　　　入境汽车号牌背面

13. 适用于临时行驶车号牌正面式样见图 3-33（图中单位为 mm），号牌背面式样见图 3-34（图中单位为 mm）。

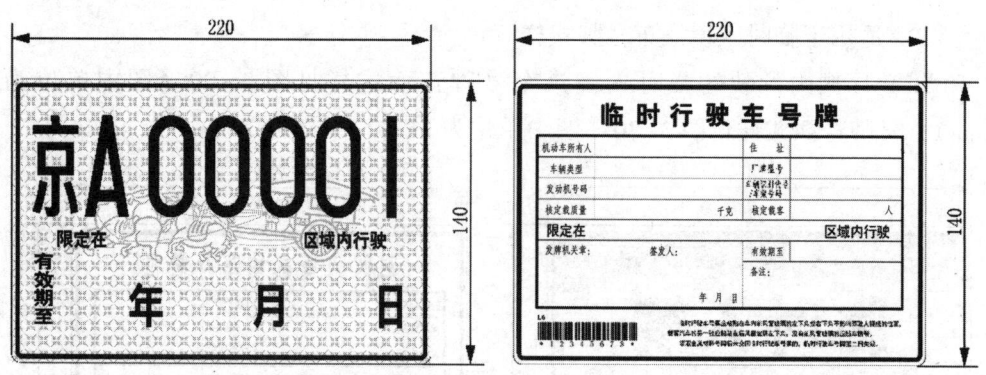

图 3-33 临时行驶车号牌正面　　图 3-34 临时行驶车号牌背面

14. 适用于低速车号牌式样见图 3-35（图中单位为 mm）。

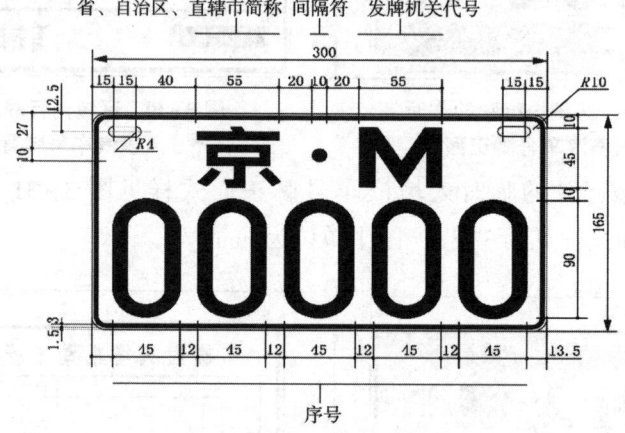

图 3-35 低速车号牌

15. 适用于临时入境摩托车号牌。区域内行驶的临时入境摩托车号牌的正面和背面式样见图 3-36（图中单位为 mm）；跨区域行驶的临时入境摩托车号牌的正面和背面式样见图 3-37（图中单位为 mm）。

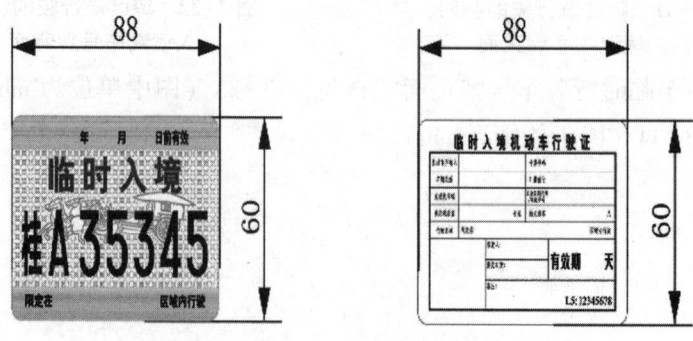

图 3-36 区域内行驶临时入境摩托车号牌

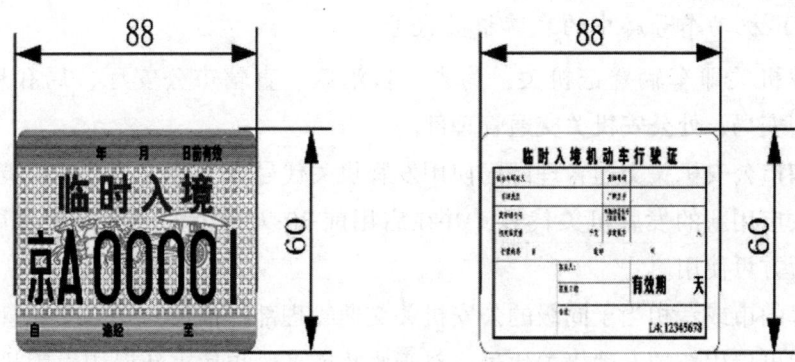

图 3-37 跨区域行驶临时入境摩托车号牌

（四）机动车号牌中的省、自治区、直辖市简称

省、自治区、直辖市的简称见表 3-10。

表 3-10 省、自治区、直辖市简称

序号	地区名称	简称	序号	地区名称	简称
1	北京市	京	17	湖北省	鄂
2	天津市	津	18	湖南省	湘
3	河北省	冀	19	广东省	粤
4	山西省	晋	20	广西壮族自治区	桂
5	内蒙古自治区	蒙	21	海南省	琼
6	辽宁省	辽	22	重庆市	渝
7	吉林省	吉	23	四川省	川
8	黑龙江省	黑	24	贵州省	贵
9	上海市	沪	25	云南省	云
10	江苏省	苏	26	西藏自治区	藏
11	浙江省	浙	27	陕西省	陕
12	安徽省	皖	28	甘肃省	甘
13	福建省	闽	29	青海省	青
14	江西省	赣	30	宁夏回族自治区	宁
15	山东省	鲁	31	新疆维吾尔自治区	新
16	河南省	豫			

（五）机动车号牌中的发牌机关代号

发牌机关即车辆登记机关，为省、自治区、直辖市公安厅、局和地、市、州、盟公安局、处公安机关交通管理部门。

直辖市公安机关交通管理部门使用发牌机关代号为 A 至 Z，应按照英文字母顺序依次启用新的发牌机关代号，并在启用前 30 天报公安部交通管理局备案，经确认后方可使用。

设区的市或者相当于同级的公安机关交通管理部门报经公安部交通管理局批准同意后可启用新的发牌机关代号。对于废止或者废止后重新启用发牌机关代号的，要报经公安部交通管理局批准同意。

（六）机动车号牌中的序号

序号位数、编码规则和适用号牌类型见表 3-11。

（七）专用号牌简称用汉字

各种专用号牌机动车登记编号中使用的汉字简称如下：

1. 领馆汽车号牌和领馆摩托车号牌为"领"；
2. 使馆汽车号牌和使馆摩托车号牌为"使"；
3. 警用汽车号牌和警用摩托车号牌为"警"；
4. 教练汽车号牌和教练摩托车号牌为"学"；
5. 挂车号牌为"挂"；
6. 香港特别行政区入出内地车辆号牌为"港"；
7. 澳门特别行政区入出内地车辆号牌为"澳"；
8. 试验车的临时行驶车号牌为"试"；
9. 特型车的临时行驶车号牌为"超"。

（八）间隔符

间隔符对机动车登记编号进行有效分割。间隔符与序号同样冲压，颜色与序号相同。

表 3-11　序号位数和适用号牌类型

序号位数	编码规则	适用号牌类型
2 位	1）序号中每一位都使用阿拉伯数字； 2）序号中第一位使用阿拉伯数字，第二位使用英文字母； 3）序号中不使用英文字母 O 和 I。	领馆汽车号牌 领馆摩托车号牌
3 位	序号中每一位都使用阿拉伯数字	使馆汽车号牌 使馆摩托车号牌
4 位或 5 位	1）序号中每一位都使用阿拉伯数字； 2）序号中使用 1 位英文字母，其他位为阿拉伯数字； 3）序号中使用 2 位英文字母，其他位为阿拉伯数字； 4）序号中不使用英文字母 O 和 I。	大型汽车号牌 挂车号牌 小型汽车号牌 港澳入出境车号牌 教练汽车号牌 警用汽车号牌 普通摩托车号牌 轻便摩托车号牌 教练摩托车号牌 警用摩托车号牌 低速车号牌 临时行驶车号牌 临时入境汽车号牌 临时入境摩托车号牌
6 位	1）序号中每一位都使用阿拉伯数字； 2）序号中第一位是英文字母，其他位为阿拉伯数字； 3）序号中第六位是英文字母，其他位为阿拉伯数字； 4）序号中第一位和第二位都是英文字母，其他位为阿拉伯数字； 5）序号中不使用英文字母 O 和 I。	大型新能源汽车号牌 小型新能源汽车号牌

（九）新能源汽车号牌

2017 年 8 月，公安部决定在全国范围内逐步推广应用新能源汽车专用号牌。自 2018 年 5 月 1 日开始实施的《中华人民共和国机动车号牌》（GA 36—2018）正式将新能源汽车号牌纳入强制性的行业标准。新能源汽车号牌外廓尺寸为 480mm×140mm，号牌长度比普通号牌增加 40mm，其中大型新能源汽车后号牌宽度比普通大型汽车号牌减少 80mm。

新能源汽车号牌外观式样上主要有五个变化：

1. 突出绿色元素，体现鲜明特点。新能源汽车号牌式样底色以绿色为主色调，突出绿色环保的寓意，采用全新的号牌号码字体，整体式样美观新颖、特色鲜明，便于在服务管理中准确识别、明显辨识。

2. 增设专用标识，展现电动特色。在号牌式样上增加新能源汽车号牌专用标识，标识整体以绿色为底色，寓意电动、新能源，绿色圆圈中右侧为电动插头图案，左侧彩色部分与英文字母"E"（Electric 电）相似。

3. 号牌号码升位，增加号牌容量。与普通汽车号牌相比，新能源汽车号牌号码由 7 位升为 8 位。

4. 实行号牌分段，便于差异管理。用"D"代表纯电动汽车，"F"代表非纯电动汽车（包括插电式混合动力和燃料电池汽车等）。大型汽车号牌中"D"或"F"位于号牌序号的最后一位（见图 3-41），小型汽车号牌中"D"或"F"位于号牌序号的第一位（见图 3-42）。

5. 改进制作工艺，提高防伪性能。采用无污染烫印制作方式制作，工艺绿色环保。同时，增加了二维条码、防伪底纹暗记、激光图案等防伪技术，实现号牌唯一性和生产源头追溯，提高了防伪性能。

（十）警用机动车号牌

1. 警用汽车号牌。警用汽车号牌为单排结构，颜色为白底（反光）黑字。号牌的登记编号由七位字符构成（见图 3-44）。其中第一位为省、自治区、直辖市简称；第二位为字母，表示地区；第三位为 A、B、C、D 和阿拉伯数字，分别表示法院、检察院、国家安全机关、监狱管理机关和公安机关；第四位至第六位为注册编号；第七位为红色反光"警"。第一位与第二位之间为间隔符，前号牌间隔符为圆点"·"（警车号牌专用准产标记），后号牌间隔符为横杠"—"。数码和间隔符横杠为黑色。

2. 警用摩托车号牌。警用摩托车号牌为双排结构，尺寸为 220mm×140mm。第一位至第二位在上排，第三位至第七位在下排（见图 3-48）。其号牌与字符颜色、排列顺序及含义和警用汽车号牌相同。

(十一) 部分机动车号牌效果图

1. 大型汽车号牌效果图（见图3-38）。

a）前号牌效果图

b）后号牌效果图

图3-38 大型汽车号牌效果图

2. 挂车号牌效果图（见图3-39）。

图3-39 挂车号牌效果图

3. 小型汽车号牌效果图（见图3-40）。

图3-40 小型汽车号牌效果图

4. 大型新能源汽车号牌效果图（见图3-41）。

a）前号牌效果图

b）后号牌效果图

图 3-41　大型新能源汽车号牌效果图

5. 小型新能源汽车号牌效果图（见图 3-42）。

图 3-42　小型新能源汽车号牌效果图

6. 教练汽车号牌效果图（见图 3-43）。

图 3-43　教练汽车号牌效果图

7. 警用汽车号牌效果图（见图 3-44）。

a）前号牌效果图

京-A0006警

b）后号牌效果图

图 3-44　警用汽车号牌效果图

8. 普通摩托车号牌效果图（见图3-45）。

图3-45　普通摩托车号牌效果图

9. 轻便摩托车号牌效果图（见图3-46）。

图3-46　轻便摩托车号牌效果图

10. 教练摩托车号牌效果图（见图3-47）。

图3-47　教练摩托车号牌效果图

11. 警用摩托车号牌效果图（见图3-48）。

图3-48　警用摩托车号牌效果图

12. 低速车号牌效果图（见图 3-49）。

图 3-49 低速车号牌效果图

13. 拖拉机号牌效果图（见图 3-50）。

a）正式拖拉机号牌效果图 　　　　b）教练拖拉机号牌效果图

图 3-50 拖拉机号牌效果图

五、"2012 式"武警车辆号牌

2013 年 6 月 1 日起，武警部队全面换发"2012 式"车辆号牌，原"2007 式"号牌于 2013 年 5 月 31 日废止，"2012 式"武警机动车号牌式样如图 3-51 所示。

图 3-51 "2012 式"武警机动车号牌

"2012式"号牌由武警拼音首字母"WJ"、省份汉字简称、单位车辆编制序列的5位数字或4位数字和警种标志组成。"2012式"号牌分大车号牌和小车号牌、前牌和后牌,两者略有差别。前牌"WJ"标志、省份汉字简称、警种为红色,其余为黑色;后牌"WJ"标志为红色,其余为黑色。其中最后一位红色的字母为警种标志:"X"为消防部队、"B"为边防部队、"T"为交通部队、"S"为森林部队、"H"为黄金部队、"J"为警卫部队、"D"为水电部队。最后一位为数字的是武警内卫部队。

第五节 机动车行驶证和机动车登记证书

一、机动车行驶证

（一）机动车行驶证的概念

机动车行驶证是准予机动车在我国境内道路上行驶的法定证件,由证夹、主页、副页三部分组成。

（二）机动车行驶证的作用

1. 机动车行驶证是机动车在中华人民共和国道路上获得出行权的凭证。
2. 机动车行驶证能辨别车辆的归属,验证机动车号牌的真伪。
3. 机动车行驶证是判别车辆是否超载的凭证。机动车行驶证中签注有车辆载质量或者载数量,公安机关交通管理部门正是依据行驶证来判别车辆是否超载的。

（三）《中华人民共和国机动车行驶证》（GA 37—2008）简介

我国现行的机动车行驶证是按照《中华人民共和国机动车行驶证》（GA 37—2008）制作的。该行业标准给出了机动车行驶证的相关术语和定义,规定了机动车行驶证的组成和式样、技术要求、检验方法、检验规则以及包装、标志、运输及贮存和生产管理。

《中华人民共和国机动车行驶证》（GA 37—2008）是由公安部交通管理科学研究所负责在《中华人民共和国机动车行驶证》（GA 37—2004）的基础上修订完成的,相比旧标准,GA 37—2008具有以下特点:

1. 增加对防伪印刷的要求。按照《防伪印刷产品生产管理规范》,规定行驶证证芯为 A 类防伪印刷产品，规定由生产 A 类防伪印刷产品的企业制造。

2. 增强防伪技术，细化证芯规范。一是在印钞造纸厂生产专用纸张，采用人民币上使用的开窗式彩色安全线，从源头上控制了原材料；二是规定证芯须用带专业防伪底纹的专用印刷胶片印刷公共信息；三是从证件专用章、材质、式样、印刷技术 4 方面对证芯作了详细的规定。其中增加了印刷技术要求，根据全国印刷标准化技术委员会对彩印的要求，对印刷提出了明确要求。

3. 修改签注要求及签注项目。新标准对签注作了两方面的修改：一是规定签注字体是专用字体，用专用打印机打印；二是修改了签注项目，删除了"弹簧钢片数""整备质量"栏，将"核定载客""驾驶室共乘"栏合并为"核定载人数"栏，将"注册登记日期"变更为"注册日期"，增加了"备注"栏，用于签注强制报废期止及校车登记信息等。

4. 增加塑封套要求。新标准新增了对塑封套及塑封后的要求。一是规定了专用塑封套技术要求，提高了塑封套防伪性能；二是规定了塑封后的技术要求。

5. 细化检验方法。新标准从检验方法和检验规则两方面规定和强化了对行驶证的检验，以提高行驶证的质量和一致性，维护法定证件的严肃性。规定型式检验由公安部交通安全产品质量监督检测中心承担。

（四）2008 版机动车行驶证的技术要求

根据《中华人民共和国机动车行驶证》（GA 37—2008）制作的机动车行驶证，简称 2008 版机动车行驶证，是我国现行的机动车行驶证。2008 版机动车行驶证由证夹、主页、副页三部分组成。其中，主页正面是已签注的证芯，背面是机动车相片，并用塑封套塑封。副页是已签注的证芯。

1. 证夹。

（1）证夹的材质。外皮为蓝色人造革，插页及内皮为透明无色塑料。

（2）证夹的式样。正面压字"中华人民共和国机动车行驶证"，其中"中华人民共和国"字体为 16pt 宋体，"机动车行驶证"字体为 34pt 长宋体。具体式样如图 3-52 所示。

（3）证夹的规格。折叠后：长度为 102mm±1mm，宽度为 73mm±1mm，圆角半径为 4mm±0.1mm。

（4）证夹的外观。证夹外表手感柔软，外形规正挺括，折叠后不错位，外表无气泡，色泽均匀，压印字清晰无边刺，插页和内皮透明无裂纹，内外皮封口牢固、均匀、无错位，证卡能轻松地插入和取出。

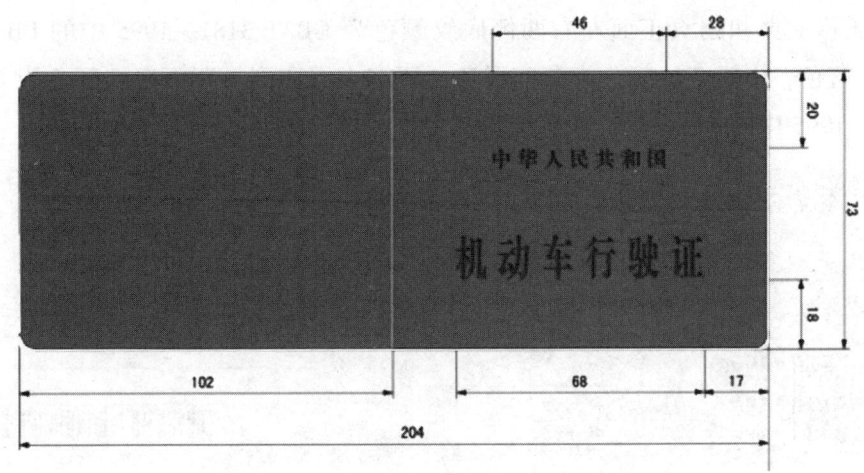

图 3-52 机动车行驶证证夹式样和规格图

（5）耐温性能。证夹在温度-50℃～+60℃的环境下无开裂、脆化、软化等现象。

2. 证芯。证芯，是指已印刷机动车行驶证公共信息的未经签注的纸质卡片。

（1）证件专用章。证件专用章为正方形，规格为20mm×20mm，框线宽为0.5mm。证件专用章使用的汉字为国务院公布的简化汉字，字体为10.5pt宋体。民族自治地方可以根据本地区实际情况附加使用本民族的文字。印章文字自左向右横向多排排列，省（自治区、直辖市）刊"××省（自治区、直辖市）公安厅（局）交通警察总队（交通管理局）"（见图3-53），市（地、州、盟）刊"××省（自治区）××市（地、州、盟）公安局交通警察支队（交通管理局）"（见图3-54）。证件专用章为红色，使用红色紫外荧光防伪油墨印刷。紫外灯照射下，呈现红色荧光。

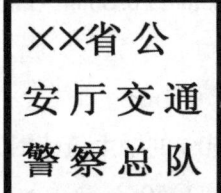 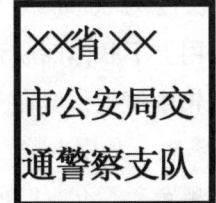

图 3-53 总队印章图　　图 3-54 支队印章图

（2）证芯材质。机动车行驶证证芯使用230g/m²±5g/m²的专用纸张，有开窗式彩色金属线和荧光纤维。

（3）证芯式样。证芯格式、内容、底纹图案和颜色如图3-55、图3-56所示。证芯主页和副页正面左右两侧底纹颜色为 GB/T 3181—1995 中的 PB10 天（铁）蓝色，中间底纹颜色为渐变红色。证芯主页和副页背面底纹颜色为 GB/T 3181—1995 中的 PB10 天（铁）蓝色。

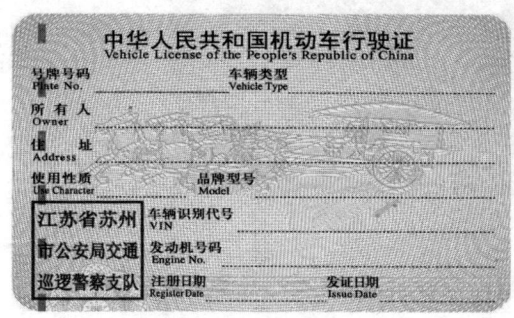　　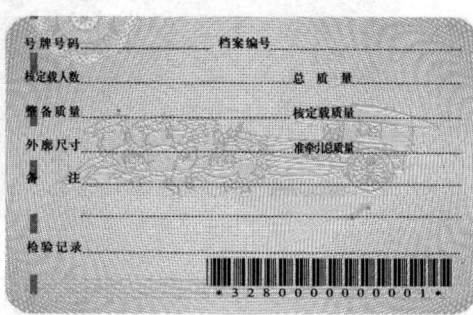

图 3-55　机动车行驶证主页正面　　　　图 3-56　机动车行驶证副页正面

主页正面文字颜色为黑色。"中华人民共和国机动车行驶证"字体为 12pt 黑体，位置居中；"号牌号码""车辆类型""所有人""住址""使用性质""品牌型号""车辆识别代号""发动机号码""注册日期""发证日期"等文字为 7.5pt 宋体。英文"Vehicle License of the People's Republic of China"字体为 7pt 罗马字体，位置居中；其他英文的字体为 6pt 罗马字体。

副页正面文字颜色为黑色。"号牌号码""档案编号""核定载人数""总质量""整备质量""核定载质量""外廓尺寸""准牵引总质量""备注""检验记录"等文字为 7.5pt 宋体。

证芯序列号由 13 位阿拉伯数字组成，用一维条码表示。

(4) 印刷。版面干净，无明显脏迹。文字和底纹清晰完整，无花、糊，无缺笔道等现象。

证芯规格。长度为 88mm±0.5mm，宽度为 60mm±0.5mm，圆角半径为 4mm±0.1mm。证芯采用上下联体四联张格式。

套印。图像轮廓清晰，套印允许误差应小于 0.1mm。

网点。网点清晰，角度准确，不出现重影，50% 的增大值范围为 10%~20%。

实地密度。黑色：1.40~1.70；红色：1.25~1.50。

(5) 签注。签注是通过机动车登记系统并使用专用打印机在证芯上打印机动车所有人和机动车专属信息。主页正面按栏目签注；副页正面按栏目签注，备注栏签注强制报废期止和校车等相关提示信息，副页背面续签检验记录信息。签注字体为专用字体；签注颜色为黑色。对于打印汉字库中没有的汉字，应使用两个半角下划线代替,并用黑色墨水笔手工填写。

机动车外部彩色相片的规格为:长度 88mm±0.5mm,宽度 60mm±0.5mm,圆角半径 4mm±0.1mm。拍摄汽车相片时,应当从车前方左侧 45°角拍摄,拍摄摩托车和挂车相片时,应当从车后方左侧 45°角拍摄;机动车拍摄相片时,不悬挂机动车号牌,但已注册登记的机动车需要重新制作行驶证、拍摄相片时,可以悬挂机动车号牌。机动车影像应占相片的三分之二;机动车相片应当能够清晰辨认车身颜色及外观特征。

3. 塑封套。

(1)组成。塑封套由 A、B 两页沿短边一侧加热封合而成,A 页和 B 页有专用图案。

(2)式样。塑封套的格式、内容及底纹图案如图 3-57、图 3-58 所示。

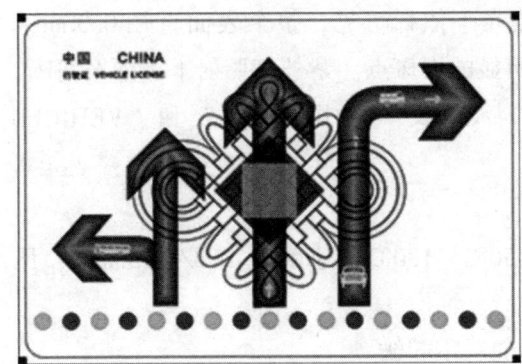
图 3-57 机动车行驶证塑封套 A 页

图 3-58 机动车行驶证塑封套 B 页

(3)规格。长度为 95mm±0.5mm,宽度为 66mm±0.5mm,圆角半径为 4mm±0.1mm。

(4)材质。A 页和 B 页基材使用厚度为 0.10mm±0.01mm 的 PET 透明聚酯膜。

(5)涂层。涂层与基材之间没有脱胶现象。涂层均匀,无气泡、灰层、油污和脏物。

(6)厚度。A 页和 B 页厚度为 0.16mm±0.01mm。

(7)全息图文。外观质量应符合表 3-12 的要求。机动车行驶证塑封套 A 页有全息图文。图文由平安结、指路标志、机动车等图案和"中国 CHINA""VEHICLE LICENSE"等字样构成。平安结中心几何图形颜色在蓝紫色和草绿色之间交互变化;"中国 CHINA"和"VEHICLE LICENSE"为动态景深文字,不同角度分别出现。平安结上下、左右位置居中，定位中心偏差应小于 1.5mm。图文的平均衍射率应不小于 2.0%。

表 3-12 机动车行驶证外观质量要求

序号	指标名称	技术要求
1	划痕	不应有明显划痕
2	污点	整个表面直径 0.3mm 至 0.5mm 的离散型污点不超过 10 个，没有明显的大污点
3	水渍	不应有明显水渍
4	平整度	无明显凹凸缺陷
5	图文质量	有效版面中图文清晰、色彩分明，亮度均匀

（8）荧光图文。机动车行驶证塑封套 B 页有荧光印刷图文。图文没有重影，不影响机动车行驶证的复印效果。自然光下依稀可见，整个表面直径 0.3mm～1.0mm 的荧光斑点不超过 10 个，没有明显的大斑点。紫外灯照射下，图案清晰，有完整的图案。马车图案呈黄绿色荧光，波浪线、"中国行驶证"和"VEHICLE LICENSE"呈红色荧光。

4. 塑封。

（1）塑封条件。塑封温度要求为 150℃～180℃，速度为 1cm/s～3cm/s，压力为 $1kgf/cm^2$～$1.5kgf/cm^2$。

（2）外观。塑封套经塑封后，不起泡、不起皱。

（3）封边。封边平整没有台阶和变形，封边宽度为 1.0mm～2.5mm。

（4）抗剥离。用塑封套塑封后，应封接牢固，涂层与片基、证芯之间不应有自然脱离现象；剥离时，签注后的证芯被破坏，不可复用；复合膜胶的剥离强度不小于 30N/25mm。

二、机动车登记证书

（一）机动车登记证书的概念及其作用

机动车登记证书是机动车办理了登记的证明文件，记载了规定的登记事项。2001 年 10 月 1 日开始实施的《机动车登记办法》（公安部 56 号令）首次规定了办理注册登记后需要核发机动车登记证书，在此之前只是核发号牌和行驶证，行驶证承担着证明所有权和行驶权的双重作用。当时，国家出台很多措施刺激机动车的消费，鼓励采用分期付款的方式销售机动车。银行为了降低贷款的风险，需要将贷款车辆办理抵押登记，防止车辆被非法转移。如果用行驶证办理抵押，势必造成车辆不能上路行驶的情况发生，因此，为了使机动车登记更好地为经济建设服务，需要将行驶证中所有权的职能分离出来，由机动车登记证书承担。这样机动车登记证书就形成一个类似产权证性质的证书。有了机动车登记证书后，银行与购车人签订购车借款合同和抵押合同，就可以及时办理抵押登记，登记后将登记证书保留在银行，使机动车所有人无法恶意办理转移登记，有效地降低了银行贷款的风险，促进了汽车销售。由于《机动车登记证书》单独保管，在车辆被盗抢后一定程度上能够防范利用车辆诈骗、非法交易等损害车辆所有人权益的行为。

（二）机动车登记证书的式样

《中华人民共和国机动车登记证书》（GA 369—2005）规定了机动车登记证书的式样（见图3-59）、规格和尺寸、证书编号、技术要求、检验方法，以及标志、包装、运输和贮存。由于机动车登记证书的作用很重要，为了保证生产的一致性和防伪性，证书由公安部统一印制。机动车登记证书有四种防伪措施：一是在内页纸张上有水印文字；二是在内页上印有"中华人民共和国机动车登记证书"和"中华人民共和国公安部制"的中文微缩文字，使用8倍放大镜可以观察到；三是证书内页底纹的线条为实线条，不得有断点；四是登记证书编号在自然光下显红色，在专用长短波灯的长波光照下显现橙色。

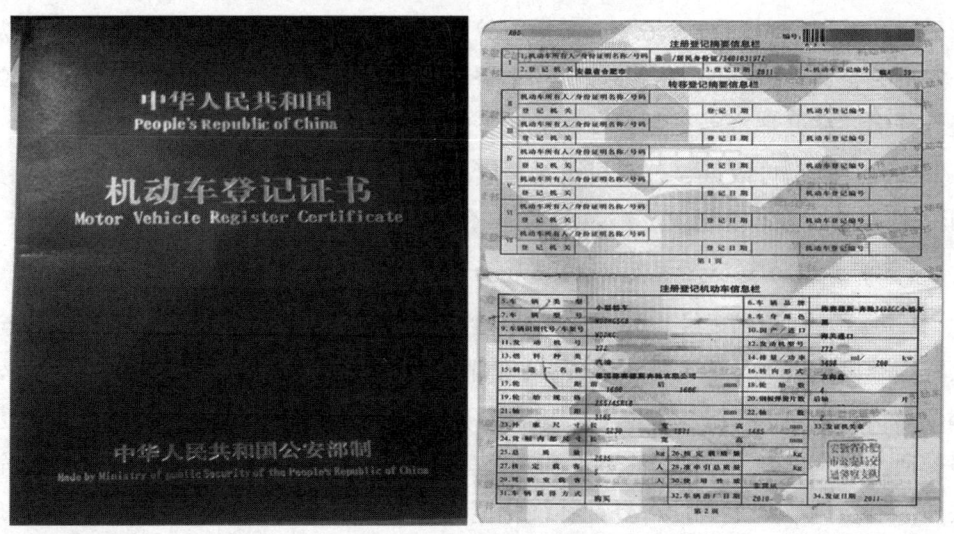

图3-59 机动车登记证书

第六节 机动车登记

一、概述

（一）机动车登记的概念

机动车登记，是指公安机关车辆管理部门依法对我国民用机动车辆的车主、住址、电话、单位代码、居民身份证、车辆类型、厂牌型号以及车辆技术参数和车辆变更、转让、抵押、注销等情况所实行的记录手续。机动车登记是一项非常严谨的工作，必须严格按照法定手续认真办理。

（二）机动车登记的法律规范依据

机动车登记是一项法律性及政策性很强的工作，所依据的法律规范除《道路交通安全法》《道路交通安全法实施条例》等交通安全管理领域通用的法律法规外，专门性的法律规范有《校车安全管理条例》《机动车登记规定》《警车管理规定》《临时入境机动车和驾驶人管理规定》等；所依据的技术标准主要有《机动车运行安全技术条件》（GB 7528-2017）、《道路车辆外廓尺寸、轴荷及质量限值》（GB 1589-2016）、《道路交通管理信息采集规范 第2部分：机动车登记信息采集和签注》（GA/T 946.2—2020）等。另外，《机动车登记工作规范》作为公安机关交通管理部门内部办理机动车登记相关业务的规范性文件，公安机关交通管理部门在办理机动车登记及相关业务时也必须遵照执行。

因此，我们可以说，公安机关交通管理部门办理机动车登记最主要、最直接的依据是《机动车登记规定》及配套的《机动车登记工作规范》。

（三）《机动车登记规定》的发展历程

1. 公安部令第72号。为了贯彻实施《道路交通安全法》及《道路交通安全法实施条例》，2004年4月30日，公安部相继颁布了《机动车登记规定》（公安部令第72号）等4个规章，并自2004年5月1日起与《道路交通安全法》《道路交通安全法实施条例》同步实施。公安部令第72号在保证《道路交通安全法》顺利实施、规范机动车登记、强化道路交通安全源头管理、方便群众办理机动车牌证等方面发挥了重要作用。

2. 公安部令第102号。随着我国经济社会的发展，公安部令第72号部分内容需要修改和调整：一是建设和谐社会对车辆管理工作提出了更高的要求，机动车登记工作需要进一步简化办理程序、优化服务方式，为群众提供更多的便利；二是随着《物权法》《典当管理办法》等一些法律、法规、规章的实施，机动车登记的相关内容需要随之加以调整；三是根据形势的变化，需要对一些内容加以明确和规范。如县级车辆管理部门的名称和业务范围、违反规定应承担的法律责任等。在此背景下，2008年5月27日，公安部发布了《机动车登记规定》（公安部令第102号），自2008年10月1日起施行。

公安部令第102号有如下特点：

（1）简化办理牌证程序，进一步方便群众。102号令进一步简化了牌证办理程序、优化了服务方式，涉及的便民利民措施共16项，主要体现在缩短办理牌证的时限、取消办理变更登记的审批程序、扩大重新启用号牌号码的范围、进一步改进机动车号牌选取方式、取消了停/复驶业务、简化了异地报废机动车注销登记程序问题。

（2）规范县级车辆管理部门的名称和业务范围。将县级车辆管理部门统一命名为"车辆管理所"，明确县级车管所的业务范围，包括办理本行政辖区内摩托车、三轮汽车、低速载货汽车登记业务，具体业务范围和办理条件由省级公安机关交通管理部门确定。

（3）进一步规范机动车登记工作。一是增加了因机动车质量问题退车、不在我国境内道路行驶、依法撤销等原因办理注销登记的条件和程序。二是增加了机动车质押备案业务，以与《物权法》《担保法》《典当管理办法》等法律规定相衔接。三是明确了临时行驶车号牌的适用范围，规定因科研和定型试验、车辆限值超出国家标准等机动车需要临时上道路行驶的，可以办理临时行驶车号牌。

（4）增加了法律责任的规定。102号令增加了"法律责任"一章。对公安机关交通管理部门及交通警察违反规定办理机动车登记的法律责任也作出了规定，共列举出10种违法违纪的情形，其中对为被盗抢、走私、非法拼（组）装和报废机动车办理登记的责任作了更严格的规定，除明确对直接责任人按照国家有关规定给予处分外，还规定"经教育不改又不宜给予开除处分的，按照《公安机关组织管理条例》规定予以辞退；对聘用人员予以解聘"。

3. 公安部令第124号。2012年，为贯彻实施《校车安全管理条例》（国务院令第617号），进一步加强校车登记管理，保障校车安全，公安部决定对《机动车登记规定》进行修订。修订发布了《机动车登记规定》，并于2012年9月12

日起开始实施。124 号令的主要修改内容是在第二章第五节后增加一节，作为第六节：校车标牌的核发。

4. 公安部令第 164 号。2021 年 12 月，公安部修订发布了《机动车登记规定》，并于 2022 年 5 月 1 日起开始实施。164 号令主要突出"三个深化"：一是深化简政便民利企，在固化车辆检验"全国通检"、二手车异地交易登记、检验标志电子化等改革措施基础上，新推出私家车新车上牌免查验、小客车登记全国"一证通办"、车辆信息变更"跨省通办"等便民措施。二是深化重点车辆监管，严格"两客一危"重点车辆登记审查，对危险货物运输、公路客运、旅游客运车辆，公安交管部门与交通运输部门联网核查运输资质，加强部门协同，严格规范管理。严格违规车辆嫌疑调查，对发现车辆涉嫌非法生产、拼装、改装、被盗抢骗等嫌疑的，启动调查程序，严格追究违法违规责任。三是深化业务监督管理，进一步加强对车辆管理所、登记服务站办理车辆登记查验、牌证发放等工作监督管理，对违规办理机动车登记、为不符合标准车辆上牌的，严格责任追究。

为贯彻实施《机动车登记规定》，规范办理机动车登记和校车标牌核发业务，公安部还随每一次《机动车登记规定》的修订，对应修订了《机动车登记工作规范》，作为公安机关交通管理部门内部办理机动车登记相关业务的规范性文件。

二、机动车登记的主体及种类

（一）机动车登记的主体

1. 机动车登记的实施机关。公安部令第 164 号第 2 条规定了机动车登记的实施机关为公安机关交通管理部门，并明确直辖市公安机关交通管理部门车辆管理所、设区的市或者相当于同级的公安机关交通管理部门车辆管理所具体负责办理本行政辖区内机动车登记业务。《行政许可法》第 22 条规定："行政许可由具有行政许可权的行政机关在其法定职权范围内实施。"《道路交通安全法》第 8 条规定："机动车经公安机关交通管理部门登记后，方可上道路行驶"。因此，从法律地位来讲，机动车登记的实施机关是公安机关交通管理部门。车辆管理所作为公安机关交通管理部门的内部机构，是具体办理机动车登记业务的机构。机动车登记的具体行政行为是以公安机关交通管理部门的名义作出的，由公安机关交通管理部门承担相应的法律后果和法律责任，因此而发生的行政复议或者行政诉讼，公安机关交通管理部门是被复议人或者被告。

2004年7月以前，公安机关交通管理部门办理机动车登记，发放的机动车登记证书、行驶证上加盖的证件印章为车辆管理所印章。为贯彻落实自2004年7月1日起开始实施的《行政许可法》，2004年6月24日，公安部下发了《关于变更机动车驾驶证、行驶证、登记证书证件印章名称的通知》（公交管［2004］113号），规定"根据《行政许可法》第39条关于行政机关作出准予行政许可的决定，所颁发的行政许可证件，应当加盖本行政机关印章的规定及《道路交通安全法》第9条、第19条关于机动车登记证书、行驶证和机动车驾驶证由公安机关交通管理部门发放的规定，决定自2004年7月1日起，将机动车行驶证、登记证书上加盖的'××省（自治区、直辖市）公安厅（局）交通警察总队（交通管理局）车辆管理所'和'××省（自治区、直辖市）××市（地、州、盟）公安局交通警察支队（交通管理局）车辆管理所'印章的名称分别变更为'××省（自治区、直辖市）公安厅（局）交通警察总队（交通管理局）'和'××省（自治区、直辖市）××市（地、州、盟）公安局交通警察支队（交通管理局）'，公安部批准的具有发牌机关代号的县级市公安局交通警察大队车辆管理所的印章名称亦作相应变更"。为了规范车辆管理所印章的规格和式样，2008年9月，公安部发布了《车辆和驾驶人管理印章》行业标准，对车辆管理所办理各项业务使用的行政印章、证件专用章、业务专用章的名称、规格、式样、使用等作了明确的规范。

2. 各级车辆管理部门的职责划分。

（1）省级公安机关交通管理部门。省级公安机关交通管理部门负责本省（自治区、直辖市）机动车登记工作的指导、检查和监督。

（2）地市级车辆管理所。直辖市公安机关交通管理部门车辆管理所、设区的市或者相当于同级的公安机关交通管理部门车辆管理所负责办理本行政区域内机动车登记业务。"直辖市公安机关交通管理部门车辆管理所、设区的市或者相当于同级的公安机关交通管理部门车辆管理所"就是一般我们所讲的地市级车辆管理所，地市级车辆管理所是办理车辆和驾驶人管理业务的主体。全国共有300多个地市级车辆管理所，其中直辖市车辆管理所4个，包括北京、天津、上海、重庆车辆管理所；设区的市或者相当于同级的车辆管理所350多个，包括300多个市（地、州、盟）车辆管理所和一些公安部授权的具有独立的发牌机关代号的县级或者特殊地区的车辆管理所，其中公安部授权的车辆管理所包括广东顺德、南海、河南济源、湖北仙桃、潜江、天门、四川广汉、新疆石河子、奎屯等几个县级车辆管理所和吉林长白山保护开发区、黑龙江垦区、湖北神农架保护区、海南琼北、琼南、西藏驻四川双流、驻青海格尔木、陕西杨凌示范区等几个因特殊需要批准成立的车辆管理所。

（3）县级车辆管理所。截至目前，全国共有2100多个县级车辆管理所。县级公安机关交通管理部门车辆管理所可以办理本行政区域内除危险货物运输车、校车、中型以上载客汽车登记以外的其他机动车登记业务。具体业务范围和办理条件由省级公安机关交通管理部门确定。

3. 警用车辆登记业务。公安部令第164号第2条规定，警用车辆登记业务按照有关规定办理，是指警车的登记业务按照《警车管理规定》（公安部令第89号）的规定办理，其中规定"省、自治区、直辖市公安厅、局交通管理部门负责办理警车登记业务，核发警车号牌、行驶证和登记证书"。

（二）机动车登记的种类

机动车登记包括注册登记、变更登记、转让登记、抵押登记及注销登记。

三、注册登记

初次申领机动车号牌、行驶证的，机动车所有人应当向住所地的车辆管理所申请注册登记。机动车注册登记，是指公安机关交通管理部门车辆管理所根据机动车所有人的申请，经依法审查，对在我国境内未取得号牌、行驶证的机动车核发机动车登记证书、号牌、行驶证，准予其上道路行驶的行为。机动车注册登记是其他各项机动车登记的基础，机动车只有办理注册登记后才能办理其他各项登记。对于在国外或者我国港、澳、台地区已取得机动车号牌和行驶证的机动车，经海关批准进口后可以申请注册登记。已注册登记的机动车不得再次申请注册登记。

（一）机动车注册登记的效力

根据《行政许可法》关于行政许可的规定，以及《道路交通安全法》第8条"机动车经公安机关交通管理部门登记后，方可上道路行驶"的规定，机动车注册登记是准予机动车上道路行驶的行政许可行为。注册登记类似人口户籍管理中的新生儿上户口。

（二）机动车注册登记业务流程

办理机动车登记业务应当实现"一进一出"业务大厅即可办结业务，避免群众多次排队。机动车注册登记主要有机动车查验和业务办理两大流程，机动车查验流程如图3-60所示，业务办理流程如图3-61所示。属于转让登记、变更登记等需要查验机动车业务的，参照上述流程办理。

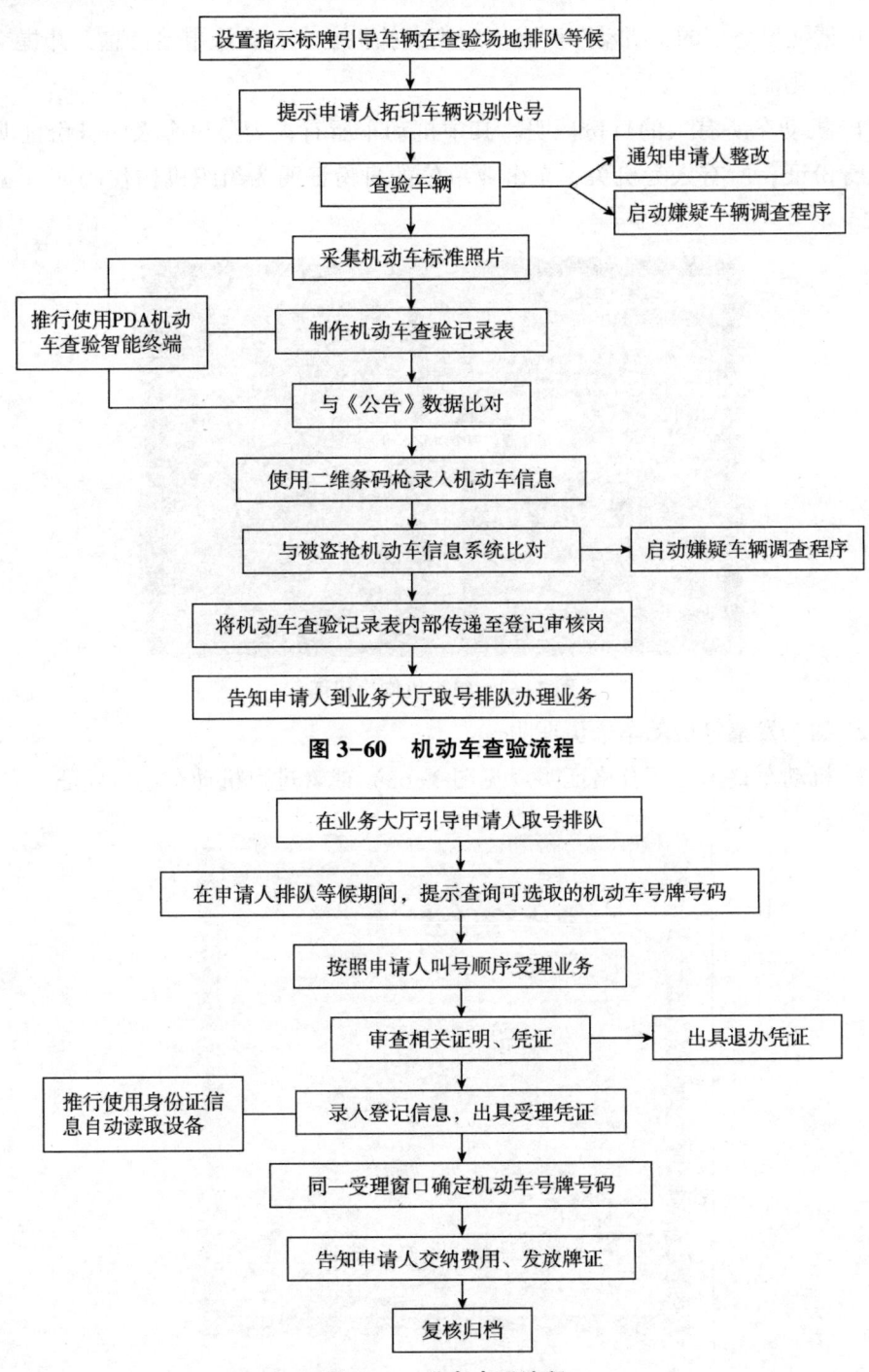

图 3-60 机动车查验流程

图 3-61 业务办理流程

（三）申请注册登记应提交的证明

申请注册登记的，机动车所有人应当交验机动车，确认申请信息，并提交以下证明、凭证：

1. 机动车所有人的身份证明。其中机动车所有人为公民个人的身份证明为居民身份证；所有人为机关、企事业单位的身份证明为组织机构代码证（见图3-62）。

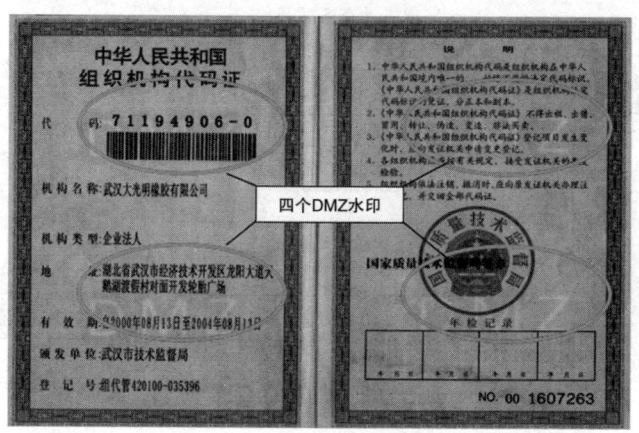

图3-62　组织机构代码证

2. 购车发票等机动车来历证明。

3. 机动车整车出厂合格证明（见图3-63）或者进口机动车进口凭证。

图3-63　机动车整车出厂合格证明

4. 机动车交通事故责任强制保险凭证。

5. 车辆购置税、车船税完税证明或者免税凭证，但法律规定不属于征收范围的除外。

6. 法律、行政法规规定应当在机动车注册登记时提交的其他证明、凭证。

不属于经海关进口的机动车和国务院机动车产品主管部门规定免予安全技术检验的机动车，还应当提交机动车安全技术检验合格证明。

（四）车辆管理所办理注册登记的时限及核发牌证的规定

车辆管理所应当自受理申请之日起2日内，查验机动车，采集、核对车辆识别代号拓印膜或者电子资料，审查提交的证明、凭证，核发机动车登记证书、号牌、行驶证和检验合格标志。机动车安全技术检验、税务、保险等信息实现与有关部门或者机构联网核查的，申请人免予提交相关证明、凭证，车辆管理所核对相关电子信息。

（五）关于特种车和挂车办理注册登记的规定

车辆管理所办理消防车、救护车、工程救险车注册登记时，应当对车辆的使用性质、标志图案、标志灯具和警报器进行审查。机动车所有人申请机动车使用性质登记为危险货物运输、公路客运、旅游客运的，应当具备相关道路运输许可；实现与有关部门联网核查道路运输许可信息、车辆使用性质信息的，车辆管理所应当核对相关电子信息。申请危险货物运输车登记的，机动车所有人应当为单位。车辆管理所办理注册登记时，应当对牵引车和挂车分别核发机动车登记证书、号牌、行驶证和检验合格标志。

（六）不予办理注册登记的情形

有下列情形之一的，不予办理注册登记：

1. 机动车所有人提交的证明、凭证无效的；

2. 机动车来历证明被涂改或者机动车来历证明记载的机动车所有人与身份证明不符的；

3. 机动车所有人提交的证明、凭证与机动车不符的；

4. 机动车未经国务院机动车产品主管部门许可生产或者未经国家进口机动车主管部门许可进口的；

5. 机动车的型号或者有关技术参数与国务院机动车产品主管部门公告不符的；

6. 机动车的车辆识别代号或者有关技术参数不符合国家安全技术标准的；

7. 机动车达到国家规定的强制报废标准的；

8. 机动车被监察机关、人民法院、人民检察院、行政执法部门依法查封、扣押的；

9. 机动车属于被盗抢骗的；

10. 其他不符合法律、行政法规规定的情形。

四、变更登记

机动车变更登记，是指已经注册登记的机动车有部分登记内容发生变化，机动车所有人向机动车管辖地公安机关交通管理部门车辆管理所提出申请，经依法审查，对允许变更的情形给予认可登记。

（一）需要或者可以办理变更登记的情形

改变机动车车身颜色、更换发动机、更换车身或者车架、因质量有问题更换整车、机动车登记的使用性质改变的、机动车所有人的住所迁出或迁入公安机关交通管理部门管辖区域的情形，应当办理变更登记。

（二）申请变更登记应提交的资料

申请变更登记的，机动车所有人应当交验机动车，确认申请信息，并提交以下证明、凭证：

1. 机动车所有人的身份证明；

2. 机动车登记证书；

3. 机动车行驶证；

4. 属于更换发动机、车身或者车架的，还应当提交机动车安全技术检验合格证明；

5. 属于因质量问题更换整车的，还应当提交机动车安全技术检验合格证明，但经海关进口的机动车和国务院机动车产品主管部门认定免予安全技术检验的机动车除外。

（三）变更登记的办理

车辆管理所应当自受理之日起 1 日内，查验机动车，审查提交的证明、凭证，在机动车登记证书上签注变更事项，收回行驶证，重新核发行驶证。车辆管理所办理更换车身或者车架、因质量有问题更换整车及机动车所有人的住所迁出或者迁入公安机关交通管理部门管辖区域的变更登记事项，还应当采集、核对车辆识别代号拓印膜或者电子资料。属于机动车使用性质变更为公路客运、旅游客运,实现与有关部门联网核查道路运输许可信息、车辆使用性质信息的,还应当核对相关电子信息。属于需要重新核发机动车号牌的,收回号牌、行驶证,核发号牌、行驶证和检验合格标志。小型、微型载客汽车因改变车身颜色申请变更登记,车辆不在登记地的,可以向车辆所在地车辆管理所提出申请。车辆所在地车辆管理所应当按规定查验机动车,审查提交的证明、凭证,并将机动车查验电子资料转递至登记地车辆管理所,登记地车辆管理所按规定复核并核发行驶证。

机动车所有人的住所迁出车辆管理所管辖区域的,转出地车辆管理所应当自受理之日起3日内,查验机动车,在机动车登记证书上签注变更事项,制作上传机动车电子档案资料。机动车所有人应当在30日内到住所地车辆管理所申请机动车转入。属于小型、微型载客汽车或者摩托车机动车所有人的住所迁出车辆管理所管辖区域的,应当向转入地车辆管理所申请变更登记。申请机动车转入的,机动车所有人应当确认申请信息,提交身份证明、机动车登记证书,并交验机动车。机动车在转入时已超过检验有效期的,应当按规定进行安全技术检验并提交机动车安全技术检验合格证明和交通事故责任强制保险凭证。车辆管理所应当自受理之日起3日内,查验机动车,采集、核对车辆识别代号拓印膜或者电子资料,审查相关证明、凭证和机动车电子档案资料,在机动车登记证书上签注转入信息、收回号牌、行驶证,确定新的机动车号牌号码,核发号牌、行驶证和检验合格标志。机动车所有人申请转出、转入前,应当将涉及该车的道路交通安全违法行为和交通事故处理完毕。

机动车所有人为两人以上,需要将登记的所有人姓名变更为其他共同所有人姓名的,可以向登记地车辆管理所申请变更登记。申请时,机动车所有人应当共同提出申请,确认申请信息,提交机动车登记证书、行驶证、变更前和变更后机动车所有人的身份证明和共同所有的公证证明,但属于夫妻双方共同所有的,可以提供结婚证或者证明夫妻关系的居民户口簿。车辆管理所应当自受理之日起1日内,审查提交的证明、凭证,在机动车登记证书上签注变更事项,收回号牌、行驶证,确定新的机动车号牌号码,重新核发号牌、行驶证和检验合格标志。变更后机动车所有人的住所不在车辆管理所管辖区域内的,迁出地和迁入地车辆管理所应当按照机动车所有人的住所迁出或迁入管辖区域的情形的规定办理变更登记。

(四)不予办理变更登记的情形

车辆的擅自改动,不仅扰乱了国家车辆管理制度和有关产业的生产、流通秩序，更重要的是危害人民生命财产安全。《道路交通安全法》第16条规定了禁止非法改变机动车及其牌证的具体事项，目的是从源头上加强对车辆及牌证的管理，保障交通安全。有下列情形之一的，不予办理变更登记：

1. 改变机动车的品牌、型号和发动机型号的，但经国务院机动车产品主管部门许可选装的发动机除外。

2. 改变已登记的机动车外形和有关技术参数的，但法律、法规和国家强制性标准另有规定的除外。

3. 机动车所有人提交的证明、凭证无效的；机动车达到国家规定的强制报废标准的；机动车被监察机关、人民法院、人民检察院、行政执法部门依法查封、扣押的；机动车属于被盗抢骗的。

4. 距机动车强制报废标准规定要求使用年限一年以内的机动车，不予办理机动车登记的使用性质改变及机动车所有人的住所迁出、迁入车辆管理所管辖区域的变更事项。

（五）不需办理变更登记的情形

考虑到机动车所有人个性化需求和我国车辆使用状况，从便民角度出发，允许机动车所有人在不影响安全和识别号牌的情况下进行一些变更，而这些变更不需要办理变更登记，可以自行办理。有下列情形之一，在不影响安全和识别号牌的情况下，机动车所有人不需要办理变更登记：

1. 增加机动车车内装饰；

2. 小型、微型载客汽车加装出入口踏步件；

3. 货运机动车加装防风罩、水箱、工具箱、备胎架等。

4. 属于第2、3项规定变更事项的，加装的部件不得超出车辆宽度。

（六）变更备案

已注册登记的机动车有下列情形之一的，机动车所有人应当在信息或者事项变更后30日内，向登记地车辆管理所申请变更备案：

1. 机动车所有人住所在车辆管理所管辖区域内迁移、机动车所有人姓名（单位名称）变更的；

2. 机动车所有人身份证明名称或者号码变更的；

3. 机动车所有人联系方式变更的；

4. 车辆识别代号因磨损、锈蚀、事故等原因辨认不清或者损坏的；

5. 小型、微型自动挡载客汽车加装、拆除、更换肢体残疾人操纵辅助装置的；

6. 载货汽车、挂车加装、拆除车用起重尾板的；

7. 小型、微型载客汽车在不改变车身主体结构且保证安全的情况下加装车顶行李架，换装不同式样散热器面罩、保险杠、轮毂的；属于换装轮毂的，不得改变轮胎规格。

五、转让登记

机动车转让登记，是指已注册登记的机动车的所有权发生转移后，新的机动车现所有人向车辆管理所申请变更机动车所有人的行为。机动车转让登记有利于保护机动车所有人的权益。《物权法》第 24 条规定："船舶、航空器和机动车等物权的设立、变更、转让和消灭，未经登记，不得对抗善意第三人。"就机动车而言，机动车所有人转让机动车属于其对自己物权的处分，其处分权的行使属私权行为，无须征得国家行政机关的同意和认可。但其转让机动车后，要免除其依法应承担的机动车所有人的义务，将该义务转移给新的机动车所有人，则有义务向车辆管理所告知所有权变更情况，办理相应的登记手续。如果机动车所有权转移后，现机动车所有人不及时办理机动车转让登记，不能向善意第三人主张他的权利和义务。现机动车所有人受第三人损害时无法以机动车所有人的名义提出损害赔偿的主张，就连补领机动车号牌、补领机动车行驶证等正常机动车业务也无法办理。对原机动车所有人，机动车转移后不办理转让登记，仍然要承担机动车所有人应当履行的义务，如缴费、交通事故赔偿等责任。现实生活中，因机动车买卖未办理转让登记手续而引发的责任纠纷较多，机动车所有人只有依法及时办理相关的登记手续，才能更好地维护自己的权益。

（一）需要办理转让登记的情形

注册登记的机动车所有权发生转让的，现机动车所有人应当自机动车交付之日起 30 日内向登记地车辆管理所申请转让登记。机动车转让登记的申请人应当是现机动车所有人。转让登记是机动车所有权发生转让后所办理的登记，根据《道路交通安全法实施条例》的规定，只有在机动车所有权发生转让之后，当事人才应当向登记机关申请办理转让登记。可见，转让登记仅仅是对机动车所有权发生转让的事实在事后进行的一种公示行为，使新的机动车所有人产生公信力，让社会上知道机动车所有权归属。机动车登记是准予或者不准予机动车上道路行驶的登记，不是所有权登记，机动车转让登记并非机动车所有权发生转让的生效要件或对抗要件。机动车作为动产，其物权的设立和转让，自交付时发生效力。

(二) 机动车所有人申请转让登记前应当履行的义务

机动车所有人申请转让登记前，应当将涉及该车的道路交通安全违法行为和交通事故处理完毕。认定机动车的道路交通安全违法行为和交通事故处理完毕应当注意以下问题：对道路交通安全违法行为，主要是指非现场执法的违法行为，也就是指交通技术监控系统记录的违法行为，因为对已经进行现场执法的违法行为、交通违法的法律责任已经转移到了具体的责任人，再要求现机动车所有人履行道路交通安全违法行为处理完毕的义务显然是不合理的。对于交通事故处理完毕，应当是指交通事故责任认定完毕，而不是指交通事故的赔偿结束。

(三) 申请转让登记应提交的资料

申请转让登记的，现机动车所有人应当交验机动车，确认申请信息，并提交以下证明、凭证：

1. 现机动车所有人的身份证明；
2. 机动车所有权转让的证明、凭证；
3. 机动车登记证书；
4. 机动车行驶证；
5. 属于海关监管的机动车，还应当提交海关监管车辆解除监管证明书或者海关批准的转让证明；
6. 属于超过检验有效期的机动车，还应当提交机动车安全技术检验合格证明和交通事故责任强制保险凭证。

(四) 转让登记的办理

车辆管理所应当自受理申请之日起1日内，查验机动车，核对车辆识别代号拓印膜或者电子资料，审查提交的证明、凭证，收回号牌、行驶证，确定新的机动车号牌号码，在机动车登记证书上签注转让事项，重新核发号牌、行驶证和检验合格标志。在机动车抵押登记期间申请转让登记的，应当由原机动车所有人、现机动车所有人和抵押权人共同申请，车辆管理所一并办理新的抵押登记。在机动车质押备案期间申请转让登记的，应当由原机动车所有人、现机动车所有人和质权人共同申请，车辆管理所一并办理新的质押备案。

(五) 不予办理转让登记的情形

有下列情形之一的，不予办理转让登记：

1. 机动车与该车档案记载内容不一致的；

2. 属于海关监管的机动车，海关未解除监管或者批准转让的；

3. 距机动车强制报废标准规定要求使用年限1年以内的机动车；

4. 机动车所有人提交的证明、凭证无效的；

5. 机动车来历证明被涂改或者机动车来历证明记载的机动车所有人与身份证明不符的；

6. 机动车达到国家规定的强制报废标准的；

7. 机动车被监察机关、人民法院、人民检察院、行政执法部门依法查封、扣押的；

8. 机动车属于被盗抢骗的。

六、抵押登记

（一）机动车抵押和解除抵押登记

机动车作为抵押物抵押的，机动车所有人和抵押权人应当向登记地车辆管理所申请抵押登记；抵押权消灭的，应当向登记地车辆管理所申请解除抵押登记。

抵押登记，是指车辆管理部门依据有关法律、法规，对当事人以机动车作为抵押时办理的登记。根据《担保法》的规定，抵押是指债务人或者第三人不转移对抵押财产的占有，将该财产作为债权担保。债务人不履行时，债权人有权依照担保法的规定以财产折价或者以拍卖、变卖该财产的价款优先受偿。在民法上抵押物属于物权的范畴，是一种担保物权，与用益物权相对应；是一种他物权，与所有权这种自物权对应。在抵押法律关系上，债务人和第三人为抵押人，债权人为抵押权人，提供担保的财产为抵押物。在抵押期间，抵押人转让已办理登记的抵押物的，应当通知抵押权人并告知受让人转让物已经抵押的情况；抵押人未通知抵押权人或者未告知受让人的，转让行为无效。

根据《担保法》的规定，作为机动车登记机关的公安机关交通管理部门，是办理机动车抵押的抵押物登记部门。

（二）申请抵押登记应提交的资料和办理抵押登记的时限

申请抵押登记的，由机动车所有人和抵押权人共同申请，确认申请信息，并提交下列证明、凭证：

1. 机动车所有人和抵押权人的身份证明；

2. 机动车登记证书；

3. 机动车抵押合同。

车辆管理所应当自受理之日起1日内,审查提交的证明、凭证,在机动车登记证书上签注抵押登记的内容和日期。

由于使用机动车进行抵押涉及机动车所有人和抵押权人双方的利益,抵押权人希望通过抵押登记确保抵押物不会被非法转让,抵押人希望通过办理抵押登记使抵押权人及时放贷。因此,抵押登记需要抵押人和抵押权人共同申请。

(三) 申请解除抵押登记应提交的资料和办理解除抵押登记时限

申请解除抵押登记的,由机动车所有人和抵押权人共同申请,确认申请信息,并提交下列证明、凭证:

1. 机动车所有人和抵押权人的身份证明;
2. 机动车登记证书。

人民法院调解、裁定、判决解除抵押的,机动车所有人或者抵押权人应当确认申请信息,提交机动车登记证书、人民法院出具的已经生效的调解书、裁定书或者判决书,以及相应的协助执行通知书。

车辆管理所应当自受理之日起1日内,审查提交的证明、凭证,在机动车登记证书上签注解除抵押登记的内容和日期。机动车抵押登记日期、解除抵押登记日期可以供公众查询。

(四) 不予办理抵押及解除抵押登记的情形

1. 有下列情形之一的,不予办理抵押登记:
(1) 机动车所有人提交的证明、凭证无效的;
(2) 机动车达到国家规定的强制报废标准的;
(3) 机动车被监察机关、人民法院、人民检察院、行政执法部门依法查封、扣押的;
(4) 机动车属于被盗抢骗的;
(5) 属于海关监管的机动车,海关未解除监管或者批准转让的。

2. 有下列情形之一的,不予办理解除抵押登记:
(1) 机动车所有人提交的证明、凭证无效;
(2) 机动车被监察机关、人民法院、人民检察院、行政执法部门依法查封、扣押的。

七、注销登记

(一) 机动车所有人应当申请注销登记的情形

机动车有下列情形之一的，机动车所有人应当向登记地车辆管理所申请注销登记：

1. 机动车已达到国家强制报废标准的；
2. 机动车未达到国家强制报废标准，机动车所有人自愿报废的；
3. 因自然灾害、失火、交通事故等造成机动车灭失的；
4. 机动车因故不在我国境内使用的；
5. 因质量问题退车的。

机动车因故不在我国境内使用的或因质量问题退车的，机动车所有人申请注销登记前，应当将涉及该车的道路交通安全违法行为和交通事故处理完毕。属于二手车出口而不在我国境内使用的，二手车出口企业应当在机动车办理海关出口通关手续后2个月内申请注销登记。

(二) 报废机动车的注销登记

机动车已达到国家强制报废标准或机动车未达到国家强制报废标准，机动车所有人自愿报废，机动车所有人申请注销登记的，应当向报废机动车回收企业交售机动车，确认申请信息，提交机动车登记证书、号牌和行驶证。

报废机动车回收企业应当确认机动车，向机动车所有人出具报废机动车回收证明，7日内将申请表、机动车登记证书、号牌、行驶证和报废机动车回收证明副本提交车辆管理所。属于报废校车、大型客车、重型货车及其他营运车辆的，申请注销登记时，还应当提交车辆识别代号拓印膜、车辆解体的照片或者电子资料。车辆管理所应当自受理之日起1日内，审查提交的证明、凭证，收回机动车登记证书、号牌、行驶证，出具注销证明。对车辆不在登记地的，机动车所有人可以向车辆所在地机动车回收企业交售报废机动车。报废机动车回收企业应当确认机动车，向机动车所有人出具报废机动车回收证明，7日内将申请表、机动车登记证书、号牌、行驶证、报废机动车回收证明副本以及车辆识别代号拓印膜或者电子资料提交报废地车辆管理所。属于报废校车、大型客车、重型货车及其他营运车辆的，还应当提交车辆解体的照片或者电子资料。报废地车辆管理所应当自受理之日起1日内，审查提交的证明、凭证，收回机动车登记证书、号牌、行驶证，并通过计算机登记管理系统将机动车报废信息传递给登记地车辆管理所。

登记地车辆管理所应当自接到机动车报废信息之日起1日内办理注销登记,并出具注销证明。机动车报废信息实现与有关部门联网核查的,报废机动车回收企业免予提交相关证明、凭证,车辆管理所应当核对相关电子信息。

(三)申请注销登记应提交的资料和办理注销登记的时限

属于机动车灭失的、机动车因故不在我国境内使用的或因质量问题退车这三种情形之一,机动车所有人申请注销登记的,应当确认申请信息,并提交以下证明、凭证:

1. 机动车所有人身份证明;

2. 机动车登记证书;

3. 机动车行驶证;

4. 属于海关监管的机动车,因故不在我国境内使用的,还应当提交海关出具的海关监管车辆进(出)境领(销)牌照通知书;

5. 属于因质量问题退车的,还应当提交机动车制造厂或者经销商出具的退车证明。

申请人因机动车灭失办理注销登记的,应当书面承诺因自然灾害、失火、交通事故等导致机动车灭失,并承担不实承诺的法律责任。二手车出口企业因二手车出口办理注销登记的,应当提交机动车所有人身份证明、机动车登记证书和机动车出口证明。

车辆管理所应当自受理之日起一日内,审查提交的证明、凭证,属于机动车因故不在我国境内使用的还应当核查机动车出境记录,收回机动车登记证书、号牌、行驶证,出具注销证明。

(四)车辆管理所应当强制注销的情形

已注册登记的机动车有下列情形之一的,登记地车辆管理所应当办理注销登记:

1. 机动车登记被依法撤销的;

2. 达到国家强制报废标准的机动车被依法收缴并强制报废的。

(五)公告机动车登记证书、号牌、行驶证作废的情形

已注册登记的机动车有下列情形之一的,车辆管理所应当公告机动车登记证书、号牌、行驶证作废:

1. 达到国家强制报废标准,机动车所有人逾期不办理注销登记的;

2. 机动车登记被依法撤销后,未收缴机动车登记证书、号牌、行驶证的;

3. 达到国家强制报废标准的机动车被依法收缴并强制报废的；

4. 机动车所有人办理注销登记时未交回机动车登记证书、号牌、行驶证的。

（六）不予办理注销登记的情形

1. 机动车所有人提交的证明、凭证无效的；

2. 机动车被监察机关、人民法院、人民检察院、行政执法部门依法查封、扣押的；

3. 机动车属于被盗抢骗的；

4. 机动车与该车档案记载内容不一致的；

5. 机动车在抵押登记、质押备案期间的。

八、机动车牌证的发放和补换领

（一）机动车号牌号码的选取方式和发放

机动车所有人可以通过计算机随机选取或者按照选号规则自行编排的方式确定机动车号牌号码。公安机关交通管理部门应当使用统一的机动车号牌选号系统发放号牌号码，号牌号码公开向社会发放。

（二）机动车所有人申请使用原机动车号牌号码的规定

办理机动车变更登记、转让登记或者注销登记后，原机动车所有人申请机动车登记时，可以向车辆管理所申请使用原机动车号牌号码。申请使用原机动车号牌号码应当符合下列条件：

1. 在办理机动车迁出、共同所有人变更、转让登记或者注销登记后 2 年内提出申请；

2. 机动车所有人拥有原机动车且使用原号牌号码 1 年以上；

3. 涉及原机动车的道路交通安全违法行为和交通事故处理完毕。

夫妻双方共同所有的机动车将登记的机动车所有人姓名变更为另一方姓名，婚姻关系存续期满 1 年且经夫妻双方共同申请的，可以使用原机动车号牌号码。

（三）办理核发临时行驶车号牌业务的规定

1. 可以申请临时行驶车号牌的情形。机动车具有下列情形之一，需要临时上道路行驶的，机动车所有人应当向车辆管理所申领临时行驶车号牌：

（1）未销售的；

（2）购买、调拨、赠予等方式获得机动车后尚未注册登记的；

(3) 新车出口销售的；

(4) 进行科研、定型试验的；

(5) 因轴荷、总质量、外廓尺寸超出国家标准不予办理注册登记的特型机动车。

2. 申领临时行驶车号牌应当提交的资料和办理时限。机动车所有人申领临时行驶车号牌应当提交以下证明、凭证：

(1) 机动车所有人的身份证明；

(2) 机动车交通事故责任强制保险凭证；

(3) 属于未销售的和因轴荷、总质量、外廓尺寸超出国家标准不予办理注册登记的特型机动车，还应当提交机动车整车出厂合格证明或者进口机动车进口凭证；

(4) 属于购买、调拨、赠予等方式获得机动车后尚未注册登记的，还应当提交机动车来历证明，以及机动车整车出厂合格证明或者进口机动车进口凭证；

(5) 属于新车出口销售的，还应当提交机动车制造厂出具的安全技术检验证明以及机动车出口证明；

(6) 属于进行科研、定型试验的，还应当提交书面申请和机动车安全技术检验合格证明。

车辆管理所应当自受理之日起1日内，审查提交的证明、凭证，按规定核发相应的临时行驶车号牌。

3. 临时行驶车号牌的有效期限。核发的临时行驶车号牌应根据实际情况，核定具体有效期限，大致分为四类：一是因号牌制作的原因，无法在规定时限内核发号牌的，车辆管理所应当核发有效期不超过15日的临时行驶车号牌；二是未销售的，购买、调拨、赠予等方式获得机动车后尚未注册登记的以及新车出口销售的，核发有效期不超过30日的临时行驶车号牌；三是因轴荷、总质量、外廓尺寸超出国家标准不予办理注册登记的特型机动车核发有效期不超过90日的临时行驶车号牌；四是需要进行科研、定型试验及对智能网联机动车进行道路测试、示范应用需要上道路行驶的，核发有效期不超过6个月的临时行驶车号牌。机动车办理登记后，机动车所有人收到机动车号牌之日起3日后，临时行驶车号牌作废，不得继续使用。

4. 临时行驶车号牌申领的次数。对新车出口销售的机动车，车辆管理所核发1次临时行驶车号牌。对未销售或购买、调拨、赠予等方式获得机动车后尚未注册登记的车辆,机动车所有人需要多次申领临时行驶车号牌的,车辆管理所可以对同一辆车核发不超过3次临时行驶车号牌。此项规定主要目的:一是方便车辆生产、销售厂商和机动车所有人在不能一次办完有关业务的情况下,可以重复申领临时行驶车号牌;二是为了避免未注册登记的车辆通过无限制的申领临时行驶车号牌,取得长时间上路行驶的资格,督促机动车所有人及时办理车辆的注册登记业务。但对于需要进行科研、定型试验的车辆或因轴荷、总质量、外廓尺寸超出国家标准不予办理注册登记的特型机动车不受申领次数的限制,机动车所有人可以根据实际需要,多次申领临时行驶车号牌。

(四)机动车号牌、登记证书、行驶证补领、换领

机动车号牌灭失、丢失或者损毁的,机动车所有人应当向登记地车辆管理所申请补领、换领。申请时,机动车所有人应当确认申请信息并提交身份证明。车辆管理所应当审查提交的证明、凭证,收回未灭失、丢失或者损毁的号牌,自受理之日起15日内补发、换发号牌,原机动车号牌号码不变。补发、换发号牌期间,申请人可以申领有效期不超过15日的临时行驶车号牌。补领、换领机动车号牌的,原机动车号牌作废,不得继续使用。

机动车登记证书、行驶证灭失、丢失或者损毁的,机动车所有人应当向登记地车辆管理所申请补领、换领。申请时,机动车所有人应当确认申请信息并提交身份证明。车辆管理所应当审查提交的证明、凭证,收回损毁的登记证书、行驶证,自受理之日起1日内补发、换发登记证书、行驶证。补领、换领机动车登记证书、行驶证的,原机动车登记证书、行驶证作废,不得继续使用。

(五)更正登记内容

机动车所有人发现登记内容有错误的,应当及时要求车辆管理所更正。车辆管理所应当自受理之日起5日内予以确认。确属登记错误的,在机动车登记证书上更正相关内容,换发行驶证。需要改变机动车号牌号码的,应当收回号牌、行驶证,确定新的机动车号牌号码,重新核发号牌、行驶证和检验合格标志。

九、校车标牌核发

校车标牌核发是为贯彻实施《校车安全管理条例》(国务院令第617号),进一步加强校车登记管理,保障校车安全,在《机动车登记规定》中进一步细化了公安机关在校车标牌核发工作中的职责。

（一）校车标牌的申请和核发

按照《校车安全管理条例》规定，学校或者校车服务提供者申请校车使用许可，应当向县级或者设区的市级人民政府教育行政部门提出申请，教育行政部门在征求公安机关交通管理部门和交通运输部门意见后，提出审查意见，报人民政府决定是否发放。学校或者校车服务提供者按照《校车安全管理条例》取得校车使用许可后，应当向县级或者设区的市级公安机关交通管理部门领取校车标牌。领取时应当确认表格信息，并提交相关证明和凭证，公安机关交通管理部门应当在收到领取表之日起3日内核发校车标牌。对属于专用校车的，应当核对行驶证上记载的校车类型和核载人数；对不属于专用校车的，应当在行驶证副页上签注校车类型和核载人数。

（二）校车标牌式样、放置位置和记载的内容

校车标牌颜色为黄色、红色和白色。校车标牌有两块，分别置于前风窗玻璃右下角和后风窗玻璃适当位置。置于前风窗玻璃右下角的校车标牌有正面和背面，式样见图3-64a）和图3-64b）。背面英文字符"No."为红色，其他中文字符为黑色。校车后风窗玻璃放置的校车标牌，正面式样见图3-64a），但无中文字符"号牌号码"和下方横线；背面为空白。校车标牌应当记载本车的号牌号码、机动车所有人、驾驶人、行驶线路、开行时间、停靠站点、发牌单位、有效期限等信息。校车标牌分前后两块，分别放置于前风窗玻璃右下角和后风窗玻璃适当位置。校车标牌有效期的截止日期与校车安全技术检验有效期的截止日期一致，但不得超过校车使用许可有效期。

a) 正面式样　　　　　　　　　　b) 背面式样

图3-64　校车标牌式样

(三) 校车标牌的日常管理

公安机关交通管理部门应当每月将校车标牌的发放、变更、收回等信息报本级人民政府备案，并通报教育行政部门。学校或者校车服务提供者应当自取得校车标牌之日起，每月查询校车道路交通安全违法行为记录，及时到公安机关交通管理部门接受处理。核发校车标牌的公安机关交通管理部门应当每月汇总辖区内校车道路交通安全违法和交通事故等情况，通知学校或者校车服务提供者，并通报教育行政部门。

(四) 校车标牌的变更、补领或者换领

校车行驶线路、开行时间、停靠站点或者车辆、所有人、驾驶人发生变化的，经县级或者设区的市级人民政府批准后，应当按照本规定重新领取校车标牌。

校车标牌灭失、丢失或者损毁的，学校或者校车服务提供者应当向核发标牌的公安机关交通管理部门申请补领或者换领。申请时，应当提交机动车所有人的身份证明及机动车行驶证。公安机关交通管理部门应当自受理之日起3日内审核，补发或者换发校车标牌。

(五) 校车标牌的收回

已取得校车标牌的机动车达到报废标准或者不再作为校车使用的，学校或者校车服务提供者应当拆除校车标志灯、停车指示标志，消除校车外观标识，并将校车标牌交回核发的公安机关交通管理部门。专用校车不得改变使用性质。校车使用许可被吊销、注销或者撤销的，学校或者校车服务提供者应当拆除校车标志灯、停车指示标志，消除校车外观标识，并将校车标牌交回核发的公安机关交通管理部门。

十、其他规定

(一) 机动车质押备案和解除质押备案

根据《担保法》有关规定，质押是指债务人将其动产移交债权人占有，将该动产作为债权的担保。债务人不履行债务时，债权人有权依法以该动产折价或者以拍卖、变卖该动产的价款优先受偿。质押备案实际上就是一种机动车登记类别，之所以《机动车登记规定》不叫作质押登记，是因为《道路交通安全法实施条例》第4条明确规定了机动车登记的种类，为与上位法一致，因而称之为质押备案。

机动车作为质押物质押的,机动车所有人可以向登记地车辆管理所申请质押备案;质押权消灭的,应当向登记地车辆管理所申请解除质押备案。申请办理机动车质押备案或者解除质押备案的,由机动车所有人和质权人共同申请,确认申请信息,并提交机动车所有人和质权人的身份证明和机动车登记证书。车辆管理所应当自受理之日起1日内,审查提交的证明、凭证,在机动车登记证书上签注质押备案或者解除质押备案的内容和日期。机动车抵押、解除抵押信息实现与有关部门或者金融机构等联网核查的,申请人免予提交相关证明、凭证。机动车抵押登记日期、解除抵押登记日期可以供公众查询。

机动车如属于以下四种情形的,不予办理机动车质押备案:一是机动车所有人、质权人提交的证明、凭证无效的;二是机动车达到国家规定的强制报废标准的;三是机动车被监察机关、人民法院、人民检察院、行政执法部门依法查封、扣押的;四是机动车属于被盗抢骗的。对机动车所有人、质权人提交的证明、凭证无效,或者机动车被监察机关、人民法院、人民检察院、行政执法部门依法查封、扣押的,不予办理解除质押备案。

(二)被盗抢骗机动车办理相关业务的规定

已注册登记的机动车被盗抢骗的,车辆管理所应当根据刑侦部门提供的情况,在计算机登记系统内记录,停止办理该车的各项登记和业务。被盗抢骗机动车发还后,车辆管理所应当恢复办理该车的各项登记和业务。机动车在被盗抢骗期间,发动机号码、车辆识别代号或者车身颜色被改变的,车辆管理所应当凭有关技术鉴定证明办理变更备案。

(三)机动车登记和业务的代理

机动车所有人可以委托代理人代理申请各项机动车登记和业务,但共同所有人变更、申请补领机动车登记证书、机动车灭失注销的除外;对机动车所有人因死亡、出境、重病、伤残或者不可抗力等原因不能到场的,可以凭相关证明委托代理人代理申请,或者由继承人申请。代理人申请机动车登记和业务时,应当提交代理人的身份证明和机动车所有人的委托书。

第七节 机动车强制报废制度

一、机动车强制报废制度的概念

机动车强制报废制度,是指公安机关交通管理部门对达到报废标准的机动车,通知车主限期办理报废、注销登记,收回汽车号牌和行驶证,并开具《汽车报废通知书》的制度。

二、机动车强制报废的意义

1. 实行机动车强制报废制度,能够促进汽车制造、维修技术进一步提高。
2. 实行机动车强制报废制度,能够节约资源,带来巨大的社会效益。
3. 实行机动车强制报废制度,能够保护环境,减少污染。
4. 实行机动车强制报废制度,能够促进公平竞争,加速汽车更新换代。

三、机动车强制报废的标准

为适应交通安全、节能、环保的需要,促进我国汽车生产和交通运输的发展,国家相关部委先后多次发文规定机动车强制报废标准。为保障道路交通安全、鼓励技术进步、加快建设资源节约型、环境友好型社会,根据《道路交通安全法》及其实施条例、《大气污染防治法》《噪声污染防治法》,2012年8月24日商务部第68次部务会议审议通过了《机动车强制报废标准规定》,并经发展改革委、公安部、环境保护部同意联合发布,自2013年5月1日起施行。

(一)强制报废

根据《机动车强制报废标准规定》,已注册机动车有下列情形之一的应当强制报废,其所有人应当将机动车交售给报废机动车回收拆解企业,由报废机动车回收拆解企业按规定进行登记、拆解、销毁等处理,并将报废机动车登记证书、号牌、行驶证交公安机关交通管理部门注销:

1. 达到规定使用年限的(见表3-13);
2. 经修理和调整仍不符合机动车安全技术国家标准对在用车有关要求的;
3. 经修理和调整或者采用控制技术后,向大气排放污染物或者噪声仍不符

合国家标准对在用车有关要求的;

4. 在检验有效期届满后连续 3 个机动车检验周期内未取得机动车检验合格标志的。

(二) 引导报废

国家对达到一定行驶里程的机动车引导报废。达到表 3-13 所列行驶里程机动车,其所有人可以将机动车交售给报废机动车回收拆解企业,由报废机动车回收拆解企业按规定进行登记、拆解、销毁等处理,并将报废的机动车登记证书、号牌、行驶证交公安机关交通管理部门注销。

(三) 变更使用性质或者转移登记的机动车的强制报废规定

变更使用性质或者转移登记的机动车应当按照下列有关要求确定使用年限和报废:

1. 营运载客汽车与非营运载客汽车相互转换的,按照营运载客汽车的规定报废,但小、微型非营运载客汽车和大型非营运轿车转为营运载客汽车的,应按公式 3-1 核算累计使用年限,且不得超过 15 年。

非营运小微型载客汽车和大型轿车变更使用性质后累计使用年限计算公式:

$$累计使用年限=原状态已使用年+\left(1-\frac{原状态已使用年}{原状态使用年限}×状态改变后年限\right)$$

(式 3-1)

公式 3-1 中原状态已使用年中不足 1 年的按 1 年计算,例如已使用 2.5 年按 3 年计算;原状态使用年限数值取定值为 17;累计使用年限计算结果向下圆整为整数,且不超过 15 年。

2. 不同类型的营运载客汽车相互转换的,按照使用年限较严的规定报废。

3. 小、微型出租客运汽车和摩托车需要转出登记所属地省、自治区、直辖市范围的,按照使用年限较严的规定报废。

4. 危险品运输载货汽车、半挂车与其他载货汽车、半挂车相互转换的,按照危险品运输载货车、半挂车的规定报废。

5. 距本规定要求使用年限 1 年以内 (含 1 年) 的机动车,不得变更使用性质、转移所有权或者转出登记地所属地市级行政区域。

四、关于车辆报废的有关规定

车辆管理所在机动车报废期满前 2 个月,通知机动车所有人办理注销登记。

机动车所有人逾报废期不办理注销登记的，车辆管理所公告机动车登记证书、号牌和行驶证作废，注销机动车档案。

对报废的大型客、货车及其他营运车辆进行监督解体应对车辆进行确认后，监督报废车辆回收拆解企业现场对车辆进行解体，并拍摄车辆解体后的照片和包含车辆识别代号（车架号）部件的照片，一并存入机动车档案。

表3-13 机动车使用年限及行驶里程参考值汇总表

车辆类型与用途				使用年限（年）	行驶里程参考值（万千米）
汽车	载客	营运	出租客运 小、微型	8	60
			出租客运 中型	10	50
			出租客运 大型	12	60
			租赁	15	60
			教练 小型	10	50
			教练 中型	12	50
			教练 大型	15	60
			租赁	13	40
			公交客运 小、微型	10	60
			公交客运 中型	15	50
			公交客运 大型	15	80
		专用校车		15	40
		非营运	小、微型客车，大型轿车*	无	60
			中型客车	20	50
			大型客车	20	60
	载货		微型	12	50
			中、轻型	15	60
			重型	15	70
			危险品运输	10	40
			三轮汽车、装用单缸发动机的低速货车	9	无
			装用多缸发动机的低速货车	12	30
	专项作业		有载货功能	15	50
			无载货功能	30	50

续表

车辆类型与用途			使用年限（年）	行驶里程参考值（万千米）
挂车	半挂车	集装箱	20	无
		危险品运输	10	无
		其他	15	无
	全挂车		10	无
摩托车		正三轮	12	10
		其他	13	12
轮式专用机械车			无	50

注：1. 表中机动车主要依据《机动车类型术语和定义》（GA 802—2008）进行分类；标注 * 车辆为乘用车。

2. 对小、微型出租客运汽车（纯电动汽车除外）和摩托车，省、自治区、直辖市人民政府有关部门可结合本地实际情况，制定严于表中使用年限的规定，但小、微型出租客运汽车不得低于 6 年，正三轮摩托车不得低于 10 年，其他摩托车不得低于 11 年。

因车辆损坏无法驶回登记地的，机动车所有人可以向车辆所在地机动车回收企业交售报废机动车。交售机动车时应当填写申请表，提交机动车登记证书、号牌和行驶证。机动车回收企业应当确认机动车并解体，向机动车所有人出具《报废机动车回收证明》。报废的校车，大型客、货车及其他营运车辆应当在报废地车辆管理所的监督下解体。机动车回收企业应当在机动车解体后 7 日内将申请表、机动车登记证书、号牌、行驶证和《报废机动车回收证明》副本提交报废地车辆管理所，申请注销登记。报废地车辆管理所应当自受理之日起 1 日内，审查提交的证明、凭证，收回机动车登记证书、号牌、行驶证，并通过计算机登记系统将机动车报废信息传递给登记地车辆管理所。登记地车辆管理所应当自接到机动车报废信息之日起 1 日内办理注销登记，并出具注销证明。

第四章
机动车查验

机动车查验的概念在2008年10月1日实施的《机动车查验工作规程》（GA 801—2008）中首次提出。《机动车查验工作规程》（GA 801—2019）规定，机动车查验是指办理机动车业务时，查验员依据道路交通安全法律法规和相关标准确认机动车。机动车查验相关法律法规及规范的依据有：《道路交通安全法实施条例》《机动车登记规定》《机动车登记工作规范》《机动车查验工作规范（试行）》等。

《道路交通安全法实施条例》规定，初次申领机动车号牌、行驶证的，应当向机动车所有人住所地的公安机关交通管理部门申请注册登记。申请机动车注册登记，应当交验机动车。已注册登记的机动车有改变机动车车身颜色、更换发动机、更换车身或者车架，因质量有问题、制造厂更换整车及营运机动车改为非营运机动车或者非营运机动车改为营运机动车等情形向登记该机动车的公安机关交通管理部门申请变更登记的，应当交验机动车。申请机动车转移登记，当事人应当向登记该机动车的公安机关交通管理部门交验机动车。

《机动车登记规定》明确，机动车申请注册登记、变更登记、转让登记、注销登记的，都需要交验机动车。学校或者校车服务提供者申请校车使用许可，应当按照《校车安全管理条例》向县级或者设区的市级人民政府教育行政部门提出申请。公安机关交通管理部门收到教育行政部门送来的征求意见材料后，应当在1日内通知申请人交验机动车。

《机动车登记工作规范》第3条规定，车辆管理所应当按照机动车查验工作规程查验机动车。按照机动车类型术语和定义标准确定机动车的车辆类型和使用性质。按照车辆和驾驶人管理印章标准使用印章。

《机动车查验工作规范（试行）》第3条规定，省级公安机关交通管理部门负责本省（自治区、直辖市）机动车查验工作的指导、检查和监督。直辖市公安机关交通管理部门车辆管理所、设区的市或者相当于同级的公安机关交通管理部门车辆管理所按本规范办理机动车查验业务，负责县级公安机关交通管理部门车辆管理所机动车查验工作的指导、检查和监督。县级公安机关交通管理部门车辆管理所按本规范办理职责范围内的机动车查验业务。机动车登记服务站在车辆管理所的监督下，可以按照本规范办理机动车查验业务。

第一节 机动车查验基础

一、机动车查验员

根据《机动车查验工作规程》（GA 801—2019）规定，查验员（inspector）是指具有相应的知识和技能，经公安机关交通管理部门培训考试合格并获得查验员资格证书，根据公安机关交通管理部门授权从事机动车查验工作的人员。查验员在查验机动车时，应佩戴全省统一式样的证卡，按标准配备随身查验工具，按照规定使用机动车查验智能终端，依法依规履行相关法律法规赋予的职责。查验过程中，民警查验员应按照规定使用执法记录仪，非民警查验员应按照规定使用与执法记录仪功能相同的视音频记录装置。图4-1是机动车查验员在查验机动车。

图4-1 机动车查验员查验机动车

（一）机动车查验员技术等级和类别

《机动车查验工作规范（试行）》第13条规定，查验员应当具备机动车查验相关知识和技能，经培训考试合格并取得查验员证书，分为初级、中级和高级。

《机动车查验工作规范（试行）》第17条规定，设区的市或者相当于同级的公安机关交通管理部门负责本行政辖区申请初级查验员资格人员的培训、考核、颁发初级查验员证书。省级公安机关交通管理部门负责本省（自治区、直辖市）申请中级查验员资格人员的培训、考核、颁发中级查验员证书。公安部交通管理局负责申请高级查验员资格人员的培训、考核，颁发高级查验员证书。

查验员技术等级实行逐级晋升制度，初次申请查验员资格的，应当申请初级查验员。

查验员工作期间应当行为规范、举止文明、统一着装、佩戴上岗证。查验员上岗证式样由省级公安机关交通管理部门制定。

人民警察担任的查验员为民警查验员；车辆管理所警务辅助等工作人员担任的查验员为辅警查验员；机动车登记服务站工作人员担任的查验员为社会辅助查验员（见图4-2）。

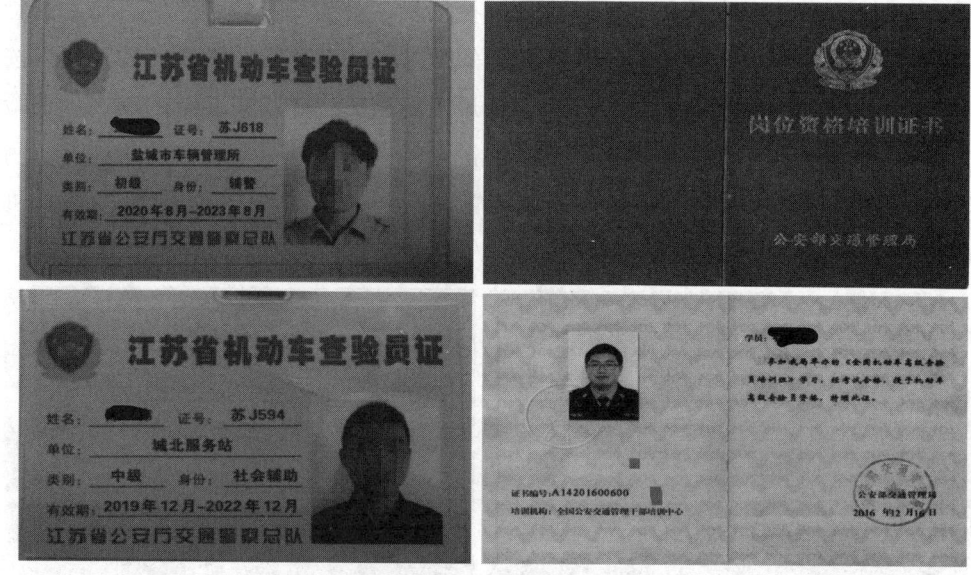

图4-2 查验员证

（二）机动车查验员可查验车辆范围

《机动车查验工作规范（试行）》第14条规定，初级查验员可以对小型和微型载客汽车、轻型和微型载货汽车、低速汽车、摩托车进行查验，中级、高级查验员可以对所有类型的机动车进行查验。

办理进口机动车注册登记，专项作业车、挂车、中型（含）以上载客汽车、中型（含）以上载货汽车的注册登记和变更登记（变更迁出除外），危险货物运输车辆的所有登记业务，以及申领机动车登记证书和校车使用许可、报废机动车法定监督解体、嫌疑车辆调查取证等，应当由具备相应车型查验资格的民警查验员查验。

从事机动车查验监管、机动车安全技术检验监督的工作人员应当经过培训，掌握监管工作内容和异常情形处置要求，其负责人应为民警中级查验员或者民警高级查验员。

（三）机动车查验员的培训考核

《机动车查验工作规范（试行）》第18条规定，经培训考核合格的，考核发证机关应当核发查验员证书，建立查验员档案和信息管理系统，记录查验员基本情况、培训考核情况等资料信息。高级查验员由省级公安机关交通管理部门负责建立查验员档案。

查验员证书应当记载查验员姓名、技术等级、培训记录、发证机关等信息，粘贴查验员照片。查验员证书有效期为3年，查验员证书有效期满前，仍需继续从事机动车查验工作的，应当按本规范规定重新申请查验员证书。

各级公安机关交通管理部门应当建立查验员日常培训教育制度。省级公安机关交通管理部门应当制定查验员培训教育管理规定，制定培训计划，指导、监督设区的市或者相当于同级的公安机关交通管理部门开展集中培训和日常培训相结合的培训教育工作。有条件的省级公安机关交通管理部门可以建立机动车查验实战训练基地。

设区的市或者相当于同级的公安机关交通管理部门、县级公安机关交通管理部门应当对查验员每月组织一次廉政教育、业务知识、实战技能集中培训，每周进行查验工作总结、点评，每月将机动车查验中遇到的问题及对策等情况报省级公安机关交通管理部门。

车辆管理所应当每年组织初级、中级查验员参加不少于40学时业务知识、实战技能和廉政警示培训，并进行考核。高级查验员每年对中级或者初级查验员进行授课时间应当不少于10学时。

发证单位负责每年审核查验员资格，审核内容包括查验员年度培训考核、查验员证书有效期情况。对不符合本规范规定的查验员资格条件的，取消相应查验员资格或者予以降级。中级、高级查验员岗位调整的，应当报发证公安机关交通管理部门备案。

车辆管理所应当按照规定的业务种类、车辆类型、查验要求、查验岗位等配置查验员，查验员数量和资格应当与机动车查验工作量相适应。

（四）机动车查验员的相关责任

1.《机动车查验工作规范（试行）》第75条规定，查验员具有下列情形之一的，应当暂停查验员资格，参加不少于20小时的岗位培训，经考试合格的，恢复查验员资格：

（1）超越范围、职权查验机动车的；

（2）未按规定项目、方法、标准查验机动车的；

（3）未按规定上传查验结果、照片及视频资料的；

（4）未按规定复核或者抽查检验结果、照片及视频的；

（5）未按规定审核机动车安全技术检验机构上传的检验数据和照片视频的。

2.《机动车查验工作规范（试行）》第76条规定，查验员具有下列情形之一的，应当取消查验员资格，并按照有关规定给予纪律处分，终身不得参与查验工作；构成犯罪的，依法追究刑事责任：

（1）明知是被盗抢、走私、拼装等机动车予以通过查验的；

（2）为未经查验、查验不合格机动车通过查验的；

（3）篡改、伪造、变造、删除查验数据或者违规调整查验设施影响查验结果的；

（4）私自跨行政辖区查验机动车的；

（5）在查验工作中发生其他严重违规违纪问题的。

二、机动车查验区

（一）查验区设置

《机动车查验工作规范（试行）》第6条规定，车辆管理所应当按照通道式、一次性办结查验的要求，合理规划建设查验通道、查验区和停车区。车辆管理所应当设置明显告知牌、标志标线，安排导办人员，提示群众备齐相关证明、凭证，引导需查验机动车进入查验通道，依次排队进入查验区。在查验区受理业务、完成查验后，引导机动车进入停车区，并提示群众办理后续业务。车辆管理所应当使用查验智能终端或者在查验区设置服务窗口录入机动车信息，有条件的可以通过互联网预录入机动车登记相关信息，提高查验受理工作效率，避免群众多次往返业务大厅。

《机动车查验工作规程》（GA 801—2019）规定，公安机关交通管理部门车辆管理所查验机动车应在专门查验区进行，但特殊情况下不能在专门查验区进行查验并经省级公安机关交通管理部门备案的除外。专门查验区的视线应良好，其场地应平坦、硬实，长度、宽度和高度应能满足查验车型的实际需要。专门查验区应施划标志标线,安装视频监控系统,按标准配备查验工具箱。

图4-3 查验区

(二)查验通道和查验工位

车辆管理所应当规范机动车查验区建设,设置"机动车查验"标识,设置查验工位,施划标志标线,安装视频监控系统,配置计算机、打印机、扫描仪等设备。查验区场地面积、硬化条件、防雨设施、照明等应当满足查验工作的实际需要。车辆管理所应当结合本地实际在查验区设置遮阳、保暖、通风等设施设备,保障改善查验工作条件。车辆管理所应当区分车辆类型设置大型车辆、小型车辆等专门查验区。查验区和查验工位的数量应当与查验业务量相适应。

图4-4 查验通道和查验工位

三、机动车查验工具

《机动车查验工作规范（试行）》第 8 条规定，车辆管理所应当按照相关标准和规定配置查验工具，在查验区配置查验工具箱，为查验员配备查验工具包、查验智能终端、执法记录仪或者便携式视音频记录装置。查验员查验机动车时应当随身携带使用查验工具包和查验智能终端，并使用执法记录仪或者便携式视音频记录装置记录查验过程，如图 4-5 所示。

《机动车查验工具配置要求》（GA/T 1435—2017）规定，机动车查验工具的配置应遵循规范、实用的原则，根据机动车查验的业务种类、车辆类型等合理配置，满足机动车查验工作需要。机动车查验区域应至少配备 1 个查验工具箱（柜）（以下简称"查验箱"），机动车查验员应随身配带查验工具包（以下简称"查验包"）。查验箱、查验包内工具应放置有序、便于取用；查验包应便于携带。机动车查验箱应标明配备的工具清单和数量等信息。查验箱、查验包应在显著位置标注（或喷涂）"查验箱""查验包"等字样。按规定应经强制计量检定的查验工具，应在检定有效期内使用。

图 4-5　查验工具包、查验智能终端和执法记录仪

（一）查验包

查验包应配置机动车查验检验智能终端、螺丝刀、金属卷尺、强光手电等常用查验工具（见图 4-6）。可选配置伸缩旋转镜、轮胎花纹深度尺、平面放大镜、VIN 码信息读取仪器、汽车行驶记录仪检查装置、车身反光标识查验仪器等仪器装置。

1. 螺丝刀：可为一字形或十字形，主要用于检查 VIN 码打刻部件和固定部件的拆装。

2. 金属卷尺：长度不小于 3m，分辨力不小于 1mm，主要用于测量部件尺寸参数。

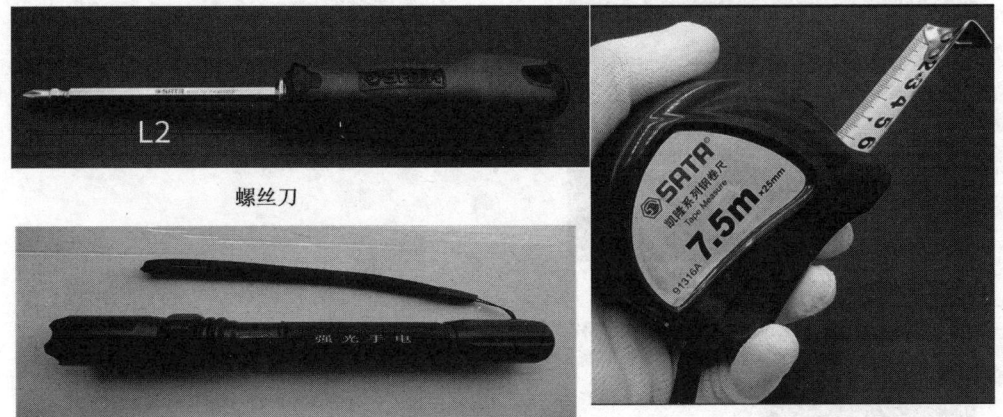

图4-6　螺丝刀、金属卷尺、强光手电等常用查验工具

3. 强光手电：用于对发动机号、VIN码等隐蔽部位或者不易见部位进行照明，距光源1m处光斑中心照度值应大于等于100lx，应便携，可调节照明角度。

4. 伸缩旋转镜：用于观察隐蔽部位和特殊结构部位，可伸缩和调节镜面角度，如图4-7所示。

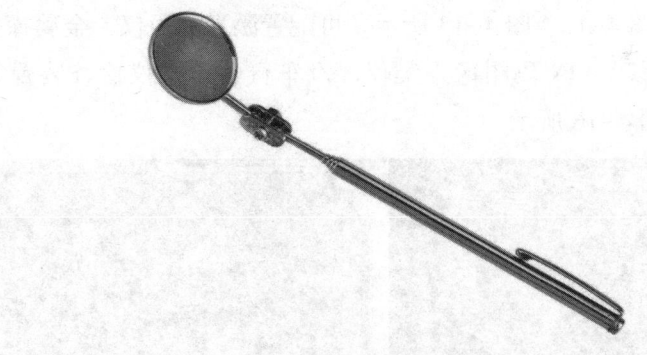

图4-7　伸缩旋转镜

5. 轮胎花纹深度尺：用于测量机动车轮胎胎冠花纹深度，量程应不小于3.2mm。游标式深度尺分度值一般不超过0.05mm；数显式深度尺分辨力一般为0.01mm，如图4-8所示。

6. 平面放大镜用于观察机动车和凭证的细微特征，放大倍数不小于8倍。

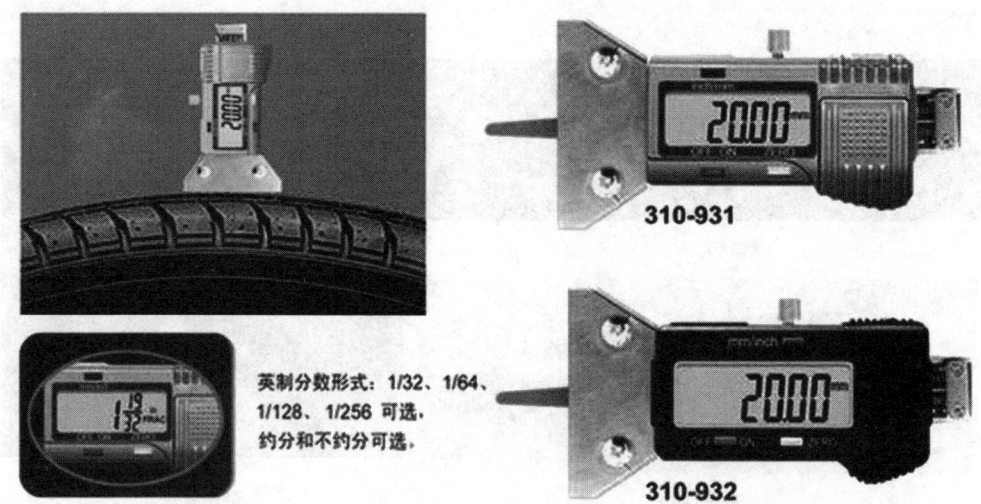

图 4-8 轮胎花纹深度尺

(二) 查验箱

查验箱（见图 4-9）应配置手锤、长卷尺、平面放大镜、内窥镜、铅锤、砂纸、除锈剂、脱漆剂、手套等工具、物品，如图 4-10、图 4-11 所示。应配置轮胎气压表、透光率计、紫外荧光灯、VIN 码信息读取仪器、车身反光标识查验仪器等仪器设备，如图 4-12、图 4-13 所示。可配置激光测距仪、金属探伤仪、油漆层微量厚度检验仪、VIN 码图像采集仪、汽车行驶记录仪检查装置等仪器设备，如图 4-14 至图 4-16 所示。

图 4-9 查验箱

1. 手锤：材质可为金属或橡胶，主要用于检查 VIN 码打刻部件。

2. 长卷尺：长度不小于 30m，分辨力不小于 1mm，主要用于测量机动车外廓尺寸。

3. 平面放大镜用于观察机动车和凭证的细微特征，放大倍数不小于 8 倍。

4. 内窥镜用于观察发动机号、VIN 码等隐蔽部位和特殊结构部位,自带照明功能,宜具有拍摄图像和视频的功能。

5. 铅锤用于投影确定机动车外廓的位置。

6. 砂纸用于擦磨机动车 VIN 码打刻周边区域,方便 VIN 码查验。

7. 除锈剂用于清除机动车 VIN 码或发动机号打刻区域的铁锈或油污,方便 VIN 码或发动机号查验。

8. 脱漆剂用于去除机动车 VIN 码打刻区域的油漆涂层,方便 VIN 码查验。

9. 手套用于查验员手部防护。

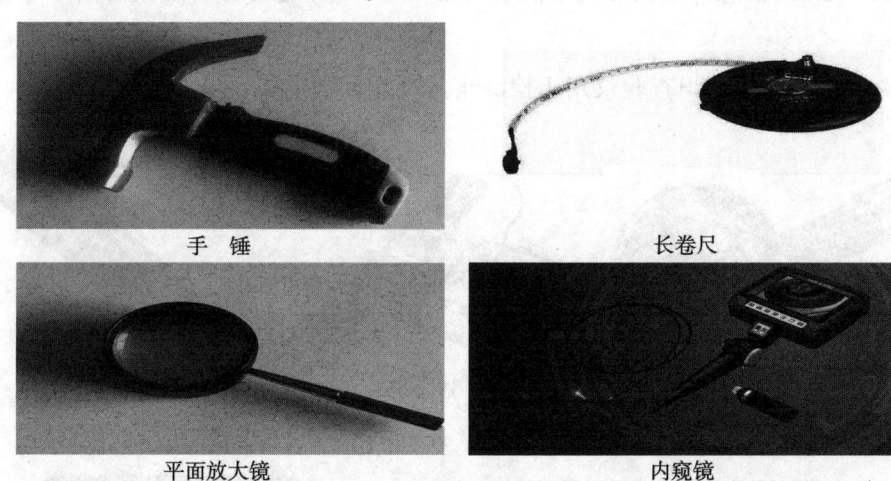

图 4-10　手锤、长卷尺、平面放大镜、内窥镜

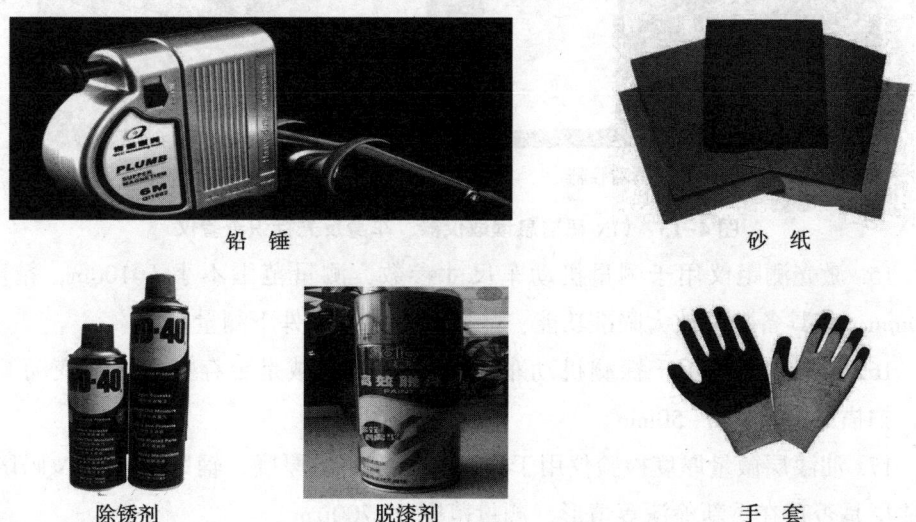

图 4-11　铅锤、砂纸、除锈剂、脱漆剂、手套

10. 轮胎气压表用于轮胎气压测量，量程应不小于 1.4MPa，精度不小于 1kPa。

11. 透光率计用于测量机动车风窗玻璃的透光率，测量范围应满足 0%～100%，误差不大于±2%（满量程），重复性不大于±2%（满量程），测量时间不大于 10s。

12. 紫外荧光灯用于检查《货物进口证明书》《机动车整车出厂合格证》等文件，宜选用 365nm 波段。

13. VIN 码信息读取仪器用于读取机动车 ECU 所记载的车辆识别代号等特征信息。

14. 车身反光标识查验仪用于检测车身反光标识的逆反射性能。

轮胎气压表　　　　透光率计　　　　紫外荧光灯

图 4-12　轮胎气压表、透光率计、紫外荧光灯

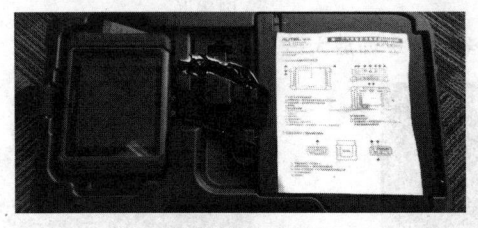 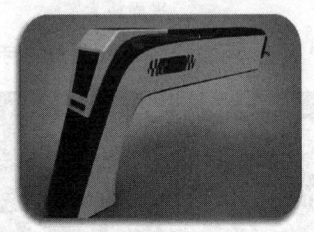

VIN 码信息读取仪器　　　　车身反光标识查验仪

图 4-13　VIN 码信息读取仪器、车身反光标识查验仪

15. 激光测距仪用于测量机动车尺寸参数，测量范围不小于 100m，精度±1.0mm，宜具备数码放大瞄准功能，能实现在强光条件下测量。

16. 金属探伤仪用于探测机动车 VIN 码打刻区域是否存在焊接、变动等情形，扫描厚度范围 0～50mm。

17. 油漆层微量厚度检验仪用于测量油漆涂层的厚度，辅助检查 VIN 码区域油漆层是否存在重新涂漆等情形，测量范围 0～700μm。

18. VIN 码图像采集仪用于对机动车 VIN 码信息进行采集，能通过前端采集器直接对机动车 VIN 码进行图片信息采集；具备 VIN 码图片信息导出或现场打印 VIN 码图片功能；打印输出的 VIN 码图片中的 VIN 码与实车 VIN 码尺寸应能 1∶1 还原（即图片 VIN 码与实车 VIN 码完全重合），误差不超过 1%。对于具有 VIN 码真伪鉴定功能的 VIN 码图像采集仪，应能自动识别 VIN 码并根据图片特征对 VIN 码真伪进行判定。

19. 汽车行驶记录仪检查装置用于对汽车行驶记录仪记录的信息进行查询、解析，对其安装规范性进行判定。

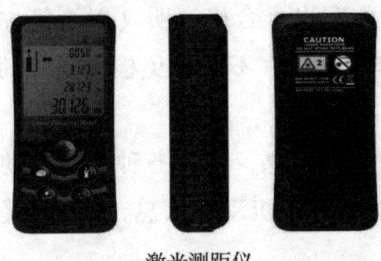

激光测距仪　　　　　　　　　　　金属探伤仪

图 4-14　激光测距仪、金属探伤仪

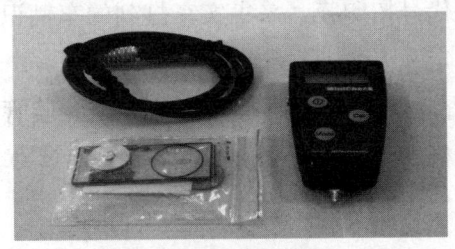 

油漆层微量厚度检验仪　　　　　　VIN 码图像采集仪

图 4-15　油漆层微量厚度检验仪、VIN 码图像采集仪

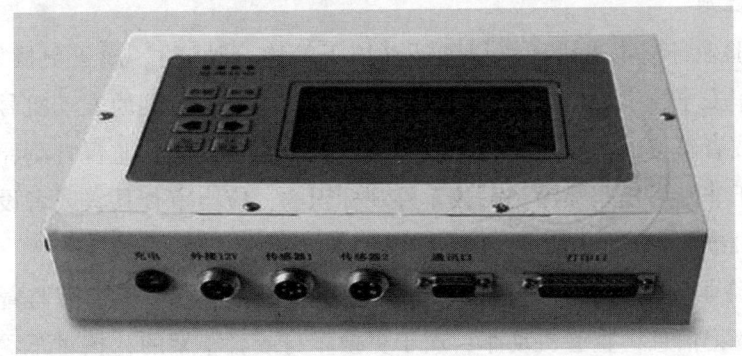

汽车行驶记录仪检查装置

图 4-16　汽车行驶记录仪检查装置

第二节 机动车查验工作流程和具体事项

《机动车查验工作规范（试行）》明确了机动车查验工作流程和具体事项。

一、注册登记

1. 查验业务岗审查国产机动车的机动车整车出厂合格证明（以下简称合格证）或者进口机动车进口凭证（以下简称进口凭证），不属于免检机动车的，还应当核对机动车安全技术检验合格证明。

2. 查验业务岗使用查验智能终端读取机动车信息，将业务种类、机动车信息录入机动车查验监管系统，由系统自动比对被盗抢机动车信息，属于《公告》管理范围的，由系统比对《公告》数据。

3. 查验业务岗查验机动车，核对查验项目信息与《公告》、合格证、进口凭证等记载的信息是否一致，核对车辆识别代号拓印膜，采集实车打刻的车辆识别代号照片，确定车辆类型、车身颜色及核定载人数。

4. 查验业务岗将机动车查验结果、查验照片及视频录入机动车查验监管系统，使用机动车查验监管系统制作电子化机动车查验记录表，并签名或者签章。

二、变更登记

（一）改变机动车车身颜色、更换发动机、更换车身或者车架、改变机动车使用性质

1. 查验业务岗审查机动车行驶证（以下简称行驶证），属于更换发动机的，核对机动车安全技术检验合格证明，对无号码的，监督打刻原发动机号码；属于更换车身或者车架的，核对机动车安全技术检验合格证明，监督打刻原车辆识别代号；属于非专用校车喷涂粘贴校车外观标识的，应当审查县级或者设区的市级人民政府批准的校车使用许可。

2. 查验业务岗使用查验智能终端将业务种类录入机动车查验监管系统，查询机动车登记信息，查验机动车；属于更换车身或者车架的，核对车辆识别代号拓印膜，采集实车打刻的车辆识别代号照片；属于非专用校车喷涂粘贴校车外观标识的，应当查验校车外观标识。

3. 查验业务岗将机动车查验结果、查验照片及视频录入机动车查验监管系统，使用机动车查验监管系统制作电子化机动车查验记录表，并签名或者签章。

（二）因质量问题更换整车

1. 查验业务岗核对行驶证和更换后机动车的合格证或者进口凭证，确认车辆型号一致。

2. 查验业务岗按照注册登记查验的规定办理。

（三）变更迁出

1. 查验业务岗审查行驶证。

2. 查验业务岗使用查验智能终端将业务种类录入机动车查验监管系统，查询机动车登记信息，查验机动车，核对车辆识别代号拓印膜，采集实车打刻的车辆识别代号照片；属于非专用校车的，应当确认机动车所有人已拆除校车标志灯、停车指示标志，消除校车外观标识。

3. 查验业务岗将机动车查验结果、查验照片及视频录入机动车查验监管系统，使用机动车查验监管系统制作电子化机动车查验记录表，并签名或者签章。

对已实行机动车档案资料电子化转递的，迁出地车辆管理所不再查验机动车。

（四）机动车转入

1. 查验业务岗审查机动车登记证书（以下简称登记证书），在转入时已超过检验有效期的，还应当核对机动车安全技术检验合格证明。

2. 查验业务岗使用查验智能终端将业务种类录入机动车查验监管系统，查询机动车登记信息，由系统自动比对被盗抢机动车信息。查验机动车，核对车辆识别代号拓印膜，采集实车打刻的车辆识别代号照片。

3. 查验业务岗将机动车查验结果、查验照片及视频录入机动车查验监管系统，使用机动车查验监管系统制作电子化机动车查验记录表，并签名或者签章。

对已实行机动车档案资料电子化转递的，转入地车辆管理所按照相关规定查验机动车。

（五）发动机号码、车辆识别代号因磨损、锈蚀、事故等原因辨认不清或者损坏的，重新打刻原发动机号码、车辆识别代号

1. 查验业务岗使用查验智能终端将业务种类录入机动车查验监管系统，查询机动车登记信息。

2. 查验业务岗确认无被凿改嫌疑，监督打刻原发动机号码、车辆识别代号，属于重新打刻原车辆识别代号的，核对车辆识别代号拓印膜，采集实车打刻的车辆识别代号照片。

3. 查验业务岗将机动车查验结果、查验照片及视频录入机动车查验监管系统，使用机动车查验监管系统制作电子化机动车查验记录表，并签名或者签章。

（六）加装或者拆除肢体残疾人操纵辅助装置

1. 查验业务岗审查行驶证，属于加装肢体残疾人操纵辅助装置的，应当核对机动车安全技术检验合格证明。

2. 查验业务岗使用查验智能终端将业务种类录入机动车查验监管系统，查询机动车登记信息，查验机动车，属于加装肢体残疾人操纵辅助装置的，应当比对操纵辅助装置产品型号和编号是否与加装合格证明相符；属于拆除肢体残疾人操纵辅助装置的，应当确认是否拆除操纵辅助装置。

3. 查验业务岗将机动车查验结果、查验照片及视频录入机动车查验监管系统，使用机动车查验监管系统制作电子化机动车查验记录表，并签名或者签章。

（七）被盗抢车辆发还

机动车在被盗抢期间，发动机号码、车辆识别代号或者车身颜色被改变的，有关技术鉴定证明或者公安机关的发还证明能够确认该机动车与被盗抢的机动车为同一辆车的，机动车查验的流程和具体事项为：

1. 车身颜色被改变的，查验业务岗按照改变车辆颜色的规定办理；

2. 发动机号码、车辆识别代号被改变的，查验业务岗按照重新打刻车辆识别代号、发动机号码的规定办理。

三、转移登记

1. 查验业务岗审查行驶证，机动车超过检验有效期的，还应当核对机动车安全技术检验合格证明。

2. 查验业务岗使用查验智能终端将业务种类录入机动车查验监管系统，查询机动车登记信息，查验机动车，核对车辆识别代号拓印膜，采集实车打刻的车辆识别代号照片；属于非专用校车的，应当确认机动车所有人已拆除校车标志灯、停车指示标志，消除喷涂粘贴的专用校车车身外观标识，但办理转移登记的非专用校车，现机动车所有人为辖区内学校或者已取得县级或者设区的市级人民政府校车使用许可的校车服务提供者的除外。

3. 查验业务岗将机动车查验结果、查验照片及视频录入机动车查验监管系统，使用机动车查验监管系统制作电子化机动车查验记录表，并签名或者签章。

四、监督解体

车辆管理所应当应用机动车查验监管系统监督校车、大型客车、重中型货车及其他营运车辆报废解体。

1. 审核报废汽车回收企业上传的《机动车登记申请表》、行驶证照片以及机动车标准照片、实车打刻的车辆识别代号照片、车辆识别代号拓印膜1∶1还原照片或者实车打刻的车辆识别代号1∶1还原照片，核对车辆识别代号与系统登记信息是否一致，确认机动车。

2. 通过视频监督机动车解体过程，审核机动车解体后的整体照片及包含车辆识别代号部件的照片，确认客车车身或者货车车架已切割解体。

3. 查验业务岗使用机动车查验监管系统制作电子化机动车查验记录表，并签名或者签章。

五、校车业务

（一）申请校车使用许可

县级或者设区的市级公安机关交通管理部门收到同级教育行政部门转来校车使用许可申请材料的：

1. 公安机关交通管理部门审查行驶证，属于安全技术检验合格证明超过六个月的，还应当核对交验机动车前的安全技术检验合格证明。

2. 查询机动车登记信息，查验机动车；对非专用校车，应当按照标准核定用于接送幼儿、小学生、初中生、中小学生使用时的学生和成人乘坐人数。

3. 使用查验智能终端记录机动车查验结果、采集查验照片及视频，并录入计算机系统。

4. 对符合规定的，制作、打印机动车查验记录表，交机动车所有人在备注栏签字确认后，采集机动车查验记录表照片并录入计算机系统。将机动车查验记录表内部传递。

（二）更换校车、变更校车相关信息

取得校车使用许可的学校或者校车服务提供者申请更换校车的，或者申请变更机动车所有人、驾驶人、校车行驶线路、开行时间、停靠站点的，公安机关交通管理部门收到同级教育行政部门转来征求意见的申请材料后，公安机关交通管理部门应当按照申请校车使用许可的规定查验机动车。

（三）取得校车标牌的非专用校车，不再作为校车使用

1. 公安机关交通管理部门审查行驶证。

2. 查询机动车登记信息，查验机动车，确认机动车所有人已拆除校车标志灯、停车指示标志；对喷涂粘贴校车外观标识的，还应当确认已消除外观标识。通知机动车所有人办理机动车变更登记。

车辆管理所查验业务岗按照《机动车查验工作规范（试行）》第26条的规定办理变更登记。

六、其他业务

（一）办理临时入境机动车号牌、行驶证业务

1. 查验业务岗审查境外主管部门核发的机动车登记证明；审查机动车安全技术检验合格证明，属于境外主管部门核发的非中文表述的，还应当审查中文翻译文本。

2. 查验业务岗将业务种类录入机动车查验监管系统，确认机动车号牌号码、车辆识别代号是否与境外主管部门核发的机动车登记证明一致；属于载货汽车、挂车的，还应当审查机动车外廓尺寸等是否符合相关国家标准。

3. 查验业务岗将机动车查验结果、查验照片及视频录入机动车查验监管系统，制作《临时入境机动车号牌、行驶证申请表》，并将《临时入境机动车号牌、行驶证申请表》内部传递至登记审核岗。

（二）申领、补领登记证书业务

1. 查验业务岗使用查验智能终端将业务种类录入机动车查验监管系统，查询机动车登记信息，查验机动车，属于申领登记证书的，还应当核对车辆识别代号拓印膜，采集打刻的车辆识别代号照片。

2. 查验业务岗将机动车查验结果、查验照片及视频录入机动车查验监管系统，使用机动车查验监管系统制作电子化机动车查验记录表，并签名或者签章。

七、查验不合格情形处置

对按规定查验不合格的，查验业务岗应当向机动车所有人或者代理人出具书

面告知，一次性书面告知查验不合格原因，在机动车查验监管系统中记录机动车基本信息、查验不合格原因及相关证明图片（视频）资料。

第三节　机动车查验项目和查验合格主要要求

一、《机动车查验工作规程》

《机动车查验工作规程》（GA 801）规定了机动车查验项目和查验合格主要要求。《机动车查验工作规程》（GA 801—2008）于2008年9月19日首次发布，2008年10月1日正式实施。2012年7月31日批准实施了《机动车查验工作规程》（GA 801—2008）第1号修改单。2013年1月9日发布实施了《机动车查验工作规程》（GA 801—2013）。《机动车查验工作规程》（GA 801—2014）于2014年9月15日发布，2014年12月1日实施。现行版本为《机动车查验工作规程》（GA 801—2019），于2019年6月15日发布，2019年9月1日起正式实施。

二、机动车查验项目

（一）注册登记

1. 制作或核对机动车标准照片。机动车外部彩色相片的规格为：长度88mm±0.5mm，宽度60mm±0.5mm，圆角半径为4mm±0.1mm。拍摄汽车相片时，应当从车前方左侧45°角拍摄，拍摄摩托车和挂车相片时，应当从车后方左侧45°角拍摄；机动车拍摄相片时，不悬挂机动车号牌，但已注册登记的机动车需要重新制作行驶证、拍摄相片时，可以悬挂机动车号牌。机动车影像应占相片的三分之二；机动车相片应当能够清晰辨认车身颜色及外观特征，如图4-17所示。

图 4-17　机动车标准照片

2. 确定车辆类型。查验员应按照《道路交通管理机动车类型》（GA 802）确定机动车类型，如图 4-18 所示。

小型越野客车

小型专用客车

重型非载货专项作业车

重型特殊结构货车

图 4-18　机动车类型

3. 确定车身颜色。

(1) 在自然光线条件下目视车辆,按白、灰、黄、粉、红、紫、绿、蓝、棕、黑对实车颜色归类确定。《机动车登记工作规范》规定,车辆管理所应当按照机动车登记信息采集和签注标准,将登记信息和经办人信息录入计算机登记系统。《道路交通管理信息采集规范第2部分:机动车登记信息采集和签注》规定,车身颜色按照机动车车身基本色调归类录入。《机动车登记信息代码第8部分》(GA 24.8—2005)规定,机动车车身颜色基本色调包括白、灰、黄、粉、红、紫、绿、蓝、棕、黑等。《机动车出厂合格证》(GB/T 21085—2007)规定,对于单一颜色车辆,车身颜色宜按照"白、灰、黄、粉、红、紫、绿、蓝、棕、黑颜色归类"填写,也可按照车辆制造企业规定颜色名称填写。《海关总署关于对进口机动车规范车辆品牌名称及有关问题的通知》(署法函［2001］508号)规定,单色只能按照白、灰、黄、粉、红、紫、绿、蓝、棕、黑归类录入;多颜色车辆录入方式和GB/T 21085要求一致。

(2) 查验员对实车颜色的基本色调核定有疑问时,应在自然光下使用标准比色卡进行确认,确认时标准比色卡与汽车的边应该互相接触或重叠,眼睛距试样500mm观察,如图4-19所示。

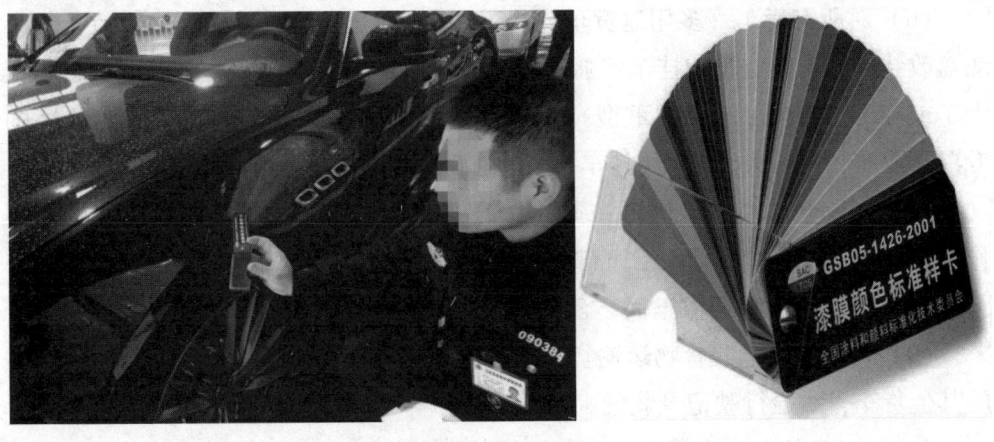

图4-19 查验员用比色卡确定车身颜色

(3)《道路交通安全法》第15条规定,不得喷涂、安装、使用警车、消防车、救护车、工程救险车专用的或者与其相类似的标志图案、警报器或者标志灯具。

4. 核定载人数。确定车辆核定载人数时应按照《机动车运行安全技术条件》(GB 7258)进行核定。

5. 具体查验项目。

（1）基本信息：车辆识别代号（或整车出厂编号或产品识别代码）、发动机（驱动电机）号码［包括发动机（驱动电机）型号和出厂编号］（挂车除外）、车辆品牌和型号。

（2）主要特征：车辆号牌板（架）、车辆外观形状、轮胎完好情况。

（3）对汽车（无驾驶室的三轮汽车除外），查验机动车用三角警告牌、汽车乘员反光背心。

（4）对乘用车、旅居车、未设置乘客站立区的客车、货车（三轮汽车除外）、专项作业车的所有座椅，以及设有乘客站立区的客车的驾驶人座椅和前排乘员座椅（前排乘员座椅指"最前 H 点"位于驾驶人"R"点的横截面上或在此横截面前方的座椅），查验汽车座椅数量及安全带。

（5）对总质量大于或等于 4500kg 的（即中型和重型）货车和货车底盘改装的专项作业车，旅居挂车和总质量大于 3500kg 的其他挂车，发动机中置的乘用车及所有三轮汽车、危险货物运输车辆，查验外廓尺寸、轴数、轴距和轮胎规格，对所有货车和货车底盘改装的专项作业车、带驾驶室的正三轮摩托车及总质量大于 750kg 的挂车，查验整备质量。

（6）对所有货车（多用途货车、基于多用途货车改装的教练车除外）、货车底盘改装的专项作业车和挂车（旅居挂车除外），查验车身反光标识；对总质量大于或等于 12000kg 的（即重型）货车（半挂牵引车除外）和货车底盘改装的专项作业车，车长大于 8m 的挂车，查验车辆尾部标志板。

（7）对除半挂牵引车外的总质量大于 3500kg 的货车、货车底盘改装的专项作业车和挂车，查验侧面及后下部防护。

（8）对危险货物运输车辆、客车、旅居车，查验灭火器。

（9）对客车、危险货物运输货车、半挂牵引车和总质量大于或等于 12000kg 的其他货车，查验行驶记录装置。

（10）对车长大于或等于 6m 的客车，查验应急出口和应急锤；对车长大于 9m 的未设置乘客站立区的客车（专用校车及乘坐人数小于 20 的其他专用客车除外），还应查验乘客门数量。

（11）对危险货物运输车辆、燃气汽车（包括气体燃料汽车、两用燃料汽车和双燃料汽车，下同），查验外部标识、文字；对货车（多用途货车、货车类教练车除外）和专项作业车（消防车除外），查验是否喷涂了总质量（或最大允许牵引质量)、栏板高度、罐体容积和允许装运货物的种类或名称,对冷藏车还应查验在外部两侧易见部位上喷涂或粘贴明显的"冷藏车"字样;对客车(专用校车和设有乘客站立区的客车除外)、发动机中置且宽高比小于或等于0.9的乘用车,查验是否喷涂了该车提供给乘员(包括驾驶人)的座位数;对教练车,查验是否在车身两侧及后部喷涂了"教练车"等字样;对最大设计车速小于70km/h的汽车(低速汽车及设有乘客站立区的客车除外),查验在车身后部喷涂/粘贴表示最大设计车速(单位:km/h)的阿拉伯数字;对残疾人专用汽车(即残疾人专用自动挡载客汽车),查验是否设置了残疾人机动车专用标志。

(12)对警车、消防车、救护车和工程救险车,查验车辆外观制式、标志灯具和车用电子警报器。

(13)对残疾人专用汽车,查验操纵辅助装置加装合格证明及操纵辅助装置的产品型号和产品编号。

(14)对专用校车,查验车身外观标识、校车标志灯和停车指示标志(停车指示牌)、具有行驶记录功能的卫星定位装置、干粉灭火器、急救箱和车内外录像监控系统、辅助倒车装置、学生座椅(位)和照管人员座椅(位)、汽车安全带、应急出口和应急锤(逃生锤)。

(15)对公路客车、旅游客车、校车和危险货物运输货车及车长大于9m的其他客车、车长大于或等于6m的旅居车,查验是否具有限速功能或装备限速装置,以及限速功能或限速装置调定的最大车速。

(16)对车长大于8m的专用校车和车长大于9m的其他客车、总质量大于或等于12000kg的货车和专项作业车、总质量大于3500kg的危险货物运输货车,查验辅助制动装置。

(17)对专用校车、车长大于9m的其他客车和所有危险货物运输货车的前轮,以及危险货物运输半挂车、三轴的栏板式和仓栅式半挂车的所有车轮,查验是否装备了盘式制动器。

(18)对客车、货车(三轮汽车除外)、专项作业车(五轴及五轴以上专项作业车除外)、发动机中置的乘用车及总质量大于3500kg的挂车,查验防抱制动装置。

(19)对客车(纯电动客车、燃料电池客车除外),查验发动机舱自动灭火装置。

(20)对公路客车、旅游客车、设有乘客站立区的客车、校车和发动机中置且宽高比小于或等于 0.9 的乘用车，查验所有车窗玻璃的可见光透射比是否均大于或等于 50% 及是否张贴有不透明和带任何镜面反光材料的色纸或隔热纸。

（21）对插电式混合动力汽车、纯电动汽车（换电式除外），查验是否具有外接充电接口。

（22）对进口机动车，查验外部照明和信号装置的配置和光色、车速里程表指示、排气管布置和中文警告性文字。

（23）对两轮普通摩托车，查验摩托车乘员头盔。

（24）对按照《机动车登记规定》等规定在申请注册登记前应进行安全技术检验的机动车，还应核对安全技术检验合格证明。

（二）变更登记和变更备案

1. 对因变更车身颜色或改变使用性质申请变更登记的机动车。

（1）查验车辆识别代号、车辆号牌（包括号牌放大号）、车辆外观形状和轮胎完好情况，并对所有货车（多用途货车、基于多用途货车改装的教练车除外）、货车底盘改装的专项作业车和挂车（旅居挂车除外），查验车身反光标识。

（2）对总质量大于或等于 12000kg 的（即重型）货车（半挂牵引车除外）和货车底盘改装的专项作业车，车长大于 8m 的挂车，查验车辆尾部标志板。

（3）对除半挂牵引车外的总质量大于 3500kg 的货车、货车底盘改装的专项作业车和挂车，查验侧面及后下部防护。

（4）对危险货物运输车辆、燃气汽车，查验外部标识、文字；对货车（多用途货车、货车类教练车除外）和专项作业车（消防车除外），查验是否喷涂了总质量（或最大允许牵引质量）、栏板高度、罐体容积和允许装运货物的种类或名称，对冷藏车还应查验在外部两侧易见部位上喷涂或粘贴明显的"冷藏车"字样；对客车（专用校车和设有乘客站立区的客车除外）、发动机中置且宽高比小于或等于 0.9 的乘用车，查验是否喷涂了该车提供给乘员（包括驾驶人）的座位数；对教练车，查验是否在车身两侧及后部喷涂了"教练车"等字样；对最大设计车速小于 70km/h 的汽车（低速汽车及设有乘客站立区的客车除外），查验在车身后部喷涂/粘贴表示最大设计车速（单位：km/h）的阿拉伯数字；对残疾人专用汽车（即残疾人专用自动挡载客汽车），查验是否设置了残疾人机动车专用标志。

（5）对警车、消防车、救护车和工程救险车，查验车辆外观制式、标志灯具和车用电子警报器。

（6）对因变更车身颜色申请变更登记的，核对变更颜色后的机动车标准照片，确认车身颜色。

（7）对因改变使用性质申请变更登记的，对客车、危险货物运输货车、半挂牵引车和总质量大于或等于12000kg的其他货车，查验行驶记录装置。

（8）对车长大于或等于6m的客车，查验应急出口和应急锤；对车长大于9m的未设置乘客站立区的客车（专用校车及乘坐人数小于20的其他专用客车除外），还应查验乘客门数量。

（9）对公路客车、旅游客车、校车和危险货物运输货车及车长大于9m的其他客车、车长大于或等于6m的旅居车，查验是否具有限速功能或装备限速装置，以及限速功能或限速装置调定的最大车速。

（10）对车长大于8m的专用校车和车长大于9m的其他客车、总质量大于或等于12000kg的货车和专项作业车、总质量大于3500kg的危险货物运输货车，查验辅助制动装置。

（11）对专用校车、车长大于9m的其他客车和所有危险货物运输货车的前轮，以及危险货物运输半挂车、三轴的栏板式和仓栅式半挂车的所有车轮，查验是否装备了盘式制动器。

（12）对客车、货车（三轮汽车除外）、专项作业车（五轴及五轴以上专项作业车除外）、发动机中置的乘用车及总质量大于3500kg的挂车，查验防抱制动装置；对客车（纯电动客车、燃料电池客车除外），查验发动机舱自动灭火装置。

（13）对公路客车、旅游客车、设有乘客站立区的客车、校车和发动机中置且宽高比小于或等于0.9的乘用车，查验所有车窗玻璃的可见光透射比是否均大于或等于50%及是否张贴不透明和带任何镜面反光材料的色纸或隔热纸。但对申请变更为"预约出租客运"或者"预约出租转非"的，不查验。

2. 对因更换车身或者车架申请变更登记的机动车。

（1）核对变更后的机动车标准照片，确定车身颜色，查验车辆识别代号、发动机号码、车辆号牌（包括号牌放大号）、车辆外观形状和轮胎完好情况，核对安全技术检验合格证明。

（2）对所有货车（多用途货车、基于多用途货车改装的教练车除外）、货车底盘改装的专项作业车和挂车（旅居挂车除外），查验车身反光标识；对总质量大于或等于12000kg的（即重型）货车（半挂牵引车除外）和货车底盘改装的专项作业车，车长大于8m的挂车，查验车辆尾部标志板。

(3) 对除半挂牵引车外的总质量大于 3500kg 的货车、货车底盘改装的专项作业车和挂车，查验侧面及后下部防护。

(4) 对客车、危险货物运输货车、半挂牵引车和总质量大于或等于 12000kg 的其他货车，查验行驶记录装置。

(5) 对车长大于或等于 6m 的客车，查验应急出口和应急锤；对车长大于 9m 的未设置乘客站立区的客车（专用校车及乘坐人数小于 20 的其他专用客车除外），还应查验乘客门数量。

(6) 对危险货物运输车辆、燃气汽车，查验外部标识、文字；对货车（多用途货车、货车类教练车除外）和专项作业车（消防车除外），查验是否喷涂了总质量（或最大允许牵引质量）、栏板高度、罐体容积和允许装运货物的种类或名称，对冷藏车还应查验在外部两侧易见部位上喷涂或粘贴明显的"冷藏车"字样；对客车（专用校车和设有乘客站立区的客车除外）、发动机中置且宽高比小于或等于 0.9 的乘用车，查验是否喷涂了该车提供给乘员（包括驾驶人）的座位数；对教练车，查验是否在车身两侧及后部喷涂了"教练车"等字样；对最大设计车速小于 70km/h 的汽车（低速汽车及设有乘客站立区的客车除外），查验在车身后部喷涂/粘贴表示最大设计车速（单位：km/h）的阿拉伯数字；对残疾人专用汽车（即残疾人专用自动挡载客汽车），查验是否设置了残疾人机动车专用标志。

(7) 对警车、消防车、救护车和工程救险车，查验车辆外观制式、标志灯具和车用电子警报器。

(8) 对公路客车、旅游客车、校车和危险货物运输货车及车长大于 9m 的其他客车、车长大于或等于 6m 的旅居车，查验是否具有限速功能或装备限速装置，以及限速功能或限速装置调定的最大车速。

(9) 对车长大于 8m 的专用校车和车长大于 9m 的其他客车、总质量大于或等于 12000kg 的货车和专项作业车、总质量大于 3500kg 的危险货物运输货车，查验辅助制动装置。对专用校车、车长大于 9m 的其他客车和所有危险货物运输货车的前轮，以及危险货物运输半挂车、三轴的栏板式和仓栅式半挂车的所有车轮，查验是否装备了盘式制动器。

(10) 对客车、货车（三轮汽车除外）、专项作业车（五轴及五轴以上专项作业车除外）、发动机中置的乘用车及总质量大于 3500kg 的挂车，查验防抱制动装置。

(11) 对客车（纯电动客车、燃料电池客车除外），查验发动机舱自动灭火装置。

(12) 对公路客车、旅游客车、设有乘客站立区的客车、校车和发动机中置且宽高比小于或等于0.9的乘用车，查验所有车窗玻璃的可见光透射比是否均大于或等于50%及是否张贴有不透明和带任何镜面反光材料的色纸或隔热纸。

(13) 对客车，还应查验核定载人数；对重、中型货车和货车底盘改装的专项作业车，以及总质量大于3500kg的挂车，还应查验外廓尺寸、整备质量。

3. 对因更换发动机申请变更登记的机动车，查验车辆识别代号、发动机号码、车辆号牌、车辆外观形状和轮胎完好情况，核对安全技术检验合格证明。

4. 对因质量问题更换整车申请变更登记的，按注册登记规定的项目查验机动车。

5. 对转入的机动车进行查验，按注册登记规定的项目查验机动车，但"车辆品牌和型号"项目除外；对属于卧铺客车、专用校车和设有乘客站立区的客车的，还应查验车内外录像监控装置。

6. 对因重新打刻车辆识别代号申请变更备案的机动车，查验车辆识别代号、发动机号码、车身颜色、车辆号牌（包括号牌放大号）、车辆外观形状和轮胎完好情况，并按规定查验车身反光标识和车辆尾部标志板、侧面及后下部防护、外部标识、文字喷涂，对警车、消防车、救护车和工程救险车，查验车辆外观制式、标志灯具和车用电子警报器。

7. 对因重新打刻发动机号申请变更备案的机动车，查验车辆识别代号、发动机号码、车辆号牌（包括号牌放大号）、车辆外观形状和轮胎完好情况。

8. 对自动挡乘用车加装肢体残疾人操纵辅助装置申请变更备案的，查验车辆识别代号、车辆号牌、车辆外观形状、轮胎完好情况、操纵辅助装置加装合格证明、操纵辅助装置的产品型号和产品编号，核对安全技术检验合格证明。对残疾人专用汽车拆除肢体残疾人操纵辅助装置申请变更备案的，查验车辆识别代号、车辆号牌、车辆外观形状、轮胎完好情况，确认是否已拆除操纵辅助装置。

(三) 其他业务

1. 对申请转移登记或者变更迁出的机动车，按注册登记规定的项目查验机动车，但"车辆品牌和型号"项目除外；属于卧铺客车、专用校车和设有乘客站立区的客车的，还应查验车内外录像监控装置。对非专用校车，还应查验校车标志灯、停车指示标志是否已拆除，以及是否已消除喷涂粘贴的专用校车车身外观标识，但办理转移登记的非专用校车，现机动车所有人为已取得县级或者设区的市级人民政府校车使用许可的校车服务提供者的除外。

2. 对申领、补领机动车登记证书的机动车，查验车辆识别代号、车身颜色、车辆号牌（包括号牌放大号）、车辆外观形状、轮胎完好情况，及按规定查验车身反光标识和车辆尾部标志板、侧面及后下部防护、外部标识、文字喷涂、车窗玻璃的可见光透射比，对警车、消防车、救护车和工程救险车，查验车辆外观制式、标志灯具和车用电子警报器。

3. 监督解体报废的大型客车、中型（含）以上货车、其他营运机动车和校车时，应查验被解体报废机动车的车辆识别代号，确认车辆发动机（驱动电机）、方向机（转向器）、变速器、前后桥、车架（车身）五大总成。

4. 教育行政部门征求申请校车使用许可审查意见阶段查验机动车时，应查验车辆识别代号、车辆号牌、校车标志灯和停车指示标志，具有行驶记录功能的卫星定位装置、应急锤、干粉灭火器、急救箱和安全技术检验合格证明；对专用校车和喷涂粘贴有专用校车车身外观标识的非专用校车，还应查验车身外观标识、照管人员座椅和汽车安全带；对专用校车，还应查验车内外录像监控系统、辅助倒车装置；对非专用校车，应分别核定乘坐幼儿、小学生、中小学生和初中生时的学生数和成人数。

5. 对不再作为校车使用的非专用校车，应查验车辆识别代号、车辆号牌，确认校车标志灯、停车指示标志是否已拆除，以及是否已消除专用校车车身外观标识。

6. 对申请换发新能源汽车专用号牌的，确认是否属于新能源汽车及新能源汽车种类，查验车辆识别代号、驱动电机号码、车辆外观形状和轮胎完好情况；对插电式混合动力汽车、纯电动汽车（换电式除外），还应查验是否具有外接充电接口。

三、机动车查验工作要求

（一）查验区域要求

公安机关交通管理部门车辆管理所查验机动车应在专门查验区进行，但特殊情况下不能在专门查验区进行查验并经省级公安机关交通管理部门备案的除外。

（二）查验员工作要求

查验员应按照规定的项目查验机动车，按照相关法律法规和 GB 7258、GB

1589 等机动车国家安全技术标准确认查验项目是否符合规定（查验合格的主要要求见表 4-1），使用机动车查验智能终端记录机动车查验结果、采集查验照片和视频，录入机动车查验监管系统，制作《机动车查验记录表》（见表 4-2）或《校车查验记录表》（见表 4-3）。与车辆结构或安全装置相关的查验项目，应按照机动车出厂时所执行版本的机动车国家安全技术标准确认是否符合规定，但法律法规和强制性国家标准另有规定的除外。

（三）具体项目查验要求

1. 确定车辆类型时，机动车实车车长符合 GB 1589 等机动车国家安全技术标准的规定且实车车长与《公告》、机动车整车出厂合格证明等技术文件记载的名义车长的偏差在允许范围内时，按照《公告》、机动车整车出厂合格证明等技术文件记载的名义车长核定车辆类型。

2. 确定车身颜色时，应根据实车核定；车身颜色随观察位置的不同及光线的明暗会发生变化的，应根据机动车标准照片确定相应的车身颜色。

3. 确定核定载人数时，对客车、发动机中置且宽高比小于或等于 0.9 的乘用车、车高大于或等于 1850mm 的小型普通客车，应实车查看座位数、座间距及座椅布置情况，对驾驶室前排核定乘坐 3 人的汽车，应实车测量驾驶室（区）内部宽度。

4. 查验车辆外廓尺寸、轴距等尺寸参数时，应采用机动车安全技术检验机构或其他具备资质的机构按照规定测得的相关尺寸参数数值或使用量具测量相关尺寸参数，并与《公告》、机动车整车出厂合格证明等凭证、技术资料记载的数值进行比对，确认是否在允许的误差范围内；对侧面及后下部防护装置离地高度、车身反光标识和车辆尾部标志板尺寸、面积等参数有疑问时，也应使用量具测量相关尺寸。

5. 查验整备质量时，应采用机动车安全技术检验机构或其他具备资质的机构按照规定测得的整备质量数值，并与《公告》、机动车整车出厂合格证明等凭证、技术资料记载的数值进行比对，确认是否在允许的误差范围内。

6. 查验安全装置时，应：

（1）查看《公告》、机动车整车出厂合格证明、安全技术检验合格证明等技术资料凭证，确认机动车是否具有限速功能或限速装置；

（2）查看驾驶室（区）内的辅助制动装置操纵开关或车辆相关凭证和技术资料，确认机动车是否安装了辅助制动装置；

（3）实车查看车轮（因实车结构限制无法查看时只查看车辆相关凭证和技术资料），确认是否安装了盘式制动器；

（4）打开机动车电源，观察"ABS"指示灯并判断 ABS 自检功能是否正常，实车查看半挂车，确认机动车是否安装了防抱制动装置；

（5）打开发动机舱盖并目视检查，确认客车是否按照规定安装了发动机舱自动灭火装置。

7. 核对机动车安全技术检验合格证明时，应审查安全技术检验的项目是否齐全及检验结论是否为合格。

（四）机动车查验记录表填写要求

《机动车查验记录表》《校车查验记录表》的签注要求如下：

1. 《机动车查验记录表》或《校车查验记录表》所列查验项目查验合格的，在对应的判定栏内签注"√"；查验不合格的，在对应的判定栏内签注"×"，必要时还应在备注栏简要记录不合格的情形；对按照规定无须查验的项目，在对应的判定栏内签注"—"。

2. 安全装置查验结果表明至少有一种安全装置未按规定安装，或者发现实车未按规定安装安全装置的，在对应的判定栏内签注"×"的同时，在"备注"栏中记录不合格的项目并说明具体情形。

3. 对申请注册登记的机动车进行查验时，查验员应在对应的判定栏内签注确定的"车身颜色""核定载人数"（对设有乘客站立区的客车为"载客人数/座位数"）及根据 GA 802 核定的"车辆类型"。

4. 对申请注册登记或换发新能源汽车专用号牌的插电式混合动力汽车、纯电动汽车（换电式除外）进行查验时，对具有外接充电接口的，在"备注"栏中记录"具有外接充电接口"。

5. 对申请注册登记的进口机动车进行查验时，对外部照明和信号装置的配置与光色、车速里程表指示，排气管布置和中文警告性文字等特别查验项目存在不合格情形的，在对应的判定栏内签注"×"的同时，在"备注"栏中记录不合格的项目并说明具体情形。

6. 对申请变更车身颜色的机动车进行查验时，查验员应在对应的判定栏内签注确定的"车身颜色"。

7. 对残疾人专用汽车进行查验时，操纵辅助装置加装合格证明、操纵辅助装置的产品型号和产品编号的查验结果在"备注"栏中签注。

8. 对乘用车进行查验时，发现车身外部进行了改装但未改变车辆长度宽度和车身主体结构、不影响运行安全的，以及非注册登记查验时发现乘用车未按规定配备机动车用三角警告牌和/或反光背心的，告知机动车所有人或申请人（或被委托的经办人）交通安全法律法规和技术标准相关要求和使用规定，并在"备注"栏中记录。

9. 按规定应查验的项目全部合格且未发现其他不合格情形时，查验员应在《机动车查验记录表》或《校车查验记录表》对应的位置签注"合格"、签字（或签章）并签注日期；按照规定查验的项目具有不合格情形时，查验员应签注"不合格"、签字（或签章）并签注日期。查验不合格的机动车复检合格时，查验员在《机动车查验记录表》或《校车查验记录表》对应的位置签字（或签章）并签注日期；复检仍不合格的，在备注栏记录复检时间、不合格情形并签字（或签章）和签注日期。

10. 办理校车使用许可相关业务查验机动车时应使用《校车查验记录表》，备注栏中应记录提交校车日期。非专用校车申请校车使用许可查验时，应按照幼儿校车、小学生校车、中小学生校车、初中生校车四种情形分别核定乘坐的学生数和成人数，并签注在"备注"栏中。

11. 教育行政部门征求申请校车使用许可审查意见时，机动车查验结束后，应将制作的《校车查验记录表》交机动车所有人或申请人（或被委托的经办人）签字。

四、机动车查验合格主要要求

机动车查验合格的主要要求见表4-1。

表 4-1　机动车查验合格主要要求

序号	项目	合格要求
1	车辆识别代号（整车型号和出厂编号）	汽车、摩托车、半挂车、2012年9月1日起出厂的中置轴挂车和2014年9月1日起出厂的牵引杆挂车应具有唯一的车辆识别代号，且应至少有一个车辆识别代号打刻在车架（无车架的机动车为车身主要承载且不能拆卸的部件）能防止锈蚀、磨损的部位上，2013年3月1日起出厂的乘用车和总质量小于或等于3500kg的货车（低速汽车除外）还应在靠近风窗玻璃立柱的位置设置能永久保持的、从车外能清晰识读的车辆识别代号标记；轮式专用机械车应在右侧前部的车辆结构件上打刻产品识别代码（或车辆识别代号），如受结构限制也可打刻在右侧其他车辆结构件上；其他机动车应打刻整车型号和出厂编号，型号在前，出厂编号在后，出厂编号两端应打刻起止标记。2019年1月1日起出厂的，总质量大于或等于12000kg的货车、货车底盘改装的专项作业车及所有牵引杆挂车，车辆识别代号应打刻在右前轮纵向中心线前端纵梁外侧，如受结构限制也可打刻在右前轮纵向中心线附近纵梁外侧；半挂车和中置轴挂车（无纵梁的除外）的车辆识别代号应打刻在右前支腿前端纵梁外侧。 打刻车辆识别代号（或产品识别代码、整车型号和出厂编号）的部件不应有明显的采用打磨、挖补、垫片、凿改、重新涂漆（为保护打刻的车辆识别代号而采取涂漆工艺的情形除外）等方式处理的痕迹；打刻的车辆识别代号应易见且易于拓印，其内容应与相关凭证（机动车整车出厂合格证明、《货物进口证明书》或《机动车行驶证》）记载及整车产品标牌标明的车辆识别代号内容一致，并且不应有明显的更改、变动、凿改、挖补、打磨痕迹或垫片、擅自另外打刻等痕迹；对2018年1月1日起出厂的汽车和挂车，还应能拍照；对摩托车，打刻的车辆识别代号在不举升车辆的情形下可观察、拓印的，应视为满足要求。2014年9月1日起出厂的汽车、摩托车、半挂车和中置轴挂车，打刻的车辆识别代号从上（前）方观察时打刻区域周边足够大面积的表面不应有任何覆盖物；如有覆盖物，覆盖物的表面应明确标示"车辆识别代号"或"VIN"字样，且覆盖物在不使用任何专用工具的情况下能直接取下（或揭开）及复原。 2018年1月1日起出厂的总质量大于或等于12000kg的栏板式、仓栅式、自卸式、罐式货车及总质量大于或等于10000kg的栏板式、仓栅式、自卸式、罐式挂车，还应在其货箱或常压罐体（或固定在货箱或常压罐体上且用于与车架连接的结构件）上打刻至少两个车辆识别代号；打刻的车辆识别代号应位于货箱（常压罐体）左、右两侧或前端面且易于拍照；且若打刻在货箱（常压罐体）左、右两侧时距货箱（常压罐体）前端面的距离应小于或等于1000mm，若打刻在左、右两侧连接结构件时应尽量靠近货箱（常压罐体）前端面。 车辆识别代号的年份位、检验位等内容和构成应符合GB 16735的规定；其中，字母仅能采用大写的罗马字母，但I、O及Q不能使用；数字仅能采用阿拉伯数字0至9；车辆识别代号的第10位为年份位，可为制造车辆的历法年份或车辆制造厂决定的车型年份，但数字0和字母I、O、Q、U、Z不能使用。同一辆车上不允许既打刻车辆识别代号，又打刻整车型号和出厂编号。同一辆车上标识的所有车辆识别代号（包括电子控制单元记载的车辆识别代号）内容应相同。车辆识别代号（或产品识别代码、整车型号和出厂编号）一经打刻不应更改、变动，但按GB 16735的规定重新标示或变更的除外。2004年10月1日前出厂的改装汽车，可能有两个不同内容的车辆识别代号，此时应有一个车辆识别代号的内容与相关凭证相同。

续表

序号	项目	合格要求
1	车辆识别代号（整车型号和出厂编号）（续）	注册登记查验时，发现打刻的车辆识别代号及其附近可视区域存在局部打磨、涂漆等加工处理痕迹时，若上述痕迹不足以影响管理部门对车辆识别代号的识别和认定，不应简单认定为不符合 GB 7258 的要求。 在用车因腐蚀、交通事故等原因造成打刻的车辆识别代号无法确认需重新打刻的，应按照原号码打刻新的车辆识别代号，且在打刻时不应把原始号码打磨掉；在用车更换车身或车架的，更换的车身或车架上应按规定打刻原车辆识别代号的号码。重新打刻的车辆识别代号的打刻位置，宜尽可能符合 GB 7258—2017 4.1.3 的规定。
2	发动机（驱动电机）型号和出厂编号	发动机型号和出厂编号应打刻（或铸出）在气缸体上且应能永久保持；打刻的发动机出厂编号不应有明显的凿改、挖补、打磨痕迹或擅自另外打刻等异常情形。若打刻（或铸出）的发动机型号和出厂编号不易见，则应在发动机易见部位增加能永久保持的发动机型号和出厂编号的标识。2013 年 3 月 1 日起出厂的纯电动汽车、插电式混合动力汽车、燃料电池汽车和电动摩托车，应在驱动电机壳体上打刻电机型号和编号；除轮边电机、轮毂电机外的其他驱动电机，如打刻的电机型号和编号被覆盖，应留出观察口或在覆盖件上增加永久保持的电机型号和编号标识，留出的观察口原则上应便于从上（前）方观察，但若确实受结构所限制，观察口也可位于下方。 注册登记查验时，相关凭证上记载的"发动机型号和出厂编号"应与发动机标识上标明的发动机型号和出厂编号（或发动机缸体上打刻或铸出的、易见的发动机型号和出厂编号）及整车产品标牌上标明的发动机型号一致。 在用车查验时，已采集发动机标识（或可见的发动机号码）电子照片的，实车的发动机标识（或可见的发动机号码）与电子照片一致的，视为合格。 在用车更换发动机的，更换的发动机型号应与登记的发动机型号一致，但对国产车也可以为《公告》对应车型许可选装的其他发动机型号；其他情况下，实车的发动机标识缺失的，确认无私自更换发动机情形的，记录相关信息后视为合格。 注：2004 年 10 月 1 日前出厂的机动车打刻的发动机型号和出厂编号不易见时，其发动机的易见部位不一定有发动机标识。
3	车辆品牌/型号	注册登记查验时，机动车整车出厂合格证明（对国产机动车）、进口车辆中英文对照表（对进口机动车）等凭证和技术资料上记载的"车辆品牌"和"车辆型号"与整车产品标牌上标明的车辆品牌、型号应相符。 对进口车辆中英文对照表未列入车辆品牌/型号的进口机动车，可参照进口机动车辆随车检验单证及其他经主管部门认可的技术资料（如车辆产品一致性证书），确认车辆品牌/型号的符合性。
4	车身颜色	注册登记查验时，按照实车核定车身颜色，核定的车身颜色与机动车整车出厂合格证明、海关《货物进口证明书》等凭证、技术资料记载的内容不一致的，或者车身颜色随观察位置不同及光线明暗会发生变化的，经确认未变更车身颜色的，记录相关情况后办理；变更车身颜色时，按照实车填写车身颜色。其他情况下，车身颜色应与《机动车行驶证》记载的车身颜色相符。

续表

序号	项目	合格要求
5	核定载人数	注册登记查验时，按照 GB 7258—2017 4.4.2~4.4.6 及 11.6 核定载客人数/驾驶室乘坐人数。对实行《公告》管理的国产机动车，载货汽车和专项作业车核定的驾驶室乘坐人数、载客汽车核定的乘坐人数与机动车整车出厂合格证明标明的数值应一致且符合《公告》管理的相关规定；对进口机动车，核定的乘坐人数应与进口机动车辆随车检验单证及其他经主管部门认可的技术资料（如车辆产品一致性证书）一致。其他情况下，座位/铺位数应与《机动车行驶证》记载的内容一致。
6	号牌板（架）/车辆号牌	注册登记、转移登记及转入查验时，检查机动车号牌板（架）：前号牌板（架）（摩托车除外）应设于前面中部或右侧（按机动车前进方向），后号牌板（架）应设于后面中部或左侧，号牌板（架）应能安装符合 GA 36 要求的机动车号牌且号牌安装后不应被遮挡、覆盖，不允许采用号牌板能被翻转的结构。2013 年 3 月 1 日起出厂的机动车每面号牌板（架）上应设有 2 个号牌安装孔，2016 年 3 月 1 日起出厂的机动车每面号牌板（架）[三轮汽车前号牌板（架）、摩托车后号牌板（架）除外]上应设有 4 个号牌安装孔；号牌安装孔应保证能用 M6 规格的螺栓将号牌直接牢固可靠地安装在车辆上。 其他情况查验时，检查车辆号牌：号牌应安装在号牌板（架）处，号牌应正置、横向水平、纵向基本垂直且使用符合 GA 804 的专用固封装置固封，号牌应无变形、遮盖和破损、涂改，号牌号码和种类应与《机动车行驶证》的记录一致，其汉字、字母和数字应清晰可辨、颜色应无明显色差。不允许使用可拆卸号牌架和可翻转号牌架。 在用车查验时，总质量大于或等于 4500kg 的货车（半挂牵引车除外）和货车底盘改装的专项作业车（消防车除外）、总质量大于 3500kg 的挂车，以及车长大于或等于 6m 的客车（警车、校车除外）均应在车厢后部喷涂或粘贴/放置放大的号牌号码，总质量大于或等于 12000kg 的自卸车还应在车厢左右两侧喷涂放大的号牌号码。受结构限制车厢后部无法粘贴/放置放大的号牌号码时，车厢左右两侧喷涂有放大的号牌号码的，视为满足要求。放大的号牌号码字样应清晰，颜色应与车身底色有明显反差。 对平板式、骨架式结构的货车、专项作业车、牵引车等无载货部位或载货部位受结构限制确实无法满足放大号喷涂要求的，不查验放大的号牌号码；但这类车辆上道路行驶时，应按规定放置放大的号牌号码板。
7	车辆外观形状	外部照明灯具的透光面均应齐全，对称设置、功能相同的外部照明灯具的透光面颜色不应有明显差异。机动车配备的后视镜和下视镜应完好。前风窗玻璃及风窗以外玻璃用于驾驶人视区部位的可见光透射比应大于或等于 70%；校车，2012 年 9 月 1 日起出厂的公路客车、旅游客车，2018 年 1 月 1 日起出厂的设有乘客站立区的客车以及发动机中置且宽高比小于或等于 0.9 的乘用车，所有车窗玻璃可见光透射比均应大于 50%；2012 年 9 月 1 日前出厂的公路客车和旅游客车，侧窗玻璃的可见光透射比若小于 50%，不应视为不符合标准规定。所有车窗玻璃应完好且未粘贴镜面反光遮阳膜；校车、公路客车、旅游客车、设有乘客站立区的客车以及发动机中置且宽高比小于或等于 0.9 的乘用车，车窗玻璃不应张贴有不透明和带任何镜面反光材料之色纸或隔热纸（客车车窗玻璃上张贴的符合规定的客车用安全标志和信息符号除外）。

续表

序号	项目	合格要求
7	车辆外观形状（续）	车辆上装备的商标、厂标等整车标志应与车辆品牌/型号相适应。 仓栅式货车/挂车的顶部应安装与侧面栅栏固定的、不能拆卸和调整的顶棚杆，且2018年1月1日起出厂的仓栅式货车/挂车顶棚杆间的纵向距离应小于或等于500mm；车辆运输挂车（包括中置轴挂车、半挂车）的后部不应设置有可能用于载运车辆的可伸缩的结构。 注册登记查验时，对实行《公告》管理的国产机动车，实车外观形状应与《公告》的机动车照片一致，但装有《公告》允许选装部件的以及乘用车在不改变车辆长度宽度和车身主体结构且保证安全的情况下加装车顶行李架、出入口踏步件、换装散热器面罩和/或保险杠、更换轮毂等情形的除外；客车、旅居车、专项作业车乘坐区的两侧应设置车窗；2012年9月1日起出厂的厢式货车和封闭式货车，驾驶室（区）两旁应设置车窗，货厢部位不应设置车窗［但驾驶室（区）内用于观察货物状态的观察窗除外］；专用客车、专项作业车的乘坐区与作业区重合的部分，可只在一侧设置车窗，防弹运钞车押运员乘坐区的两侧可不设置车窗。其他情况下，实车外观形状应与《机动车行驶证》上机动车标准照片记载的车辆外观形状一致（目视不应有明显区别），但装有允许自行加装部件的以及乘用车对车身外部进行了加装/改装但未改变车辆长度宽度和车身主体结构的除外；机动车标准相片如悬挂有机动车号牌，其号牌号码和类型应与《机动车行驶证》记载的内容一致。 乘用车出厂后对车身外部进行上述加装/改装但未改变车辆长度宽度和车身主体结构、加装车顶行李架后车辆高度增加值小于或等于300mm且未发现因加装/改装导致不符合GB 7258情形的，告知机动车所有人或申请人（或被委托的经办人）应定期对车辆按规定进行检查及维护保养，保证加装/改装后车辆的使用安全，车辆外观形状发生变化的还应申请换发行驶证，记录相关情况后视为合格。 乘用车加装车顶行李架后，车辆高度增加值应小于或等于300mm。测量车辆长度宽度时，按照GB 1589—2016规定不应计入测量范围的装置、部件应除外。 注1：查验员可以通过采集机动车标准照片信息核对机动车标准照片。 注2：国产车《公告》存在多个尺寸参数时，照片可以只反映其中一种尺寸参数。
8	轮胎完好情况	轮胎胎冠花纹深度应符合GB 7258—2017 9.1.6的要求，轮胎胎面及胎壁应无影响使用的破裂、缺损、异常磨损和割伤，轮胎胎面不应由于局部磨损而暴露轮胎帘布层。轮胎螺母应完整齐全。公路客车、旅游客车和校车的所有车轮及其他机动车的转向轮不应装用翻新的轮胎。 注册登记查验时，轮胎数应与机动车整车出厂合格证明等相关凭证记载的数据一致；其他情况下，轮胎数应与《机动车行驶证》上机动车标准照片记载的轮胎数一致。

续表

序号	项目	合格要求
9	三角警告牌/反光背心	汽车（无驾驶室的三轮汽车除外）应配备1个机动车用三角警告牌，属于2018年1月1日以后的还应配备1件反光背心；三角警告牌及反光背心式样及尺寸应符合相关规定。 非注册登记查验时，乘用车未按规定配备机动车用三角警告牌和/或反光背心的，告知机动车所有人或申请人（或被委托人的经办人）道路交通安全法律法规和技术标准相关规定和使用要求，记录相关情况后视为合格。
10	座椅数量及汽车安全带	汽车装备的乘员座椅数量应与机动车整车出厂合格证明等凭证、技术资料记载的信息一致。汽车装备的汽车安全带应齐全且所有安全带均应能正常使用；汽车安全带的固定点应合理，不应导致安全带卷带跨越其他乘客的上下车通道（乘客的上下车通道不包括停车时需临时移动、折叠座椅以便其他乘客上下车的情形）。卧铺客车每一个铺位均应安装两点式汽车安全带。 注册登记查验时，2018年1月1日前出厂的乘用车、公路客车、旅游客车、未设置乘客站立区的公共汽车、旅居车的所有座椅，其他汽车（低速汽车除外）的驾驶人座椅和前排乘员座椅均应装置汽车安全带；所有驾驶人座椅、前排乘员座椅（货车前排乘员的中间位置及设有乘客站立区的公共汽车除外）、客车位于踏步区的车组人员座椅以及乘用车除第二排及第二排以后的中间位置座椅外的所有座椅，装置的汽车安全带均应为三点式（或四点式）安全带；2018年1月1日起出厂的乘用车、旅居车、未设置乘客站立区的客车、货车（三轮汽车除外）、专项作业车的所有座椅，以及设有乘客站立区的客车的驾驶人座椅和前排乘员座椅均应装备汽车安全带；除三轮汽车外，所有驾驶人座椅、乘用车的所有乘员座椅（设计和制造上具有行动不便乘客乘坐设施的乘用车设置的后向座椅除外）、总质量小于或等于3500kg的其他汽车的所有外侧座椅、其他汽车（设有乘客站立区的客车除外）的前排外侧乘员座椅，装备的汽车安全带均应为三点式（或全背带式）汽车安全带。 按照GB 7258—2017 4.4.2.4不核定乘坐人数的座椅，以及其他仅在机动车停止状态下供人员乘坐的座椅不属于乘员座椅，但这些座椅不应装备汽车安全带，且汽车产品使用说明书对这些座椅的设计和制造用途、使用安全事项等应予以说明。
11	车辆外廓尺寸	汽车及汽车列车、挂车的实际外廓尺寸不应超出GB 1589规定的限值，摩托车的实际外廓尺寸不应超出GB 7258—2017中表2规定的限值。 注册登记查验时，车辆的长、宽、高应与机动车整车出厂合格证明等相关凭证上记载的数值相符，属于工信部联产业〔2014〕453号文件规定的小微型面包车的车长应小于或等于4500mm、车宽应小于或等于1680mm；其他情况下，应与《机动车行驶证》上记载的数值相符。外廓尺寸参数公差允许范围，注册登记查验时对汽车（三轮汽车除外）、挂车为±1%或±50mm，对其他机动车为±3%或±50mm。其他情况查验时，对汽车（低速汽车除外）、挂车为±2%或±100mm，对其他机动车为±3%或±100mm；2014年12月1日之前注册登记的挂车，外廓尺寸参数公差为±3%或±100mm的，不应视为不符合要求。

续表

序号	项目	合格要求
11	车辆外廓尺寸（续）	测量外廓尺寸参数时，应考虑允许自行加装的部件及变更使用性质拆除标志灯具对测量结果的影响。判定车辆外廓尺寸参数是否在公差允许范围内时，应考虑测量误差。 发现安全技术检验合格证明（或测试报告）记载的测试结果与实车外廓尺寸等参数明显不一致的，不予采信测试结果，按规定予以处罚并通报相关行业主管部门。 注：GB 1589—2016 规定了测量车辆长、宽、高时不计入测量范围的部件。
12	整备质量	对所有货车、货车底盘改装的专项作业车和总质量大于 750kg 的挂车，以及带驾驶室的正三轮摩托车，比对机动车安全技术检验合格证明或其他具备资质的机构出具的测试报告上记载的测试结果，实车整备质量与《公告》、机动车整车出厂合格证明等凭证、技术资料记载的整备质量的误差应符合管理规定（注册登记查验时按 GB 21861 规定执行）；误差符合管理规定且总质量也符合 GB 1589 的，按照相关凭证、技术资料核定载质量。 判定整备质量误差是否符合管理规定时，应考虑测量误差。辖区内转移登记查验时，确认车辆无非法改装情形且最近一次安全技术检验的轴荷等相关数据正常的，视为合格。 发现安全技术检验合格证明（或测试报告）记载的测试结果与实车整备质量明显不一致的，不予采信测试结果，按规定予以处罚并通报相关行业主管部门。
13	轴数/轴距	注册登记查验时，轴数、轴距应与《公告》、机动车整车出厂合格证明等相关凭证上记载的数据相符；其他情况下，轴数应与《机动车行驶证》上机动车照片记载的轴数一致。 轴距的公差允许范围按车辆外廓尺寸的规定执行。
14	轮胎规格	同一轴上的轮胎规格和花纹应相同，轮胎规格应与《公告》、机动车整车出厂合格证明等相关凭证（或资料）记载的内容相符。
15	车身反光标识和车辆尾部标志板	货车（多用途货车、基于多用途货车改装的教练车除外）和货车底盘改装的专项作业车、最大设计车速小于或等于 40km/h 的其他汽车、所有挂车（旅居挂车除外）应按照 GB 7258—2017 8.4.1、8.4.2 及其他相关规定设置后部车身反光标识和车辆尾部标志板、侧面车身反光标识。 反光膜型车身反光标识为红白单元相间的条状反光膜材料，表面应完好、无破损；红白单元每一单元的长度应不小于 150mm 且不大于 450mm，宽度可为 50mm、75mm 或 100mm；白色单元上应加施有符合规定的"3C"标识。 后部车身反光标识应能体现机动车后部宽度和高度，其离地高度应不小于 380mm。后部反光膜型车身反光标识与后反射器的面积之和，使用一级车身反光标识材料时应不小于 $0.1m^2$，使用二级车身反光标识材料时应不小于 $0.2m^2$。

续表

序号	项目	合格要求
15	车身反光标识和车辆尾部标志板（续）	侧面反光膜型车身反光标识允许分隔粘贴，但应保持红白单元相间；总长度（不含间隔部分）应不小于车长的50%，但侧面车身结构无连续表面的混凝土搅拌运输车和专项作业车的侧面车身反光标识长度应不小于车长的30%；三轮汽车的侧面车身反光标识长度不应小于1200mm，货厢长度不足车长50%的载货汽车的侧面车身反光标识长度应为货厢长度。 　　厢式货车和厢式挂车后部、侧面的车身反光标识应能体现货厢轮廓。2012年9月1日起出厂的总质量大于3500kg的厢式货车（不含封闭式货车、侧帘式货车）、厢式挂车（不含侧帘式半挂车）和2018年1月1日起出厂的总质量大于3500kg的厢式专项作业车，装备的车身反光标识应为由红白相间的反射器单元组成的反射器型车身反光标识。反射器型车身反光标识的反射器单元应横向水平布置、固定可靠，红白单元相间且数量相当；相邻反射器的边缘距离对后部反射器型车身反光标识不应大于100mm，对侧面反射器型车身反光标识不应大于150mm。 　　车辆尾部标志板的形状、尺寸和结构应符合 GB 25990 的规定，部件应不易拆卸，其固定在车辆后部的方式应稳定、持久，如使用螺钉或者铆合。 　　道路运输爆炸品和剧毒化学品车辆，以及常压罐式危险货物运输车辆，还应在车辆的后部和两侧粘贴能标示车辆轮廓的、宽度为150mm±20mm的橙色反光带。
16	侧面及后下部防护	所有总质量大于3500kg的货车（半挂牵引车除外）、货车底盘改装的专项作业车和挂车应按规定装备侧面及后下部防护装置；专用货车和专项作业车受客观原因限制时可不安装后下部防护装置。侧后防护装置应固定可靠，与车架或车体的可靠部位有效连接。 　　后下部防护装置的宽度不可大于车辆后轴两侧车轮最外点之间的距离（不包括轮胎的变形量），并且后下部防护装置任一端的最外缘与这一侧车辆后轴车轮最外端的横向水平距离应不大于100mm；后下部防护装置整个宽度上的下边缘离地高度，对后下部防护装置状态可调整的车辆应不大于450mm，对状态不可调整的车辆应不大于550mm；2020年1月1日起出厂的所有车辆，空载状态下在其全部宽度范围内的后下部防护的下边缘离地高度不应大于500mm。后下部防护装置的横向构件的截面高度（对格构式圆钢结构的后下部防护装置，截面高度为横向布置圆钢的直径之和）应不小于100mm（对于2020年1月1日起出厂的总质量大于12000kg的货车及总质量大于10000kg的挂车，应不小于120mm），端部不应有尖锐边缘。 　　侧面防护装置的下缘任何一点的离地高度应不大于550mm，前缘和后缘应处在最靠近它的轮胎周向切面之后（前）300mm的范围之内；但全挂车前缘位于500mm的范围之内即可，半挂车前缘与支腿中心横截面距离小于或等于250mm即可，长头货车前缘与驾驶室后壁板件的间隙小于或等于100mm即可。 　　罐式危险货物运输车辆的罐体及罐体上的管路和管路附件不得超出侧面及后下部防护装置，罐体后封头及罐体后封头上的管路和管路附件与后下部防护装置内侧在车辆长度方向垂直投影的距离应大于或等于150mm。2020年1月1日起出厂的罐式液体危险货物运输车辆，后下部防护应位于车辆最后端。

续表

序号	项目	合格要求
17	灭火器、摩托车乘员头盔	客车、危险货物运输车辆、(2018年1月1日起出厂的)旅居车应配备使用状态有效的灭火器,灭火器在车身应安装牢靠并便于使用,其压力表应在不移动灭火器的条件下能观察到压力状态;客车灭火器及其支架不应凸入通道、乘客门引道和应急门引道,且不会影响应急门的通过性。客车仅有一个灭火器时,应设置在驾驶人座椅附近;当有多个灭火器时,应在客厢内按前、后,或前、中、后分布,其中一个应靠近驾驶人座椅。 注册登记查验时,两轮普通摩托车应配备一个摩托车乘员头盔。
18	行驶记录、车内外录像监控装置	公路客车、旅游客车、危险货物运输货车,2013年3月1日起注册登记的未设置乘客站立区的公共汽车、半挂牵引车和总质量大于或等于12000kg的货车,2018年1月1日起出厂的设有乘客站立区的客车,2019年1月1日起出厂的其他客车,应安装符合规定的行驶记录仪、具有行驶记录功能的卫星定位装置等行驶记录装置。行驶记录装置及其连接导线在车上应固定可靠。行驶记录装置应能正常显示;如使用行驶记录仪作为行驶记录装置,其显示部分应易于观察、数据接口应便于移动存储介质的插拔。2006年12月1日起出厂汽车安装的汽车行驶记录仪,其主机外表面的易见部位应模压或印有符合规定的"3C"标识。 卧铺客车、2018年1月1日起出厂的设有乘客站立区的客车,还应安装车内外视频监控录像系统。车内外视频监控录像系统摄像头的配备数量及拍摄方向应符合相关标准和管理规定,无遮挡。
19	应急出口/应急锤、乘客门	2012年9月1日起出厂的车长大于7m的客车(乘坐人数小于20的专用客车除外)应设置撤离舱口;2013年9月1日起出厂的设有乘客站立区的客车车身两侧的车窗,若洞口可内接一个面积大于或等于800mm×900mm的矩形时,应设置为推拉式或外推式应急窗;若洞口可内接一个面积大于或等于500mm×700mm的矩形时,应设置为击碎玻璃式的应急窗,并在附近配置应急锤或具有自动破窗功能;2014年9月1日起出厂的车长大于或等于6m的客车(乘坐人数小于20的专用客车除外),如车身右侧仅有一个乘客门且在车身左侧未设置驾驶人门,应在车身左侧或后部设置应急门。 2019年1月1日起出厂的公路客车、旅游客车和未设置乘客站立区的公共汽车,车长大于9m时车身左右两侧应至少各配置2个外推式应急窗并应在车身左侧设置1个应急门,车长大于7m且小于或等于9m时车身左右两侧应至少各配置1个外推式应急窗;外推式应急窗玻璃的上方中部或右角应标记有击破点标志,邻近处应配置应急锤。2019年1月1日起出厂的其他车长大于9m的未设置乘客站立区的客车,车身左右两侧至少各有2个击碎玻璃式的应急窗(车身两侧击碎玻璃式的应急窗总数小于或等于4个时为所有击碎玻璃式的应急窗)具有自动破窗功能的,应视为满足要求。 使用应急窗时,应采用易于迅速从车内、外开启的装置;或采用自动破窗装置;或在车窗玻璃上方中部或右角标记有直径不小于50mm的圆心击破点标志,并在每个应急窗的邻近处提供一个应急锤以方便击碎车窗玻璃,且应急锤取下时应能通过声响信号实现报警。应急门应有锁止机构且锁止可靠,当车辆停止时不用工具即能从车内外方便地打开,并设有车门开启声响报警装置。安全顶窗应易于从车内、外开启或移开或用应急锤击碎。

续表

序号	项目	合格要求
19	应急出口/应急锤、乘客门（续）	每个应急出口（包括应急门、应急窗和撤离舱口）应在其附近设有"安全出口"或"应急出口"字样，字体高度应大于或等于40mm。 2012年9月1日起出厂的车长大于9m的公路客车、旅游客车，以及2018年1月1日起出厂的车长大于9m的其他未设置乘客站立区的客车（专用校车及乘坐人数小于20的其他专用客车除外）应设置两个乘客门。 乘客门和应急出口的应急控制器应在其附近标有清晰的符号或字样并注明其操作方法，字体高度应不小于10mm。 客车除驾驶人门和应急门外，不应在车身左侧开设车门，但在沿道路中央车道设置的公共汽车专用道上运营使用的公共汽车除外。客车采用动力开启的乘客门，其车门应急控制器应能让临近车门的乘客容易看见并清楚识别，并应有醒目的标志和使用方法。公共汽车和2013年3月1日起出厂的车长大于或等于6m的其他客车，还应在驾驶人座位附近驾驶人易于操作部位设置乘客门应急开关。
20	外部标识/文字/喷涂	所有货车（多用途货车、货车类教练车除外）和专项作业车（消防车除外）均应在驾驶室（区）两侧喷涂总质量（半挂牵引车为最大允许牵引质量）；其中，栏板货车和自卸车还应在驾驶室两侧喷涂栏板高度，罐式汽车和罐式挂车（罐式危险货物运输车辆除外）还应在罐体两侧喷涂罐体容积及允许装运货物的种类。栏板挂车应在车厢两侧喷涂栏板高度。2018年1月1日起出厂的冷藏车，还应在外部两侧易见部位上喷涂或粘贴明显的"冷藏车"字样。喷涂的中文及阿拉伯数字应清晰，高度应大于或等于80mm。 所有客车（警车、专用校车和设有乘客站立区的客车除外）及2018年1月1日起出厂的发动机中置且宽高比小于或等于0.9的乘用车应在乘客门附近车身外部易见位置，用高度大于或等于100mm的中文及阿拉伯数字标明该车提供给乘员（包括驾驶人）的座位数。 危险货物运输车辆应装置符合GB 13392规定的标志（包括标志灯和标志牌）及规定的矩形安全标示牌。2018年1月1日起出厂的罐式危险货物运输车辆，其罐体或与罐体焊接的支座的右侧应有金属的罐体铭牌，罐体铭牌应标注唯一性编码、罐体设计代码、罐体容积等信息；2018年1月1日前出厂的罐式危险货物运输车辆，其罐体两侧上应喷涂罐体容积和允许装运货物的名称，且喷涂的罐体容积和允许装载货物的名称应与《公告》及机动车整车出厂合格证明一致。 2018年1月1日起出厂的最大设计车速小于70km/h的汽车（低速汽车、设有乘客站立区的客车除外）应在车身后部喷涂/粘贴表示最大设计车速（单位：km/h）的阿拉伯数字；阿拉伯数字的高度应大于或等于200mm，外围应用尺寸相匹配的红色圆圈包围。 燃气汽车（包括气体燃料汽车、两用燃料汽车和双燃料汽车）应按规定在车辆前端和后端醒目位置分别设置标注其使用的气体燃料类型的识别标志，标志图形为有外框的菱形，在方框中分别居中匀称地布置有大写印刷体英文字母"CNG"（压缩天然气汽车）、"LNG"（液化天然气汽车）、"ANG"（吸附天然气汽车）、"LPG"（液化石油气汽车）。 教练车应在车身两侧及后部喷涂高度大于或等于100mm的"教练车"等字样。 残疾人专用汽车应在车身前部和后部分别设置残疾人机动车专用标志。

续表

序号	项目	合格要求
21	外观制式、标志灯具、电子警报器	警车外观制式应符合 GA 524、GA 923 和 GA 525 等公共安全行业标准的规定；消防车车身颜色应符合相关标准的规定；救护车车身颜色主体应为白色，左、右侧及车后正中应喷涂符合规定的图案；工程救险车车身颜色应为中黄色，车身两侧应喷"工程救险"字样；其他机动车不允许喷涂上述车辆专用的或与其类似的标志图案。 警车、消防车、救护车和工程救险车应安装符合规定的标志灯具和车用电子警报器，标志灯具和警报器应固定可靠；其他车辆不允许安装上述车辆专用的标志灯具和警报器。
22	安全技术检验合格证明	安全技术检验合格证明应由本市行政辖区内具备资质的机动车安全技术检验机构出具，其内容应包括人工检验项目（车辆外观检查、底盘动态检验和车辆底盘检查等）的检查结果、仪器设备检验项目（制动、远光发光强度等）的检验结果（无法进行仪器设备检验的除外）、路试数据和判定结果（如进行）及整车检验结论，且所有检验项目及整车检验结论均应为合格。 在用车更换发动机进行安全技术检验时，安全技术检验合格证明上应记载有更换后的发动机型号和出厂编号。 机动车安全技术检验机构与车辆管理所已联网且车辆管理所通过机动车安全技术检验监管系统自动比对上述项目和数据的，查验员可不核对安全技术检验合格证明。
23	校车	校车应按照 GB 24407—2012 及其他相关规定配备校车标志灯、停车指示标志，配备具有行驶记录功能的卫星定位装置、应急锤、干粉灭火器、急救箱等安全设备，设置照管人员座椅（座位）。 专用校车应喷涂粘贴符合 GB 24315 规定的专用校车车身外观标识，每一个座椅（包括驾驶人座椅、照管人员座椅和学生座椅）均应安装汽车安全带，照管人员座椅的数量和位置应符合 GB 24407—2012 5.10.5.1.2.1 的规定，每一个照管人员座椅均应有明显标识。2013 年 5 月 1 日起出厂的所有专用校车，还应安装车内录像监控系统和辅助倒车装置。 非专用校车如喷涂粘贴有专用校车车身外观标识，车身外观标识应符合 GB 24315 关于专用校车车身外观标识的规定，每一个学生座椅应安装汽车安全带。
24	安全装置	限速功能或限速装置：2012 年 9 月 1 日起出厂的公路客车、旅游客车、危险货物运输货车和车长大于 9m 的未设置乘客站立区的公共汽车，2018 年 1 月 1 日起出厂的车长大于 9m 的其他客车，2019 年 1 月 1 日起出厂的车长大于或等于 6m 的旅居车，应具有限速功能，否则应配备限速装置。限速功能或限速装置调定的最大车速对公路客车、旅游客车和车长大于 9m 的其他客车、车长大于或等于 6m 的旅居车不应大于 100km/h，对危险货物运输货车不应大于 80km/h。2013 年 5 月 1 日起出厂的专用校车应安装限速装置，且限速装置调定的最大车速不应大于 80km/h。

续表

序号	项目	合格要求
24	安全装置（续）	辅助制动装置：2013年5月1日起出厂的车长大于8m的专用校车，2012年9月1日起出厂的车长大于9m的其他客车、总质量大于或等于12000kg的货车、总质量大于3500kg的危险货物运输货车，以及2014年9月1日起出厂的总质量大于或等于12000kg的专项作业车，应装备缓速器或其他辅助制动装置。 盘式制动器：2013年5月1日起出厂的专用校车，2012年9月1日起出厂的车长大于9m的其他客车（未设置乘客站立区的公共汽车除外）和所有危险货物运输货车，以及2013年9月1日起出厂的车长大于9m的未设置乘客站立区的公共汽车，其前轮应装备盘式制动器。2019年1月1日起出厂的危险货物运输半挂车及2020年1月1日起出厂的三轴栏板式和仓栅式半挂车，其所有车轮均应装备盘式制动器。 防抱制动装置：半挂牵引车、总质量大于10000kg的挂车、专用校车、车长大于9m的公路客车和旅游客车，2012年9月1日起出厂的所有危险货物运输货车和2013年9月1日起出厂的车长大于9m的未设置乘客站立区的公共汽车，2014年9月1日起出厂的总质量大于或等于12000kg的货车和专项作业车（五轴及五轴以上专项作业车除外），2015年7月1日起出厂的发动机中置的乘用车，2018年1月1日起出厂的其他客车、乘用车、总质量大于3500kg且小于12000kg的货车和专项作业车、总质量大于3500kg且小于或等于10000kg的挂车，以及2019年1月1日起出厂的总质量小于或等于3500kg的货车和专项作业车，均应安装符合规定的防抱制动装置，且防抱制动装置的自检功能应正常。 发动机舱自动灭火装置（不适用于纯电动客车、燃料电池客车）：2013年5月1日起出厂的专用校车，2013年3月1日起出厂的发动机后置的客车，2018年1月1日起出厂的其他客车（对发动机前置且位于前风挡玻璃之后的B级客车为2019年1月1日起出厂），应装备发动机舱自动灭火装置。 注：B级客车是指可载乘员数（不包括驾驶人）不多于22人且不允许乘员站立的客车。
25	残疾人专用汽车的操纵辅助装置	应根据驾驶人的残疾类型，在采用自动变速器的乘用车上，加装相应类型的、符合相关规定的驾驶操纵辅助装置。 汽车加装操纵辅助装置应到正规车辆生产、销售、维修企业进行，并由加装企业出具加装合格证明。驾驶操纵辅助装置加装后，不应改变原车结构的完整性和安全性及影响原车操纵件的电器功能、机械性能，且不应使驾驶人驾驶时受到视野内产品部件的反光眩目。 加装的驾驶操纵辅助装置安装应牢固可靠，位置应适宜操纵，且不应与车辆的其他操纵指示系统冲突或妨碍车辆其他操纵指示系统的操作。加装的驾驶操纵辅助装置的各部件应完好有效，表面不应有影响使用的凹凸、划伤、返锈等，在接触人体的表面部位不得有毛刺、刃口、棱角或其他有害使用者的缺陷。 驾驶操纵辅助装置的产品型号和产品编号应与加装合格证明或《机动车行驶证》上记载的产品型号和产品编号相符。

续表

序号	项目	合格要求
26	新能源汽车	对国产汽车，《公告》应标明是否属于新能源汽车及种类。对进口汽车，其车型应在海关总署进口新能源汽车目录范围内；对 2016 年 12 月 1 日起进口的新能源汽车，《进口机动车辆随车检验单》的"检验情况"栏应标明是否属于新能源汽车。 插电式混合动力汽车、纯电动汽车（换电式除外）应具有外接充电接口。
27	进口机动车	外部照明和信号装置：转向灯的光色应为琥珀色，后雾灯的光色应为红色。汽车、挂车后雾灯的安装位置应符合 GB 4785—2007 的要求，只有当远光灯、近光灯或前雾灯打开时后雾灯才能打开，且后雾灯可独立于任何其他灯而关闭。所有电器导线（不包括正常查验时无法观察到的情形）均应捆扎成束、布置整齐、固定卡紧、接头牢固并在接头处装设绝缘套，在导线穿越孔洞时应装设阻燃耐磨绝缘套管。 车速表指示：车速表可为指针式或者数字式显示，其中一项速度单位有"km/h"表示的，视为满足要求。 排气管指向：汽车发动机的排气管口不得指向车身右侧（如受结构限制排气管口只能偏向右侧时，排气管口中心线与机动车纵向中心线的夹角应小于或等于 15°）；且对 2020 年 1 月 1 日起新出厂的汽车，若排气管口朝下则其气流方向与水平面的夹角应小于或等于 45°。 中文警告性文字：机动车标注的（正常查验时能观察到的）警告性文字均应有中文。如有英文"warning"等明确属于警告提示内容的均应有相关中文说明，但如无相应文字，或已经用图形表示警告内容，视为满足要求。

表 4-2 机动车查验记录表

号牌号码（流水号或其他与车辆能对应的号码）：　　号牌种类：　　使用性质：

业务类型：	☐ 注册登记	☐ 转入	☐ 转移登记	☐ 变更迁出	☐ 变更车身颜色
	☐ 更换车身或者车架	☐ 更换整车	☐ 更换发动机	☐ 变更使用性质	
	☐ 重新打刻 VIN	☐ 重新打刻发动机号	☐ 加装/拆除操纵辅助装置		
	☐ 申领登记证书	☐ 补领登记证书	☐ 监督解体	☐ 换发新能源车号牌	

其他特殊属性：　☐ 新能源汽车　　☐ 进口车　　☐ 违规机动车产品

类别	序号	查验项目	判定	类别	序号	查验项目	判定
通用项目	1	车辆识别代号		安全附件、安全装置、外部喷涂等	15	灭火器/摩托车乘员头盔	
	2	发动机（驱动电机）号码			16	行驶记录装置、车内外录像监控装置	
	3	车辆品牌/型号			17	应急出口/应急锤/乘客门	
	4	车身颜色			18	外部标识/文字、喷涂	
	5	核定载人数			19	安全装置、标志灯具、警报器	
	6	车辆类型		其他	20	检验合格证明	
	7	号牌/车辆外观形状			21	进口车、新能源汽车特殊项目	
	8	轮胎完好情况		查验结论：			
	9	安全带、三角警告牌、反光背心					
货车挂车	10	外廓尺寸、轴数、轴距		查验员： 　　　　　　　　年　　月　　日			
	11	整备质量					
	12	轮胎规格					
	13	侧后部防护		复检合格	查验员： 　　　　　　　　年　　月　　日		
	14	车身反光标识和车辆尾部标志板、喷涂					

机动车照片 （注册登记、转移登记、需要制作照片的变更登记、转入、监督解体）	备　注： 　　　　　　　　年　　月　　日

车辆识别代号（车架号）拓印膜，或打刻的车辆识别代号（车架号）1∶1还原照片 （注册登记、转移登记、转出、转入、更换车身或者车架、更换整车、申领登记证书、重新打刻 VIN）

使用机动车查验智能终端拍摄的打刻的车辆识别代号照片

表4-3 校车查验记录表

号牌号码(流水号或其他与车辆能对应的号码): _____ 校车种类: 专用校车 非专用校车

业务类型: ☐ 注册登记 ☐ 转入 ☐ 更换整车 ☐ 转移登记 ☐ 变更迁出
☐ 更换车身或者车架 ☐ 申请校车使用许可 ☐ 非专用校车不再作为校车使用

类别	序号	查验项目	判定	类别	序号	查验项目	判定
通用项目	1	车辆识别代号		校车专用项目	16	车身外观标识	
	2	发动机(驱动电机)号码			17	照管人员座位	
	3	车辆品牌/型号			18	汽车安全带	
	4	车身颜色			19	车内外录像监控系统	
	5	核定载人数(学生/成人)	/		20	辅助倒车装置	
	6	车辆类型			21	其他安全装置	
	7	号牌/车辆外观形状		其他	22	新能源汽车特殊项目	
	8	轮胎完好情况			23	检验合格证明	
	9	三角警告牌、反光背心		查验结论:			
	10	校车标志灯					
校车专用项目	11	停车指示标志					
	12	具有行驶记录功能的卫星定位装置		查验员: 年 月 日			
	13	应急出口/应急锤					
	14	干粉灭火器		复检合格	查验员: 年 月 日		
	15	急救箱					

机动车照片 (专用校车变更迁出除外)	备注: 机动车所有人/申请人: 年 月 日

车辆识别代号(车架号)拓印膜,或打刻的车辆识别代号1:1还原照片
(注册登记、转入、更换整车、转移登记、变更迁出、更换车身或者车架)

使用机动车查验智能终端拍摄的打刻的车辆识别代号照片

第四节 机动车检验监督

一、机动车检验监督依据

《机动车查验工作规程》（GA 801—2019）规定，公安机关交通管理部门车辆管理所应通过计算机联网核查机动车安全技术检验数据、比对机动车安全技术检验机构上传的检验照片（包括检验项目照片和检验资料照片）或视频，以及现场或远程视频抽查安全技术检验过程、查阅原始检验记录和报告等方式对机动车安全技术检验机构的安全技术检验行为进行监督。

设区的市公安机关交通管理部门车辆管理所应建设机动车安全技术检验远程视频监管中心，安排专门的工作人员，使用全国统一的机动车安全技术检验监管系统对机动车安全技术检验机构上传的检验照片（或视频）、检验数据和结果进行监督；机动车安全技术检验远程视频监管中心的面积及从事审核的工作人员的数量应与需审核的检验业务量相适应；从事审核的工作人员应具备相应机动车车型的查验员资格，其负责人应为民警查验员。

二、机动车检验监督工作要求

（一）先行核发机动车检验合格标志后监督检查

摩托车和非营运小型、微型载客汽车（面包车除外）以及经省级公安机关交通管理部门备案的其他类型机动车，实行先行核发机动车检验合格标志后监督检查。

先行核发机动车检验合格标志后监督检查的，机动车安全技术检验远程视频监管中心应在检验照片（或视频）上传后的24h内将检验照片（或视频）比对完毕；采用符合规定的机动车检验智能审核监管方式的，按比例抽查。比对结果表明检验项目不符合GB 7258及其他相关规定的，应要求机动车安全技术检验机构通知送检的机动车重新进行检验，并按规定对机动车安全技术检验机构予以处罚。

（二）机动车检验监督要求

核对机动车安全技术检验合格证明时，应审查安全技术检验合格证明上是否有本市行政辖区内具有资质的机动车安全技术检验机构的签章和授权签字人签字，确认安全技术检验的项目是否齐全及检验结论是否为合格。

比对机动车安全技术检验机构上传的检验照片（或视频）时，工作人员应确认检验照片（或视频）的数量及要求是否符合机动车安全技术检验机构需上传检验照片要求的规定。检验照片（或视频）的审核结果为合格且机动车安全技术检验监管系统无检验异常情况预警或报警提示的，应远程核发机动车检验合格标志。

比对机动车安全技术检验机构上传的检验照片（或视频）时，发现检验照片（或视频）的数量及要求不符合机动车安全技术检验机构需上传检验照片要求的规定的，应通过机动车安全技术检验监管系统告知机动车安全技术检验机构不符合规定的具体情形，并要求机动车安全技术检验机构重新上传整改后的检验照片（或视频）；目测能确认检验照片（或视频）所反映检验项目不符合GB 7258及其他相关规定的，比对结果为不合格，经调查核实机动车安全技术检验机构存在不按机动车国家安全技术标准和国家机动车安全技术检验标准检验、出具虚假检验报告等情形的，应按规定对机动车安全技术检验机构予以处罚。

（三）检验异常情形处置

机动车安全技术检验监管系统出现检验异常情况预警报警提示时，应及时分析原因，告知机动车安全技术检验机构预警报警提示信息的具体内容并要求机动车安全技术检验机构查清核实；预警报警提示信息经核实并非异常情形的，应及时远程核发检验合格标志；属于机动车安全技术检验机构不按机动车国家安全技术标准和国家机动车安全技术检验标准检验、出具虚假检验报告等情形的，应按规定对机动车安全技术检验机构予以处罚。

对发现机动车安全技术检验机构存在以下情形的，公安机关交通管理部门应当核查检验过程、原始检验记录和报告：

1. 检验照片（或视频）所反映检验项目不符合相关标准及规定的；
2. 检验数据存在明显异常的；
3. 机动车安全技术检验监管系统预警提示的；
4. 发现机动车存在被盗抢嫌疑、走私嫌疑、拼装、非法改装等情形的。

（四）检验数据分析

设区的市公安机关交通管理部门车辆管理所应定期分析本地机动车安全技术检验情况，每月将参检率、检验合格率、异地检验率等数据及机动车安全技检验机构违规信息上报省级公安机关交通管理部门；省级公安机关交通管理部门应每月分析机动车安全技术检验异常数据，每季度向公安部交通管理局上报本省机动车安全技术检验情况。数据分析发现异常的，公安机关交通管理部门应及时组织核查；发现机动车安全技术检验机构存在违规情形的，应按规定对机动车安全技术检验机构予以处罚并通报。

省级公安机关交通管理部门应结合本地实际细化机动车安全技术检验监督相关规定，明确机动车安全技术检验远程视频监管中心的建设和运行要求。

（五）违规情形处置

机动车安全技术检验机构存在以下情形之一的，公安机关交通管理部门应当依法处罚，并通报市场监督管理部门：

1. 为未经检验的机动车出具检验合格证明的；
2. 用其他机动车替代检验的；
3. 利用计算机软件等手段篡改或者伪造检验数据和结果的；
4. 为检验不合格机动车出具检验合格证明的；
5. 擅自减少检验项目或者降低检验标准的；
6. 明知是被盗抢、报废、拼装、套牌等机动车仍予以通过检验的。

第五章
机动车安全技术检验

第一节　机动车安全技术检验概述

一、机动车安全技术检验的概念及种类

机动车安全技术检验，是机动车安全技术检验机构根据车辆管理法律法规的要求，为了判定机动车是否符合国家机动车安全技术检验标准和法律法规规定的要求，对机动车的唯一性、安全性和使用情况所进行的全面检验。经检验合格的，由公安机关交通管理部门发给检验合格标志。未取得检验合格标志的车辆，不准上道路行驶。

机动车安全技术检验根据其检验目的和对象的不同，可以分为新车注册登记检验、在用车定期检验以及道路交通事故车检验鉴定三类。

二、机动车安全技术检验机构

机动车安全技术检验机构，是指在中华人民共和国境内依法接受委托，从事机动车安全技术检验，并向社会出具公正数据的技术机构。《道路交通安全法实施条例》第15条第1款规定："机动车安全技术检验由机动车安全技术检验机构实施。机动车安全技术检验机构应当按照国家机动车安全技术检验标准对机动车进行检验，对检验结果承担法律责任。"省级质量技术监督部门负责对机动车安全技术检验机构实行资格管理和计量认证管理，对机动车安全技术检验设备进行检定，对执行国家机动车安全技术检验标准的情况进行监督。《道路交通安全法》第13条规定，"对机动车的安全技术检验实行社会化"。任何单位不得要求机动车到指定的场所进行检验。

根据2014年公安部、国家质量监督检验检疫总局《关于加强和改进机动车检验工作的意见》的规定，检验机构要依法具备独立的法人资格，检验机构及其检验人员承担检验法律责任。检验机构的技术负责人、质量负责人、报告授权签字人要具备机动车相关专业大专以上学历或者中级以上工程技术职称或者技师以上技术等级，有3年以上机动车检验工作经历。检验人员要熟练掌握机动车安全技术标准、检验工作程序和方法、检测仪器的操作规程等。引车员要持有与检测车型相对应的机动车驾驶证，熟练掌握机动车安全技术标准、检验工作程序和方

法等。严格执行政府部门不准经办检验机构等企业的规定,强化检验机构主体责任,规范机动车检验工作程序,严格执行机动车检验标准,推进检验机构规范化建设。

三、机动车安全技术检验的依据

(一)法律规范依据

机动车安全技术检验的法律规范依据主要包括《道路交通安全法》《道路交通安全法实施条例》《机动车登记规定》等;道路交通事故车辆的安全技术检验鉴定还涉及《道路交通事故处理程序规定》,如果属于诉讼(司法)鉴定,诉讼(司法)鉴定的程序必须遵守《刑事诉讼法》《民事诉讼法》的相关规定。

(二)技术标准依据

1. 检验鉴定结论评价的依据。机动车安全技术检验的结论评价主要依据《机动车运行安全技术条件》(GB 7258—2017)。GB 7258是我国机动车安全技术管理最基本的强制性技术标准,是新车注册登记和在用车定期检验、事故车检验等安全技术检验的主要技术依据,同时也是我国机动车新车定型强制性检验、新车出厂检验及进口机动车检验的重要技术依据之一。本标准规定了机动车的整车及主要总成、安全防护装置等有关运行安全的基本技术要求及检验方法,还规定了机动车的环保要求及消防车、救护车、工程救险车和警车的附加要求。

2. 检验项目、方法的依据。机动车安全技术检验项目、方法主要依据《机动车安全技术检验项目和方法》(GB 38900—2020),该标准规定了机动车安全技术检验的检验项目和检验方法等要求。该标准适用于机动车安全技术检验机构对在我国道路上行驶的机动车进行安全技术检验,也适用于进出口机动车检验机构对入境机动车进行安全技术检验。对经有关部门批准进行实际道路试验的机动车进行安全技术检验时,可参照本标准进行。

道路交通事故车辆安全技术检验鉴定项目、方法主要依据《交通事故车辆安全技术检验鉴定》(GA/T 642—2006)。

四、机动车安全技术检验的项目、方法和流程

《机动车安全技术检验项目和方法》(GB 38900—2020)对机动车安全技术检验的项目、方法和流程作出了具体规定。

(一）机动车安全技术检验项目

机动车安全技术检验项目包括人工检验项目和仪器设备检验项目两大类。

1. 人工检验项目。人工检验项目包括车辆唯一性检查、联网查询、车辆特征参数检查、车辆外观检查、安全装置检查、底盘动态检验、车辆底盘部件检查等内容。

2. 仪器设备检验项目。仪器设备检验项目包括对行车制动、驻车制动、前照灯、车速表指示误差以及转向轮横向侧滑量等检验项目。

（二）机动车安全技术检验方法

1. 人工检验项目的检验方法。人工检验项目的检验方法主要采用目视、耳听、操作感知等方式检查以及联网查询、利用简单仪器工具测量等。

2. 仪器设备检验项目的检验方法。仪器设备检验项目的检验方法通常需要借用专用仪器设备进行检验，具体的检验项目和方法见表5-1。

表5-1 仪器设备检验项目和检验方法

	检验项目		检验方法
仪器设备检验	行车制动	空载制动率	采用滚筒反力式制动检验台、平板制动检验台检验，不适宜用制动检验台检验的车辆用便携式制动性能测试仪等路试设备检验
		空载制动不平衡率	
		加载轴制动率	
		加载轴制动不平衡率	
		驻车制动	
	前照灯	远光发光强度	采用前照灯检测仪检验
		远近光光束垂直偏移	
	车速表指示误差		采用车速表检验台检验
	转向轮横向侧滑量		采用侧滑检验台检验

（三）机动车安全技术检验流程

机动车安全技术检验流程如图5-1所示，机动车安全技术检验机构可根据实际情况适当调整检验流程。

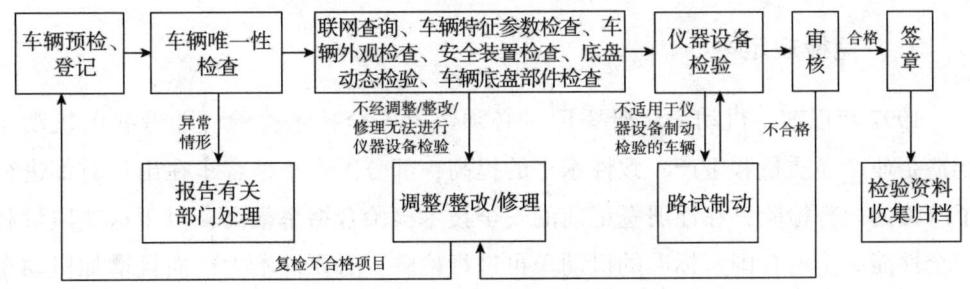

图 5-1 机动车安全技术检验流程

五、机动车安全技术检验的目的及作用

1. 通过对申请登记的机动车进行安全技术检验，可以判定机动车是否符合机动车国家安全技术标准，以便确定是否给予机动车登记、核发牌证，从管理源头上确保机动车安全技术性能的良好。

2. 通过对在用机动车进行定期安全技术检验，可以督促机动车所有人及时保养维护车辆，确保机动车经常处于良好的安全技术状况，减少因车辆性能原因造成的交通事故。同时，通过检验还可以判定机动车是否达到强制报废条件，以便及时实施报废。通过对机动车的定期检测，可以掌握车辆使用情况，预防和打击利用车辆进行危害社会的犯罪活动。

3. 通过对道路交通事故车辆进行安全技术检验鉴定，可以帮助交通事故处理人员查找事故原因，为确定事故赔偿责任提供证据。

4. 公安交通管理部门将机动车检验中发现的普遍问题向机动车生产厂家和维修部门提供情况反馈，为厂家改进机动车产品质量以及提高机动车维修行业的维修质量，提供技术参考。

第二节　注册登记检验

机动车是高度危险的运输工具，其本身的安全性能尤为重要，世界上所有国家毫无例外地对其安全性能提出了严格的准入标准。因此，机动车在申请注册登记前需要到安全技术检验机构进行检验，经检验符合机动车国家安全技术标准的，车辆管理所才能予以登记。

一、免检规定

1997年以前，机动车注册登记时必须经过安全技术检验。随着我国机动车制造企业产品质量和生产一致性水平的提高，部分国产小型客车在出厂时都进行了严格的内部检验，在注册登记前的安全技术检验合格率很高，对于这些质量和安全性能完全符合国家标准的机动车再进行检验，必要性不大，而且增加机动车所有人的经济负担。经过广泛的调查研究，从1997年3月1日起，公安部交通管理局发布了《关于对部分国产车型实施新车免检的通知》（公交管［1997］27号），对部分企业生产的新车在办理注册登记时不再进行安全性能检验，仅确认车辆型号、车身颜色、发动机号、车辆识别代号等技术数据，即可凭机动车制造企业的生产合格证明办理相关手续。2003年8月19日，公安部与国家发展和改革委员会发布了《关于进一步扩大新车入户免上检测线范围的通知》（公交管［2003］143号），扩大了国产新车免检的范围。

根据公安部三十项便民措施的规定，自2003年9月1日起，经海关进口的机动车免予进行安全技术检验，这主要是由于机动车在办理进口手续时，商检部门已经对车辆安全技术性能进行了检验，因此，在注册登记前没必要进行重复检验。

因此，《机动车登记规定》明确，机动车所有人应当到机动车安全技术检验机构对机动车进行安全技术检验，取得机动车安全技术检验合格证明后申请注册登记。但经海关进口的机动车和国务院机动车产品主管部门认定免予安全技术检验的机动车除外。

二、注册登记前应当进行安全技术检验的情形

1. 免予安全技术检验的机动车有下列情形之一的，应当进行安全技术检验：
（1）国产机动车出厂后2年内未申请注册登记的；
（2）经海关进口的机动车进口后2年内未申请注册登记的；
（3）申请注册登记前发生交通事故的。

2. 专用校车办理注册登记前，应当按照专用校车国家安全技术标准进行安全技术检验。

3. 不属于经海关进口的机动车和国务院机动车产品主管部门规定免予安全技术检验的机动车，在注册登记前应当进行安全技术检验，还应当提交机动车安全技术检验合格证明。

第三节 定期检验

一、定期检验的概念、目的和意义

已注册登记的机动车,在规定的时间内必须进行的安全技术检验称为定期检验,习惯也称之为车辆年检,GB 21861 称之为在用机动车检验。

机动车定期检验的目的是检验机动车唯一性和合法性、机动车的安全技术性能、机动车参加第三者责任强制保险以及涉及机动车交通安全违法行为和交通事故处理等情况。

《道路交通安全法》第 13 条规定,对登记后上道路行驶的机动车,应当依照法律、行政法规的规定,根据车辆用途、载客载货数量、使用年限等不同情况,定期进行安全技术检验。按照国家机动车安全技术检验标准,定期检验机动车是否符合国家机动车安全技术标准是机动车安全管理的重要环节,同时也是提高机动车安全技术状况的重要手段,对预防和减少道路交通事故具有十分重要的意义。

二、定期检验的周期

根据《道路交通安全法实施条例》第 16 条之规定,机动车应当从注册登记之日起,按照下列期限进行安全技术检验:

1. 营运载客汽车 5 年以内每年检验 1 次;超过 5 年的,每 6 个月检验 1 次。
2. 载货汽车和大型、中型非营运载客汽车 10 年以内每年检验 1 次;超过 10 年的,每 6 个月检验 1 次。
3. 小型、微型非营运载客汽车 6 年以内每 2 年检验 1 次;超过 6 年的,每年检验 1 次;超过 15 年的,每 6 个月检验 1 次。
4. 摩托车 4 年以内每 2 年检验 1 次;超过 4 年的,每年检验 1 次。
5. 拖拉机和其他机动车每年检验 1 次。

营运机动车在规定检验周期内经安全技术检验合格的,不再重复进行安全技术检验。

根据 164 号令第 62 条的规定,专用校车应当自注册登记之日起每半年进行一次安全技术检验,非专用校车应当自取得校车标牌后每半年进行一次安全技术检验。

各种在用机动车检验周期见表 5-2。

表 5-2 机动车检验周期一览表

车 型	两年一检	一年一检	一年两检	备注
营运载客汽车	——	5 年内	5 年以上	
载货汽车和大型、中型非营运载客汽车	——	10 年内	10 年以上	
小型、微型非营运载客汽车	6 年内	6-15 年	15 年以上	
摩托车	4 年内	4 年以上	——	
校车	——	——	全使用过程	
其他机动车	——	全使用过程		

三、机动车检验合格标志

（一）机动车检验合格标志的概念

检验合格标志是由公安机关交通管理部门核发的，证明机动车经过机动车安全检验机构检验并符合国家有关标准的标志，是准予机动车上道路行驶的法定证件。

（二）机动车检验合格标志分类、规格及适用范围

2008 年 11 月，公安部发布了《机动车检验合格标志》（GA 811—2008），并自 2009 年 1 月 1 日起开始实施。该标准规定了机动车检验合格标志的分类、规格、适用范围、技术要求、检验方法、检验规则以及标志、包装、运输及贮存和生产管理等内容。机动车检验合格标志包括正方形机动车检验合格标志和菱形机动车检验合格标志，其底纹颜色按黄（2011 年）、绿（2012 年）、蓝（2013 年）的顺序 3 年一循环。机动车检验合格标志的分类、规格及适用范围见表 5-3。

表 5-3 机动车检验合格标志的分类、规格及适用范围

序号	分类	规格	适用范围
1	正方形机动车检验合格标志	(75±0.5) mm×(75±0.5) mm 模切圆角半径为 5mm±0.1mm	汽车、有轨电车、挂车、轮式专用机械车
2	菱形机动车检验合格标志	(42±0.5) mm×(24±0.5) mm 边框尺寸为 (35±0.5) mm×(20±0.5) mm	摩托车

（三）机动车检验合格标志的式样

1. 正方形机动车检验合格标志式样如图 5-2 所示。

图 5-2　正方形机动车检验合格标志

2. 菱形机动车检验合格标志式样如图 5-3 所示。

图 5-3　菱形机动车检验合格标志

（四）机动车检验合格标志的申请和核发

《道路交通安全法》第 13 条规定，对提供机动车行驶证和机动车第三者责任强制保险单的，机动车安全技术检验机构应当予以检验，任何单位不得附加其他条件。对符合机动车国家安全技术标准的，公安机关交通管理部门应当发给检验合格标志。

1. 普通机动车检验合格标志的申请和核发。机动车所有人可以在机动车检验有效期满前 3 个月内向车辆管理所申请检验合格标志。除大型载客汽车、校车以外的机动车因故不能在登记地检验的，机动车所有人可以向车辆所在地车辆管理所申请检验合格标志。申请前，机动车所有人应当将涉及该车的道路交通安全违法行为和交通事故处理完毕。申请时，机动车所有人应当确认申请信息并提交行驶证、机动车交通事故责任强制保险凭证、车船税纳税或者免税证明、机动车安全技术检验合格证明。车辆管理所应当自受理之日起 1 日内，审查提交的证明、凭证，核发检验合格标志。对免予到机动车安全技术检验机构检验的机动车，机动车所有人申请检验合格标志时，应当提交机动车所有人身份证明或者行驶证、机动车交通事故责任强制保险凭证、车船税纳税或者免税证明。车辆管理所应当自受理之日起 1 日内，审查提交的证明、凭证，核发检验合格标志。

2. 校车检验合格标志的申请和核发。学校或者校车服务提供者应当在校车检验有效期满前 1 个月内向公安机关交通管理部门申请检验合格标志。公安机关交通管理部门应当自受理之日起 1 日内，审查提交的证明、凭证，核发检验合格标志，换发校车标牌。

3. 机动车检验合格标志电子化。公安机关交通管理部门应当实行机动车检验合格标志电子化，在核发检验合格标志的同时，发放检验合格标志电子凭证。检验合格标志电子凭证与纸质检验合格标志具有同等效力。

（五）补领机动车检验合格标志

机动车检验合格标志作为机动车上路行驶的法定证件之一，必须随车携带，在车辆发生事故、更换挡风玻璃等情形时，容易受到损坏或丢失，因此，明确如何补领或换领机动车检验合格标志的工作程序和时限，可大大方便群众办理相关业务。

机动车检验合格标志灭失、丢失或者损毁，机动车所有人需要补领、换领的，可以持机动车所有人身份证明或者行驶证向车辆管理所申请补领或者换领。对机动车交通事故责任 强制保险在有效期内的，车辆管理所应当自受理之日起 1 日内补发或者换发。

第四节　道路交通事故车辆安全技术检验鉴定

一、道路交通事故车辆安全技术检验鉴定的含义

道路交通事故车辆安全技术检验鉴定，是指对交通事故车辆安全状况所进行的技术检验、分析和判断。《道路交通安全法》第 21 条规定："驾驶人驾驶机动车上道路行驶前，应当对机动车的安全技术性能进行认真检查；不得驾驶安全设施不全或者机件不符合技术标准等具有安全隐患的机动车。"道路交通事故的发

生，往往是人、车、道路和环境等多种因素综合作用的结果，因此，为确定人、车、道路和环境等众多因素在道路交通事故中的作用，原则上应对道路交通事故涉及的机动车的安全性能进行检验，以确认事故车辆的安全设施是否齐全、机件是否符合技术标准及是否具有安全隐患，事故车辆安全技术检验鉴定结果是公安机关交通管理部门分析交通事故成因的重要依据之一。

根据《道路交通安全法实施条例》第15条的规定，机动车安全技术检验由机动车安全技术检验机构实施。机动车安全技术检验机构应当按照国家机动车安全技术检验标准对机动车进行检验，对检验结果承担法律责任。

二、道路交通事故车辆安全技术检验鉴定的意义和目的

（一）事故车辆安全技术检验鉴定的意义

1. 对事故车辆检验鉴定，为查明事故原因、认定事故责任提供证据。

2. 对事故车辆的检验能全面了解受检车型和总体结构、技术性能，从中发现设计制造中的薄弱环节，向车辆制造主管部门和生产厂家提供改进意见，以提高车辆安全技术状况，保障道路交通安全。

3. 对事故车辆进行检验，发现车辆管理工作和车辆安全技术方面的不足和缺陷，为适时改进工作提供资料。

（二）事故车辆安全技术检验鉴定的目的

1. 通过对事故车辆的检验鉴定，可获取交通事故车辆技术状况的鉴定证明材料，为交通事故调查研究处理工作服务。

2. 考查事故车辆单位使用车辆和保养情况，以及公安机关交通管理部门发现车辆技术状况不安全因素，及时给安全监管部门提供资料，做好安全监督工作。

三、道路交通事故车辆安全技术检验鉴定的基本要求

1. 检验鉴定应依法进行。

2. 检验鉴定机构（检验鉴定人）应具备相应的资质，并在省级公安机关交通管理部门备案。

3. 检验鉴定委托单位应出具事故车辆安全技术检验鉴定委托书（以下称鉴定委托书），并提供事故车辆安全技术检验鉴定相关材料。

4. 鉴定委托书内容应符合 GA 40 的要求。

5. 事故车辆安全技术性能是否正常的判定依据是 GB 7258 等国家标准及相关行业标准等。在国家标准、行业标准和地方标准中对相关技术参数、技术要求没有明确规定时，以该车原厂技术资料提供的技术参数和技术条件作为判断依据。对检验数据应认真分析，并对评判结果逐项确认、签注意见。

6. 检验鉴定机构（检验鉴定人）认为有必要勘验交通事故现场、检查事故车辆的，检验鉴定委托单位应予协助。

7. 检验鉴定机构（检验鉴定人）应在检验鉴定后，出具事故车辆安全技术检验鉴定书。

8. 事故车辆安全技术检验鉴定书内容应符合 GA 40 的要求。

四、道路交通事故车辆安全技术检验鉴定的分类

交通事故车辆安全技术检验鉴定按形态分为静态检验鉴定、动态检验鉴定、零部件性能检验鉴定和零部件失效检验鉴定；按车辆的损坏状况分为具有行驶能力的事故车辆安全技术检验鉴定和失去行驶能力的事故车辆安全技术检验鉴定。

（一）静态检验鉴定

对交通事故车辆在静止状态的情况下所进行的技术检验鉴定叫静态检验鉴定。

（二）动态检验鉴定

交通事故车辆在启动发动机和正常行驶条件下所进行的技术鉴定叫动态检验鉴定，动态检验鉴定主要对与交通事故原因直接相关的车辆安全性能进行检验、测试和分析，以判断车辆技术状况。

（三）零部件性能检验鉴定

对影响机动车安全性能的零部件所进行的检验鉴定叫零部件性能检验鉴定。例如，对事故车辆转向机构部件、制动系统部件、轮胎、照明装置、信号装置等所进行的检验鉴定。

（四）具有行驶能力的事故车辆安全技术检验鉴定

具有行驶能力的事故车辆安全技术检验鉴定，是指对不改变事故车辆原始安全技术状况即可恢复行驶能力的机动车的检验鉴定。

（五）失去行驶能力的事故车辆安全技术检验鉴定

失去行驶能力的事故车辆安全技术检验鉴定，是指对因交通事故前发生故障

或在事故发生过程中造成整车、某系统或某零部件损坏，导致丧失行驶能力的机动车的检验鉴定。

五、道路交通事故车辆安全技术检验鉴定项目、方法和手段

（一）具有行驶能力的事故车辆安全技术检验鉴定项目、方法和手段

1. 具有行驶能力的事故车辆安全技术检验鉴定，主要以动态检验鉴定为主。如动态检验鉴定无法确定事故原因的，应辅以静态检验鉴定和零部件性能检验鉴定。

2. 应首选在有资质的机动车安全技术检验机构进行检验。若机动车安全技术检验机构无法满足检测要求，应进行必要的路试检测或现场模拟实验。动态检验鉴定必须在确保安全的条件下进行。

3. 根据对交通事故形成原因的分析，确定事故车辆静态检验鉴定的重点部位，根据表5-4所列项目选择相关项目进行检验鉴定。

4. 承担事故车辆检验鉴定工作的检验鉴定机构（检验鉴定人）应对机动车安全技术检验机构出具的检测、检验结果进行审核。对检测、检验结果有疑问的，应及时进行复检；或根据需要进行路试检测、事故现场模拟实验，或拆解必要的总成、部件。

5. 需进行交通事故现场模拟实验时，检验鉴定委托单位应积极配合，并做好实验现场的安全防护工作。

6. 依据检验、检测结果，结合事故产生的其他相关因素进行综合分析，得出检验鉴定结论。

表5-4 具有行驶能力的事故车辆安全技术检验鉴定项目、依据及方法和手段

序号	检验、鉴定项目	检验、鉴定依据	检验、鉴定方法与手段	备注
1	唯一性认定	GA 468	检视	
2	整车、车身及附件	GB 7258、GA 468	检视	
3	发动机/发动机舱	GA 468	检视、检测	
4	故障警告灯/故障码	GB/T 18344	检测，汽车解码器	
5	刮水器/挡风玻璃清洗器	GB 7258、GB/T 18344	检测	
6	悬挂	GB 7258、GB 18565	检视、检测	
7	侧滑量	GB 7258	检测，汽车侧滑检验台	

续表

序号	检验鉴定项目	检验鉴定依据	检验鉴定方法与手段	备注
8	四轮定位	GB 7258、GB/T 18344	检测,车轮定位仪	
9	车轮、轮胎	GB 7258、GA 468	检视、检测,轮胎气压表、花纹深度计、动平衡仪	
10	转向性能	GB 7258、GA 468	检视、检测,方向盘转向力角检测仪	
11	制动性能	GB 7258、GA 468	检视、检测,滚筒反力式或平板式制动试验台、便携式制动性能测试仪	
12	照明、信号装置	GB 7258	检验、检测,前照灯检测仪	
13	车速表	GB 7258	检测,滚筒式车速检验台	
14	喇叭声级	GB 7258	检测,声级计	
15	安全防护装置	GB 7258	检视、检测	

(二)失去行驶能力的事故车辆安全技术检验鉴定项目、方法和手段

1. 失去行驶能力的交通事故车辆,其技术状况的检验鉴定以静态检验鉴定为主。通过对部分总成的相关工作参数及工作状况进行检测、检验,或通过拆解检验其主要零部件,分析、判断该系统或零部件的基本技术状况,推导出检验结果对该系统技术状况或对整车安全性能所造成的影响。

2. 根据事故调查需要,确定交通事故车辆静态检验鉴定的重点部位,根据表5-5所列项目选择相关项目进行检验鉴定。

3. 检验鉴定中如发现某部件功能失效或部分失效对事故形成具有影响,检验鉴定人员应委托专业性实验室对零部件性能进行检验鉴定。

4. 依据检验、检测结果,结合其他相关因素进行综合分析,得出检验鉴定结论。

表 5–5　失去行驶能力事故车辆的检验鉴定项目、依据、方法和手段

编号	项目	检测项目	判别依据、方法和手段	备注
1	制动系	供能装置	GB 7258 第 7.1 条	
		控制装置	GB 7258 第 7.1.4 条	
		传能装置	GB 7258 第 7.1.8 条	
		制动器	GB 7258 第 7.2.5 条、GB 12676	
		驻车制动器	GB 7258 第 7.4 条	
2	转向系	转向操作机构	GB 7258 第 6.3、6.4 条	
		转向传动机构	GB 7258 第 6.12 条	
		转向助力装置	GB 7258 第 6.9 条	
		转向器	GA 468 第 6.2、7.2 条	
3	行驶系	轮胎	GB 7258 第 9.1、9.2 条	
		车轮	GB 7258 第 9.3、9.4、9.5 条	
		悬架	GB 7258 第 9.6、9.7、9.8 条	
		车架	GB 7258 第 9.9 条	
		车桥	GB 7258 第 9.10、9.11 条	
4	电源、照明信号装置及电控系统	蓄电池	GB 7258 第 8.5.2 条	
		照明、信号装置	GB 7258 第 8.1、8.2、8.3、8.4 条	
		电控系统	GB/T 18344	
5	传动系	离合器	GB 7258 第 10.1 条	
		变速器及分动器	GB 7258 第 10.2 条	
		万向传动装置	GB 7258 第 10.3 条	
		驱动桥	GB 7258 第 10.4 条	
6	发动机	装置齐全性	GB 7258 第 5 条	
		基本性能	GB 7258 第 5 条	
7	车身及附件	车身壳体及车门、车窗	GB 7258 第 11 条	
		车身附属装置	GB 7258 第 11、12 条	
		货箱	GB 7258 第 12 条	
8	专用装置		GB 7258 第 12 条	

续表

编号	项目	检测项目	判别依据、方法和手段	备注
9	摩托车	车辆唯一性认证	GA 468 第 6.1.1.1 条	
		车身及附件	GA 468 第 6.1.1.2 条	
		发动机	GA 468 第 6.4.1.2 条	
		轮胎及行走系	GA 468 第 6.4.2 条	
		制动系	GA 468 附录 I	
		传动系	GA 468 附录 I	
		悬挂系	GB 7258 第 6.4.1.1.1 条	
		灯光及信号系统	GB 7258 第 6.4.2.4 条	

六、道路交通事故车辆安全技术检验鉴定流程

事故车辆安全技术检验鉴定一般流程如图 5-4 所示。

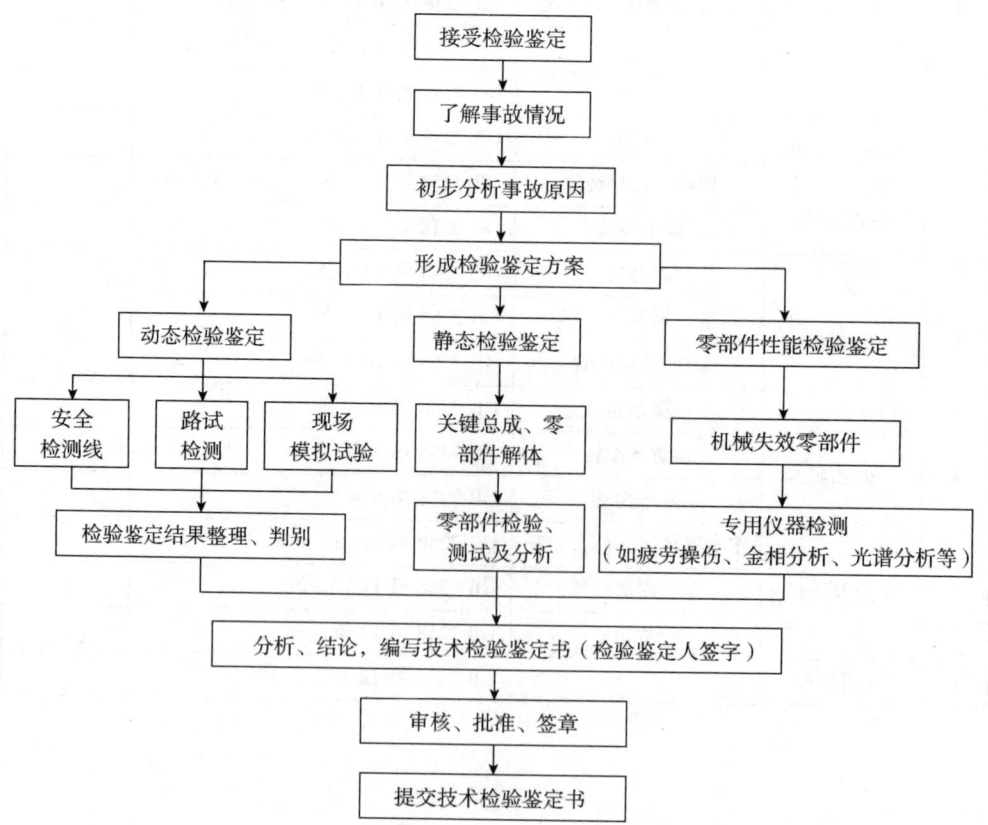

图 5-4 事故车辆安全技术检验鉴定一般流程图

(一) 确定鉴定方案

鉴定机构接受委托人的委托，鉴定人在鉴定前首先要了解事故的基本情况，包括研究事故现场勘验图、发生交通事故时的运行条件（道路、天气状况及周边障碍物状况等）、事故现场照片（含录像）、车辆行驶证、当事人驾驶证及当事人的询问笔录等案卷资料，确认事故形态。根据事故形态对事故过程和事故成因做初步分析。根据事故过程的初步推论，分析与事故关联的系统原因，确定事故车辆检测、检验的重点项目或部位。根据事故车辆的损坏状况和有无行驶能力，确定鉴定方案。

(二) 事故车辆的动态检验鉴定流程

1. 对具有行驶能力的事故车辆以动态检验鉴定为主，有条件的，首选安全检测线检测，安全检测线检测速度快、效率高。如果没有安全检测线或安全检测线不能检测的项目，可以采用路试检测的方法，路试检验的结果能够较为准确地反应整车的技术状况，但必须严格按照相关标准规定的试验条件和试验方法进行试验。如果事故车不能满足或不需要满足相关标准规定的试验条件，为了检测事故车事故前的技术状况，可以采用现场模拟试验的方法进行检验，用于再现事故前的工作状态，如现场满载情况下最高车速及烟度模拟等，这种方法的试验结果能够准确地反应整车事故前在特定环境下的工作状况，但试验现场交通状况复杂、危险性大。

2. 如果在动态检验鉴定过程中发现与交通事故有关的零部件损坏，视情况进行必要的零部件失效检验鉴定。

3. 检验鉴定结果整理、编制技术鉴定书。对动态检验鉴定进行整理、分析，如果得到的结论十分确切，事故成因清楚的，就可以编制技术鉴定书。鉴定书编制完成后，送审、批准、签章，最后提交鉴定书。

4. 如果得到的结论不确切，事故成因不清楚，还有诸多疑点的，就必须进行必要的静态检验，或直接对关键的零部件进行检验。

(三) 事故车辆的静态检验鉴定流程

需要进行事故车辆静态检验鉴定的主要包括两类：一类是具有行驶能力的事故车在动态检验中发现问题，但不能确定具体原因的，动态鉴定结论不确切的，根据实际情况，具体分析、判断需要进行静态鉴定的；另一类是丧失行驶能力的事故车辆。

1. 交通事故车辆的静态检验一般可以分为两部分：一是整车（未受损的状

况)、系统或总成的相关工作参数及工作状况的检验(不解体);二是关键总成零部件的解体,零部件的性能检测、分析。

2. 如果在静态检验鉴定过程中发现与交通事故有关的零部件损坏,视情况需要进行必要的零部件失效检验鉴定。

3. 如果在静态检验鉴定过程中未发现与交通事故有关的零部件损坏,对检验鉴定结果进行整理、编制技术鉴定书。

4. 技术鉴定书编制完成后,送审、批准、签章,最后提交鉴定书。

(四)零部件失效检验鉴定流程

1. 确定需要进行失效鉴定的零部件。需要进行事故车辆零部件失效检验鉴定的主要包括两类:一类是在动态或静态检验中发现失效的零部件,根据实际情况判断需要进行零部件失效检验鉴定的;另一类是在常规检视过程中发现事故前或事故中损坏的、可能与事故有关的零部件。

2. 零部件失效鉴定。零部件失效鉴定是针对具体零件的失效鉴定,如轮胎爆胎、转向器轴断裂、制动鼓制造质量、制动气室漏气检验等。零部件失效鉴定是通过专用仪器进行疲劳损伤、金相分析,光谱、色谱分析等,来判定零件是否失效。

3. 检验鉴定结果整理、编制技术鉴定书。经过对鉴定结果的整理、判别,结合其他相关因素进行综合分析,得出鉴定结论,编制技术鉴定书。编制完成后,送审、批准、签章,最后提交鉴定书。

第六章
机动车保险和交通事故
社会救助基金

第一节 机动车保险概述

一、风险与保险

(一) 风险

风险,是指在某一个特定环境下、某一特定时间内,某种损失发生的不确定性。它有如下几层含义:

1. 导致损失的随机事件是否发生不确定;
2. 损失发生的时间不确定;
3. 损失发生的地点不确定;
4. 损失发生后造成的损失程度和范围不确定,即不可预见和不可控制。

风险的构成包括:风险因素、风险事故和风险损失。

(二) 可保风险

所谓可保风险,是指符合保险人承保条件的风险,是完全满足概率论和大数法则所要求的风险条件、损失能自动实现在投保者之间进行分散和补偿的风险。可保风险一般具有以下几个特征:

1. 风险必须是纯粹的风险;
2. 风险必须是标的均有遭受损失的可能,这决定了人们对保险需求的普遍性;
3. 风险必须是大量的、同质的、具有现实的可测性,这是保险公司能够经营风险、确定费率的基础;
4. 风险必须有导致重大损失的可能,这是人们愿意购买保险的动力;
5. 风险不能使大多数的保险对象同时遭受损失,这是保险公司能够盈利经营的前提。

(三) 保险的概念及要素

1. 保险的概念及相关术语。

(1) 保险。《保险法》第 2 条规定,保险,是指投保人根据合同约定,向保险人支付保险费,保险人对于合同约定的可能发生的事故因其发生所造成的财产损失承担赔偿保险金责任,或者当被保险人死亡、伤残、疾病或者达到合同约定的年龄、期限等条件时承担给付保险金责任的商业保险行为。

（2）保险合同。保险合同是投保人与保险人约定保险权利义务关系的协议。

（3）投保人，是指与保险人订立保险合同，并按照合同约定负有支付保险费义务的人。

（4）保险人，是指与投保人订立保险合同，并按照合同约定承担赔偿或者给付保险金责任的保险公司。

（5）保险利益，是指投保人或者被保险人对保险标的具有的法律上承认的利益。

2. 保险的要素。

（1）可保风险；

（2）多数人同质风险的集合与分散；

（3）费率的合理厘定；

（4）保险基金的建立；

（5）订立保险合同。

二、机动车保险的含义

机动车保险，简称车险，是以机动车本身或机动车所有人或驾驶人因驾驶机动车发生意外事故所负的责任为保险标的的保险。机动车保险既属于狭义财产保险范畴，又属于责任保险范畴，是一个综合性的险种。最初，机动车保险承保的标的只有汽车，随着其发展，保险标的范围扩大，除汽车外，还有电车、蓄电池车、摩托车、拖拉机、各种专用机械以及特种车。目前，世界上许多国家仍沿用汽车保险这一名称，而我国已于1983年11月将其改为机动车保险，使其有了更规范的名称。

三、机动车保险的作用

机动车保险发挥了"损失补偿"的职能。扩大了人们对汽车的需求；稳定了社会公共秩序；促进了汽车安全性能的提高。

四、机动车保险的特点

（一）自身特点

1. 保险标的流动性。机动车保险的标的物（机动车）本身是处在流动的状态，机动车发生交通事故的时间和地点不确定，导致一是核保时"验标承保"难，只能依赖投保人的诚信；二是事故发生时检验定损难，保险人应建立和完善查勘检验网络。

2. 出险频率高。据统计，近年来，全世界每年因交通事故死亡的人数约为100万人，另外，还有盗抢事故、火灾事故、水灾事故、雹灾事故等，导致机动车保险的出险频率极高。

（二）与其他险种相比较的特点

1. 占财产险比重大。机动车保险保费收入占各大保险公司财产险保费收入的50%以上，为财产险公司的"支柱险种"。

2. 对象广泛且差异大。对象包括被保险人和保险标的。

3. 机动车保险是各保险公司竞争焦点。随着汽车保有量逐年上升，机动车保险保源相对稳定，并不断扩大。各公司集中精兵强将，展开竞争。让社会各界通过机动车保险窗口领略保险公司的承保、理赔，这决定对整个产险的接受程度。

4. 机动车保险是新技术的试验田。机动车保险面广、量大、品种相对单一，便于新技术推广试验。例如，网上销售和电话销售先在机动车保险中被应用。

5. 道德风险普遍。在财产保险业务中，机动车保险是道德风险的"重灾区"。机动车保险具有标的流动性强、户籍管理中存在缺陷、保险信息不对称等特点，加之机动车保险条款不完善，相关的法律环境不健全以及机动车保险经营中的特点和管理中存在的一些问题与漏洞都给不法之徒以可乘之机，使机动车保险诈骗案件时有发生。

第二节　机动车商业保险

2000年，中国保险监督管理委员会统一制定了《机动车车辆保险条款》，在此条款的指导下，全国机动车保险实行统一的条款和刚性的费率。2003年开始在全国范围内推行车险制度改革，核心是实现车险产品的费率市场化，并建立起以偿付能力为核心的新型车险监管体制，各家保险公司结合自身特点推出了具有特色的机动车保险产品。

自2007年4月1日起，全国正式启用2007版机动车商业保险产品。2007版机动车商业保险共有A、B、C三套条款,这三套条款只是对机动车损失保险和第三者责任保险两个主要险种的条款进行了统一,其他险种的条款由各保险公司自己制定,报保险监督管理部门备案,各保险公司在A、B、C三套条款中任选其一。这种相对集中统一的商业车险条款和费率管理制度在当时市场情况下,对保护被保险人利益、维护正常市场秩序起到了积极作用。但随着经济社会的发展、法律的调整及行业本身的变化,现行制度不适应外部环境变化的问题逐步显现,主要表现为条款不适应司法实践的变化、监管定位不够清晰、行业转型缺乏动力、消费者保护不到位等。

2014年中国保险行业协会颁布了新条款,并确定黑龙江、山东、广西、重庆、陕西和青岛6个保监局所辖地区为改革试点地区。从2015年6月1日起,财产保险公司可以根据相关要求申报商业车险条款、费率。从2016年1月1日起,天津、内蒙古、吉林、安徽、河南、湖北、湖南、广东、四川、青海、宁夏、新疆12个保监局所辖地区的商业车险也被纳入改革试点范围之内。到2016年7月1日之前,北京、河北、山西、辽宁、上海、江苏、浙江、福建、江西、海南、贵州、云南、西藏、甘肃、深圳、大连、宁波、厦门作为第三批车险改革试点地区启用新商业车险条款、费率。

2020年,银保监会发布《关于实施车险综合改革的指导意见》并于9月19日开始实施,以"保护消费者权益"为主要目标,丰富车险产品,扩大保障范围和保障额度,改进车险服务,提升车险经营效率和服务能力,提高消费者满意度。具体包括:市场化条款费率形成机制建立、保障责任优化、产品服务丰富、附加费用合理、市场体系健全、市场竞争有序、经营效益提升、车险高质量发展等。同时支持行业制定新能源车险、驾乘人员意外险、机动车延长保修险示范条款,探索在新能源汽车和具备条件的传统汽车中开发机动车里程保险(UBI)等创新产品,为消费者提供更加规范和丰富的车险保障服务。

一、机动车商业保险的险种

《中国保险行业协会机动车商业保险示范条款(2020版)》规定,机动车商业保险的险种分主险和附加险两部分。

(一)主险

在2020年9月19日正式实施的《关于实施车险综合改革的指导意见》中,主险包括机动车损失保险、机动车第三者责任保险、机动车车上人员责任保险共三个独立的险种。投保人可以选择投保全部险种，也可以选择投保其中部分险种。保险人依照本保险合同的约定，按照承保险种分别承担保险责任。

(二) 附加险

附加险不能独立投保。《中国保险行业协会机动车商业保险示范条款（2020版）》中规定的附加险有：附加绝对免赔率特约条款、附加车轮单独损失险、附加新增加设备损失险、附加车身划痕损失险、附加修理期间费用补偿险、附加发动机进水损坏除外特约条款、附加车上货物责任险、附加精神损害抚慰金责任险、附加法定节假日限额翻倍险、附加医保外医疗费用责任险、附加机动车增值服务特约条款。

附加险条款与主险条款相抵触之处，以附加险条款为准，附加险条款未尽之处，以主险条款为准。

二、机动车第三者责任保险

责任保险，是指以被保险人对第三者依法应负的赔偿责任为保险标的的保险。在保险期间内，被保险人或其允许的合法驾驶人在使用保险车辆过程中发生意外事故，致使第三者遭受人身伤亡和财产的直接损毁，依法应由被保险人承担的经济赔偿责任，保险人对于超过机动车交通事故责任强制保险（以下简称交强险）各分项赔偿限额以上的部分，按照本保险合同的规定负责赔偿。

(一) 责任免除

1. 不属于第三者范围的。

（1）被保险人及其家庭成员的人身伤亡、所有或代管的财产的损失；

（2）被保险机动车本车驾驶人及其家庭成员的人身伤亡、所有或代管的财产的损失；

（3）被保险机动车本车上其他人员的人身伤亡或财产损失。

2. 责任免除。

（1）事故发生后，被保险人或驾驶人故意破坏、伪造现场、毁灭证据，保险人不负责赔偿。

（2）驾驶人有下列情形之一者，保险人不负责赔偿：交通肇事逃逸；饮酒、吸食或注射毒品、服用国家管制的精神药品或者麻醉药品；无驾驶证，驾驶证被依法扣留、暂扣、吊销、注销期间；驾驶与驾驶证载明的准驾车型不相符的机动车；非被保险人允许的驾驶人。

(3) 被保险机动车有下列情形之一者，保险人不负责赔偿：发生保险事故时被保险机动车行驶证、号牌被注销的；被扣留、收缴、没收期间；竞赛、测试期间，在营业性场所维修、保养、改装期间；全车被盗窃、被抢劫、被抢夺、下落不明期间。

(4) 下列原因导致的人身伤亡、财产损失和费用，保险人不负责赔偿：战争、军事冲突、恐怖活动、暴乱、污染（含放射性污染）、核反应、核辐射；第三者、被保险人或驾驶人故意制造保险事故、犯罪行为，第三者与被保险人或其他致害人恶意串通的行为；被保险机动车被转让、改装、加装或改变使用性质等，导致被保险机动车危险程度显著增加，且未及时通知保险人，因危险程度显著增加而发生保险事故的。

(5) 下列人身伤亡、财产损失和费用，保险人不负责赔偿：被保险机动车发生意外事故，致使任何单位或个人停业、停驶、停电、停水、停气、停产、通讯或网络中断、电压变化、数据丢失造成的损失以及其他各种间接损失；第三者财产因市场价格变动造成的贬值，修理后因价值降低引起的减值损失；被保险人及其家庭成员、驾驶人及其家庭成员所有、承租、使用、管理、运输或代管的财产的损失，以及本车上财产的损失；被保险人、驾驶人、本车车上人员的人身伤亡；停车费、保管费、扣车费、罚款、罚金或惩罚性赔款；超出《道路交通事故受伤人员临床诊疗指南》和国家基本医疗保险同类医疗费用标准的费用部分；律师费，未经保险人事先书面同意的诉讼费、仲裁费；投保人、被保险人或驾驶人知道保险事故发生后，故意或者因重大过失未及时通知，致使保险事故的性质、原因、损失程度等难以确定的，保险人对无法确定的部分，不承担赔偿责任，但保险人通过其他途径已经知道或者应当及时知道保险事故发生的除外；因被保险人违反《中国保险行业协会机动车商业保险示范条款（2020版）》第28条约定，导致无法确定的损失；精神损害抚慰金；应当由机动车交通事故责任强制保险赔偿的损失和费用；保险事故发生时，被保险机动车未投保机动车交通事故责任强制保险或机动车交通事故责任强制保险合同已经失效的，对于机动车交通事故责任强制保险责任限额以内的损失和费用，保险人不负责赔偿。

(二) 事故责任比例确定

保险人依据被保险机动车驾驶人在事故中所负的事故责任比例，承担相应的赔偿责任。被保险人或被保险机动车驾驶人根据有关法律法规规定选择自行协商或由公安机关交通管理部门处理事故未确定事故责任比例的，按照下列规定确定事故责任比例：

1. 被保险机动车方负主要事故责任的，事故责任比例为70%；
2. 被保险机动车方负同等事故责任的，事故责任比例为50%；
3. 被保险机动车方负次要事故责任的，事故责任比例为30%。

涉及司法或仲裁程序的，以法院或仲裁机构最终生效的法律文书为准。

（三）赔偿金额计算

赔偿金额计算按照交通事故处理和人身损害赔偿的相关规定扣除交强险的分项赔偿限额后，在保险单载明的责任限额内核定赔偿金额。

1. 当（依合同约定核定的第三者损失金额−机动车交通事故责任强制保险的分项赔偿限额）×事故责任比例等于或高于每次事故赔偿限额时：

赔款＝每次事故责任限额

2. 当（依合同约定核定的第三者损失金额−机动车交通事故责任强制保险的分项赔偿限额）×事故责任比例低于每次事故赔偿限额时：

赔款＝（依合同约定核定的第三者损失金额−机动车交通事故责任强制保险的分项赔偿限额）×事故责任比例

第三节　机动车交通事故责任强制保险

一、强制汽车保险

（一）产生背景

第一次世界大战后，随着汽车的大量生产和分期付款促销方式的出现，普通平民开始拥有汽车。然而，当时的汽车价格仍是不菲，购车时几乎花费了所有积蓄，出现了无力购买车险或无相应财产做担保的驾车人。当事故发生时不仅自己的损失无法弥补，而且意外事故受害人的损害也无法得到及时有效的赔偿。同时，有的驾车人虽然购买了汽车保险，但因保险责任限额很低，也无法弥补受害人的经济损失。为了改变这种状况，许多国家和地区相继制定有关法令，强制实行汽车责任保险，以确保受害人能够得到及时的补偿。

（二）强制汽车责任保险的特征

1. 强制汽车责任保险具有强制性。《保险法》规定的投保原则是自愿与合同制度，一般的汽车责任保险都依据《保险法》办理。而强制汽车责任保险要求所有上道路行驶的机动车和机动车驾驶人必须依法投保该险种，同时，具有经营强制保险资质的保险公司不得拒绝承保和随意解除保险合同。

2. 强制汽车责任保险对第三者的利益具有基本保障性。一般的汽车责任保险投保人可以自愿选择，其目的是保障被保险人的利益，将汽车因保险事故所负的赔偿责任以保险方式转移给保险人，为被保险人提供经济保障。而强制汽车责任保险的目的是使事故受害者能获得合理的基本保障，实质上是保障第三者的利益，以维护社会的安定。

3. 强制汽车责任保险具有公益性。其费率通常由政府统一定制，且保险费率相对较低。

二、我国机动车强制责任保险的发展历程

2004年5月1日起实施的《道路交通安全法》首次提出"建立机动车第三者责任强制保险制度，设立道路交通事故社会救助基金"。

2006年3月21日，国务院颁布《机动车交通事故责任强制保险条例》（以下简称《交强险条例》），机动车第三者责任强制保险从此被"交强险"代替，条例规定自2006年7月1日起实施。

2012年3月30日，国务院决定对《交强险条例》作如下修改：第5条第1款修改为："保险公司经保监会批准，可以从事机动车交通事故责任强制保险业务。"在2006年7月1日起施行的旧版条例中，允许从事交强险业务的只限于"中资保险公司"。去掉"中资"两个字，意味着中国正式向外资保险公司开放交强险市场，中国保险业进入全面开放阶段。

2012年12月17日，国务院决定对《交强险条例》作如下修改：增加1条，作为第43条："挂车不投保机动车交通事故责任强制保险，发生道路交通事故造成人身伤亡、财产损失的，由牵引车投保的保险公司在机动车交通事故责任强制保险责任限额范围内予以赔偿；不足的部分，由牵引车方和挂车方依照法律规定承担赔偿责任。"本决定自2013年3月1日起施行。

2016年2月6日，国务院决定对《交强险条例》作如下修改：删去第5条第1款中的"经保监会批准"；第3款中的"未经保监会批准"修改为"除保险公司外"。删去第10条中的"具备"和"资格"。第36条中的"未经保监会批准"修改为"保险公司以外的单位或者个人"。删去第37条。

2019年3月18日，国务院决定对《交强险条例》作如下修改：删去《机动车交通事故责任强制保险条例》第4条第1款中的"（以下称保监会）"；条例中所有出现的"保监会"修改为"国务院保险监督管理机构"。

三、机动车交通事故责任强制保险的相关概念

《交强险条例》第3条规定，本条例所称机动车交通事故责任强制保险，是指由保险公司对被保险机动车发生道路交通事故造成本车人员、被保险人以外的受害人的人身伤亡、财产损失，在责任限额内予以赔偿的强制性责任保险。

（一）交强险与第三者责任强制保险可看作同一概念

我国的机动车责任强制保险，《道路交通安全法》的提法是"机动车第三者责任强制保险"，交强险没有直接使用"第三者"的概念，但从交强险的保障范围来看，将保险车辆的车上人员及被保险人排除在其保障的受害人之外，与之前习惯使用的"机动车第三者责任强制保险"并无不同。换句话说，交强险与第三者责任强制保险可看作同一概念。

（二）几个相关概念

1. 投保人，是指与保险公司订立机动车交通事故责任强制保险合同，并按照合同负有支付保险费义务的机动车的所有人、管理人。

2. 保险人，是指与投保人订立保险合同，并按照合同约定承担赔偿或者给付保险金责任的保险公司。

3. 被保险人，是指投保人及其允许的合法驾驶人。

4. 受害人，是指因被保险机动车发生交通事故遭受人身伤亡或者财产损失的人，但不包括被保险机动车本车车上人员、被保险人。

5. 责任限额，是指被保险机动车发生交通事故，保险人对每次保险事故所有受害人的人身伤亡和财产损失所承担的最高赔偿金额。责任限额分为死亡伤残赔偿限额、医疗费用赔偿限额、财产损失赔偿限额以及被保险人在道路交通事故中无责任的赔偿限额。其中，无责任的赔偿限额分为无责任死亡伤残赔偿限额、无责任医疗费用赔偿限额以及无责任财产损失赔偿限额。

6. 抢救费用，是指机动车发生道路交通事故导致人员受伤时，医疗机构参照国务院卫生主管部门组织制定的有关临床诊疗指南，对生命体征不平稳和虽然生命体征平稳但如果不采取处理措施会产生生命危险，或者导致残疾、器官功能障碍，或者导致病程明显延长的受伤人员，采取必要的处理措施所发生的医疗费用。

（三）如何确定第三者——请求权人

《交强险条例》第21条第1款规定："被保险机动车发生道路交通事故造成本车人员、被保险人以外的受害人人身伤亡、财产损失的，由保险公司依法在机动车交通事故责任强制保险责任限额范围内予以赔偿。"从该规定可以看出，《交强险条例》所保障的第三者是指除被保险车辆的车上人员及被保险人之外的交通事故受害人，也即所谓的小三者。

四、费率和责任限额

（一）2006版交强险的基础费率及责任限额

2006年6月20日，中国保监会正式公布了交强险的基础费率和责任限额（见表6-1）。其中，最受关注的家庭6座以下的自用汽车的基础费率定为1050元，责任限额（保额）是6万元。

表6-1 机动车交通事故责任强制保险基础费率表（2006版）

金额单位：人民币元

车辆使用性质	车型				
家庭自用汽车	6座以下	6座以上	—	—	—
	1050	1100			
非营业客车	6座以下	6-10座	10-20座	20座以上	
企业	1000	1190	1300	1580	—
党政机关、事业团体	950	1070	1140	1320	
营业客车	6座以下	6-10座	10-20座	20-36座	36座以上
出租、租赁	1800	2360	2580	3730	3880
城市公交	—	2250	2520	3270	4250
公路客运	—	2350	2620	3420	4690
非营业货车	2吨以下	2-5吨	5-10吨	10吨以上	—
	1200	1630	1750	2220	
营业货车	2吨以下	2-5吨	5-10吨	10吨以上	
	1850	3070	3450	4480	
特种车	特种车型一	特种车型二	特种车型三	特种车型四	—
	6040	2430	1320	5660	
摩托车	50CC及以下	50CC-250C（含）	250CC以上及侧三轮		
	120	180	400		

续表

车辆使用性质	车型				金额单位：人民币元
拖拉机	农用型拖拉机14.7kW及以下	农用型拖拉机14.7kW以上	运输型拖拉机14.7kW及以下	运输型拖拉机14.7kW以上	—
	待定	待定	待定	待定	—

1. 座位和吨位的分类都按照"含起点不含终点"的原则来解释。
2. 特种车一：油罐车、汽罐车、液罐车、冷藏车；
   特种车二：用于牵引、清障、清扫、清洁、起重、装卸、升降、搅拌、挖掘、推土等各种专用机动车；
   特种车三：装有固定专用仪器设备从事专业工作的监测、消防、医疗、电视转播等各种专用机动车；
   特种车四：集装箱拖头。
3. 挂车根据实际使用性质并按照对应吨位货车的50%计算。

1. 2006版交强险的基础费率。2006版交强险的基础费率共分42种，家庭自用车、非营业客车、营业客车、非营业货车、营业货车、特种车、摩托车和拖拉机8大类42小类车型保险费率各不相同。但对同一车型，全国执行统一价格。

2. 2006版交强险的责任限额。责任限额分为死亡伤残赔偿限额、医疗费用赔偿限额、财产损失赔偿限额以及被保险人在道路交通事故中无责任的赔偿限额。其中，无责任的赔偿限额分为无责任死亡伤残赔偿限额、无责任医疗费用赔偿限额以及无责任财产损失赔偿限额。交强险的责任限额（每次保险事故的最高赔偿金额）全国统一定为6万元人民币。在6万元总的责任限额下，实行分项限额，具体为：死亡伤残赔偿限额5万元、医疗费用赔偿限额8000元、财产损失赔偿限额2000元。有责赔偿情况下，6万元是最高限额；无责赔偿情况下，分别按三项限额的20%计算，赔偿总额不会超过1.2万元。

（二）《机动车交通事故责任强制保险费率方案》（2008版）

保监会批准通过了由保险行业协会制定的《机动车交通事故责任强制保险费率方案》（2008版），调整后的交强险费率方案从2008年2月1日零时起执行。与旧版相比，新费率方案中的交强险死亡伤残赔偿限额和医疗费用赔偿限额实行了上调，而一直争议不断的无责财产损失赔偿的限额则实行了下调。

1. 2008版交强险的基础费率。2008版交强险的基础费率相比2006版都有所下调，家庭6座以下的自用汽车的保费定为950元，具体的机动车交通事故责任强制保险基础费率见表6-2。

2. 2008版交强险的责任限额。根据2008版方案,交强险总责任限额将由现行的6万元上调至12.2万元。其中,死亡伤残赔偿限额由5万元上调至11万元,医疗费用赔偿限额由现行的8000元提高到1万元,财产损失赔偿限额保持不变(2000元)。被保险人在交通事故中无责任的情况下,死亡伤残赔偿限额为1.1万元,医疗费用赔偿限额为1000元,财产损失赔偿限额为100元。2008版的具体责任限额见表6-3。

表6-2 机动车交通事故责任强制保险基础费率表(2008版)

车辆大类	序号	车辆明细分类	保费(元)
一、家庭自用车	1	家庭自用汽车6座以下	950
	2	家庭自用汽车6座及以上	1100
二、非营业客车	3	企业非营业汽车6座以下	1000
	4	企业非营业汽车6-10座	1130
	5	企业非营业汽车10-20座	1220
	6	企业非营业汽车20座以上	1270
	7	机关非营业汽车6座以下	950
	8	机关非营业汽车6-10座	1070
	9	机关非营业汽车10-20座	1140
	10	机关非营业汽车20座以上	1320
三、营业客车	11	营业出租租赁6座以下	1800
	12	营业出租租赁6-10座	2360
	13	营业出租租赁10-20座	2400
	14	营业出租租赁20-36座	2560
	15	营业出租租赁36座以上	3530
	16	营业城市公交6-10座	2250
	17	营业城市公交10-20座	2520
	18	营业城市公交20-36座	3020
	19	营业城市公交36座以上	3140
	20	营业公路客运6-10座	2350
	21	营业公路客运10-20座	2620
	22	营业公路客运20-36座	3420
	23	营业公路客运36座以上	4690

续表

车辆大类	序号	车辆明细分类	保费（元）
四、非营业货车	24	非营业货车2吨以下	1200
	25	非营业货车2-5吨	1470
	26	非营业货车5-10吨	1650
	27	非营业货车10吨以上	2220
五、营业货车	28	营业货车2吨以下	1850
	29	营业货车2-5吨	3070
	30	营业货车5-10吨	3450
	31	营业货车10吨以上	4480
六、特种车	32	特种车一	3710
	33	特种车二	2430
	34	特种车三	1080
	35	特种车四	3980
七、摩托车	36	摩托车50CC及以下	80
	37	摩托车50CC-250CC（含）	120
	38	摩托车250CC以上及侧三轮	400
八、拖拉机	39	兼用型拖拉机14.7kW及以下	按保监产险［2007］53号实行地区差别费率
	40	兼用型拖拉机14.7kW以上	
	41	运输型拖拉机14.7kW及以下	
	42	运输型拖拉机14.7kW以上	

1. 座位和吨位的分类都按照"含起点不含终点"的原则来解释。
2. 特种车一：油罐车、汽罐车、液罐车；
   特种车二：专用净水车、特种车以外的罐式货车，以及用于清障、清扫、清洁、起重、装卸、升降、搅拌、挖掘、推土、冷藏、保温等各种专用机动车；
   特种车三：装有固定专用仪器设备从事专业工作的监测、消防、运钞、医疗、电视转播等各种专用机动车；
   特种车四：集装箱拖头。
3. 挂车根据实际使用性质并按照对应吨位货车的30%计算。
4. 低速载货汽车参照运输型拖拉机14.7kW以上的费率执行。

表 6-3　2008 版交强险责任限额

	死亡伤残赔偿限额（元）	医疗费用赔偿限额（元）	财产损失赔偿限额（元）	总限额（元）
有责任	110000	10000	2000	122000
无责任	11000	1000	100	12100

（三）2020 版责任限额

为更好地发挥交强险保障功能作用，2020 版的《机动车交通事故责任强制保险条款》将交强险总责任限额从 12.2 万元提高到 20 万元，其中死亡伤残赔偿限额从 11 万元提高到 18 万元，医疗费用赔偿限额从 1 万元提高到 1.8 万元，财产损失赔偿限额维持 0.2 万元不变。无责任赔偿限额按照相同比例进行调整，其中死亡伤残赔偿限额从 1.1 万元提高到 1.8 万元，医疗费用赔偿限额从 1000 元提高到 1800 元，财产损失赔偿限额维持 100 元不变。该规定自 2020 年 9 月 19 日起施行。

（四）"奖优罚劣"的浮动费率

1. 《交强险条例》第 8 条规定了奖优罚劣的浮动费率。

（1）奖优。被保险机动车没有发生道路交通安全违法行为和道路交通事故的，保险公司应当在下一年度降低其保险费率。在此后的年度内，被保险机动车仍然没有发生道路交通安全违法行为和道路交通事故的，保险公司应当继续降低其保险费率，直至最低标准。

（2）罚劣。被保险机动车发生道路交通安全违法行为或者道路交通事故的，保险公司应当在下一年度提高其保险费率。多次发生道路交通安全违法行为、道路交通事故，或者发生重大道路交通事故的，保险公司应当加大提高其保险费率的幅度。在道路交通事故中被保险人没有过错的，不提高其保险费率。降低或者提高保险费率的标准，由保监会会同国务院公安部门制定。

2. 《机动车交通事故责任强制保险费率浮动暂行办法》。2007 年，保监会印发了《机动车交通事故责任强制保险费率浮动暂行办法》（保监发〔2007〕52 号），该办法对机动车交通事故责任强制保险费率的浮动作出了具体规定（见表 6-4），出于操作层面的考虑，浮动因素只考虑了交通事故因素，而没有考虑道路交通安全违法行为的因素。

表 6-4 交强险费率浮动因素及比率

		浮动因素	浮动比率
与道路交通事故相联系的浮动 A	A1	上一个年度未发生有责任道路交通事故	−10%
	A2	上两个年度未发生有责任道路交通事故	−20%
	A3	上三个及以上年度未发生有责任道路交通事故	−30%
	A4	上一个年度发生一次有责任不涉及死亡的道路交通事故	0%
	A5	上一个年度发生两次及两次以上有责任道路交通事故	10%
	A6	上一个年度发生有责任道路交通死亡事故	30%

交强险最终保险费计算方法是：交强险最终保险费＝交强险基础保险费×（1+与道路交通事故相联系的浮动比率 A）。

五、交强险的垫付与追偿

《机动车交通事故责任强制保险条款》（2020 版）第 9 条规定，被保险机动车在驾驶人未取得驾驶资格、驾驶人醉酒、被保险机动车被盗抢期间肇事以及被保险人故意制造交通事故这四种情况下发生交通事故，造成受害人受伤需要抢救的，保险人在接到公安机关交通管理部门的书面通知和医疗机构出具的抢救费用清单后，按照国务院卫生主管部门组织制定的交通事故人员创伤临床诊疗指南和国家基本医疗保险标准进行核实。对于符合规定的抢救费用，保险人在医疗费用赔偿限额内垫付。被保险人在交通事故中无责任的，保险人在无责任医疗费用赔偿限额内垫付。对于其他损失和费用，保险人不负责垫付和赔偿。对于垫付的抢救费用，保险人有权向致害人追偿。

六、交强险的责任免除

《机动车交通事故责任强制保险条款》（2020 版）第 10 条规定，下列损失和费用，交强险不负责赔偿和垫付：

1. 因受害人故意造成的交通事故的损失；
2. 被保险人所有的财产及被保险机动车上的财产遭受的损失；
3. 被保险机动车发生交通事故，致使受害人停业、停驶、停电、停水、停气、停产、通讯或者网络中断、数据丢失、电压变化等造成的损失以及受害人财产因市场价格变动造成的贬值、修理后因价值降低造成的损失等其他各种间接损失；

4. 因交通事故产生的仲裁或者诉讼费用以及其他相关费用。

七、交强险互碰赔偿处理规则

2008年1月，中国保险行业协会印发了《交强险承保、理赔实务规程》（2008版）和《交强险互碰赔偿处理规则》（2008版），该规则共分为标准处理机制、无责财产赔付简化处理机制、特殊情况处理及理算程序四个部分。

（一）标准处理机制

1. 均投保了交强险的两辆或多辆机动车互碰，不涉及车外财产损失和人员伤亡。

（1）两辆机动车互碰，两车均有责，双方机动车交强险均在交强险财产损失赔偿限额内，按实际损失承担对方机动车的损害赔偿责任。

例1：A、B两车互碰，各负同等责任。A车损失3500元，B车损失3200元，则两车交强险赔付结果为：A车保险公司在交强险项下赔偿B车损失2000元；B车保险公司在交强险项下赔偿A车损失2000元。

对于A车剩余的1500元损失，按商业险条款规定，根据责任比例在商业车险项下赔偿。即如A车投保了车损险、B车投保了商业三者险，则在B车的商业三者险项下赔偿750元，在A车的车损险项下赔偿750元。

对于B车剩余的1200元损失，按商业险条款规定，根据责任比例在商业车险项下赔偿。即如A车投保了车损险、B车投保了商业三者险，则在B车的商业三者险项下赔偿600元，在A车的车损险项下赔偿600元。

（2）两辆机动车互碰，一方全责、另一方无责，无责方机动车交强险在无责任财产损失赔偿限额内承担全责方机动车的损害赔偿责任，全责方机动车交强险在财产损失赔偿限额内承担无责方机动车的损害赔偿责任。无责方车辆对全责方车辆损失应承担的赔偿金额，由全责方在本方交强险无责任财产损失赔偿限额项下代赔。

例2：A、B两车互碰造成双方车损，A车全责（损失1000元），B车无责（损失1500元）。设B车适用的交强险无责任赔偿限额为100元，则两车交强险赔付结果为：A车交强险赔付B车1500元，B车交强险赔付A车100元。

B车对A车损失应承担的100元赔偿金额，由A车保险公司在本方交强险无责任财产损失赔偿限额项下代赔。

（3）多辆机动车互碰，部分有责（含全责）、部分无责。

1）一方全责，多方无责。所有无责方视为一个整体，在各自交强险无责任财产损失赔偿限额内，对全责方车辆损失按平均分摊的方式承担损害赔偿责任；全责方对各无责方在交强险财产损失赔偿限额内承担损害赔偿责任，无责方之间不互相赔偿。无责方车辆对全责方车辆损失应承担的赔偿金额，由全责方在本方交强险相应无责任财产损失赔偿限额内代赔。

2）多方有责，一方或多方无责。所有无责方视为一个整体，在各自交强险无责任财产损失赔偿限额内，对有责方损失按平均分摊的方式承担损害赔偿责任；有责方对各方车辆损失在交强险财产损失赔偿限额内承担损害赔偿责任，无责方之间不互相赔偿。无责方车辆对有责方车辆损失应承担的赔偿金额，由各有责方在本方交强险无责任财产损失赔偿限额内代赔。

例3：A、B、C、D四车互碰造成各方车损，A车主责（损失1000元），B车次责（损失600元），C车无责（损失800元）、D车无责（损失500元）。设C、D两车适用的交强险无责任赔偿限额为100元，则赔付方法按如下步骤：

步骤1：C车、D车交强险共应赔付200元，对A车、B车各赔偿（100+100）/2=100元，由A车、B车保险公司在本方交强险无责任财产损失赔偿限额内代赔。

步骤2：A车交强险赔偿金额=B车损核定承担金额+C车损核定承担金额+D车损核定承担金额=（600-100）+800/2+500/2=1150元。

步骤3：B车交强险赔偿金额=A车损核定承担金额+C车损核定承担金额+D车损核定承担金额=（1000-100）+800/2+500/2=1550元。

2. 均投保了交强险的两辆或多辆机动车互碰，涉及车外财产损失。

（1）有责方在其适用的交强险财产损失赔偿限额内，对各方车辆损失和车外财产损失承担相应的损害赔偿责任。

（2）所有无责方视为一个整体，在各自交强险无责任财产损失赔偿限额内，对有责方损失按平均分摊的方式承担损害赔偿责任。无责方之间不互相赔偿，无责方也不对车外财产损失进行赔偿。无责方车辆对有责方车辆损失应承担的赔偿金额，由各有责方在本方交强险无责任财产损失赔偿限额内代赔。

例4：A、B、C三车互碰造成三方车损，A车主责（损失600元），B车无责（损失500元），C车次责（损失300元），车外财产损失400元。

则A车、B车、C车的交强险赔付计算结果为：

步骤1：先计算出无责方对有责方的赔款：

B车交强险应赔付A车、C车各100/2=50元，由A车、C车在各自交强险无责任财产损失赔偿限额内代赔。

步骤2：有责方再对车外财产、各方车损进行分摊：

A车交强险赔款=（500+400）/2+（300-50）=700元，

C车交强险赔款=（500+400）/2+（600-50）=1000元。

步骤3：计算有责方交强险和代赔款之和：

A车交强险赔款+代赔款=700+50=750元，

C车交强险赔款+代赔款=1000+50=1050元。

3. 均投保了交强险的两辆或多辆机动车发生事故，造成人员伤亡。肇事机动车均有责且适用相同责任限额的，各机动车按平均分摊的方式，在各自交强险分项赔偿限额内计算赔偿。肇事机动车中有部分适用无责任赔偿限额的，按各机动车交强险赔偿限额占总赔偿限额的比例，在各自交强险分项赔偿限额内计算赔偿。

例5：A、B、C三车发生交通事故，造成第三方人员甲受伤，A、B两车各负50%的事故责任，C车和受害人甲无事故责任，受害人支出医疗费用4500元。设适用的交强险医疗费用赔偿限额为10000元，交强险无责任医疗费用赔偿限额为1000元，则A、B、C三车对受害人甲应承担的赔偿金额分别为：

A车交强险医疗费用赔款=4500×[10000/（10000+10000+1000）]=2142.86元。

B车交强险医疗费用赔款=4500×[10000/（10000+10000+1000）]=2142.86元。

C车交强险医疗费用赔款=4500×[1000/（10000+10000+1000）]=214.28元。

支付、垫付抢救费金额参照以上方式计算。

（二）无责财产赔付简化处理机制

1. 适用条件。同时满足以下条件的双方或多方事故，适用无责财产赔付简化处理机制：

（1）两方或多方机动车互碰，各方均投保交强险；

（2）交警认定或根据法律法规能够协商确定事故责任，部分有责、部分无责；

（3）无责方车号、交强险保险人明确。

2. 基本原则。

（1）无责代赔仅适用于车辆损失部分的赔偿，对于人员伤亡部分不进行代赔。

（2）对于应由无责方交强险承担的对有责方车辆损失的赔偿责任，由有责方承保公司在单独的交强险无责任财产损失代赔偿限额内代赔。代赔偿限额为无责方交强险无责任财产损失赔偿限额之和，各有责方之间平均分配。

（3）各保险公司之间对代赔金额进行分类统计，但不进行清算。

（4）有责方代赔的部分不影响交强险费率浮动。

（5）各无责方车辆不参与对其他无责车辆和车外财产损失的赔偿计算。

（三）特殊情况处理

特殊情况包括涉及一方投保交强险，另一方仅投保商业险或无保险的机动车发生事故的情况；挂靠同一单位的机动车互碰的赔偿方式以及交警调解各方机动车承担本方车辆损失的情况，以上三种特殊情况的处理参见《交强险互碰赔偿处理规则》（2008版）。

（四）理算程序

第一步：确定哪些损失属于本方机动车交强险受害人的损失。

第二步：判断是否满足无责代赔处理机制，如满足，按简化方式计算。如不满足则进入以下步骤。

第三步：确定本方机动车交强险项下的分项核定损失承担金额。根据肇事机动车的分项赔偿限额占总分项赔偿限额的比例分摊，各方机动车适用限额一致的，按平均分摊的方式计算。

第四步：对于分项核定损失承担金额没有超过交强险赔偿限额的，按分摊结果赔付；分项核定损失承担金额超过交强险赔偿限额的，在交强险限额内，按受害人分项核定损失承担金额占总分项核定损失承担金额的比例分摊。

第五步：判断交强险限额是否用足，若有受害方没有得到全额赔付，同时又有需赔付方交强险限额未用足，则在交强险限额内补足。对于待分配的各项损失合计没有超过剩余赔偿限额的，按分配结果赔付各方；超过剩余赔偿限额的，则按每项分配金额占各项分配金额总和的比例乘以剩余赔偿限额分摊；直至受损各方均得到足额赔偿或应赔付方交强险无剩余限额。

第四节 交通事故社会救助基金制度

一、救助基金的性质

（一）社会救助

社会救助，是指当公民难以维持最低生活水平时，遭受自然灾害或者不幸事故时，由国家和社会按照法定程序和标准向其提供保证其最低生活需求的物质援助，以使他们能够维持生活，继续生存下去。社会救助权是现代社会公民的一项基本权利，我国《宪法》第45条规定："中华人民共和国公民在年老、疾病或者丧失劳动能力的情况下，有从国家和社会获得物质帮助的权利。国家发展为公民享受这些权利所需要的社会保险、社会救济和医疗卫生事业。"

我国《宪法》第14条规定，国家建立健全同经济发展水平相适应的社会保障制度。社会救助制度的建立是社会发展进步的一个重要标志，它作为社会发展的"稳定器"、经济运行的"减震器"和实现社会公平的"调节器"，在缓解社会摩擦、协调社会利益、维护社会稳定方面起着重要作用。

（二）道路交通事故社会救助基金

道路交通事故社会救助基金（以下简称救助基金），是指依法筹集用于垫付机动车道路交通事故中受害人人身伤亡的丧葬费用、部分或者全部抢救费用的社会专项基金。

《道路交通安全法》第17条规定，国家实行机动车第三者责任强制保险制度，设立道路交通事故社会救助基金。《交强险条例》第24条规定："国家设立道路交通事故社会救助基金……"2009年9月，财政部、保监会、公安部、卫生部、农业部令第56号发布《道路交通事故社会救助基金管理试行办法》（以下简称《试行办法》）。《试行办法》对救助基金的设立、管理、救助范围、基金的资金来源等内容作了规定。《试行办法》第39条规定，省级救助基金主管部门应当依据本办法有关规定，会同本地区有关部门制定实施细则，随后，各省、自治区、直辖市陆续制定了本行政区域的实施细则。2021年12月1日，财务部、保监会、公安部、卫健委、农业农村部联合发布了《道路交通事故社会救助基金管理办法》，并自2022年1月1日起施行。

二、救助基金的管理机构、法律地位及运行模式

(一) 救助基金的管理机构

《交强险条例》第26规定:"救助基金的具体管理办法,由国务院财政部门会同国务院保险监督管理机构、国务院公安部门、国务院卫生主管部门、国务院农业主管部门制定试行。"《道路交通事故社会救助基金管理办法》第5条规定,财政部门是救助基金的主管部门。财政部负责会同有关部门制定救助基金的有关政策,并对省级救助基金的筹集、使用和管理进行指导。县级以上地方财政部门根据救助基金设立情况,依法监督检查救助基金的筹集、使用和管理,按照规定确定救助基金管理机构,并对其管理情况进行考核。

(二) 法律地位

救助基金因开展补偿、代位求偿等业务,必须具备诉讼当事人的地位,故宜由立法赋予其独立的法人地位。我国幅员辽阔,为使救助基金的各分支机构能够相对独立地开展业务,救助基金各分支机构也应赋予其独立的法人地位。

(三) 运行模式

救助基金在受理救助请求、调查、审核及给付发放业务,或处理有关求偿、调解、仲裁、诉讼及其他相关业务时,可以委托经营交强险业务的保险公司代为处理,保险公司收取代办费用。这样可以充分利用保险公司分支机构布局广泛、处理交通事故赔偿案件的经验丰富和专业人员多的资源优势,从而既方便交通事故受害人求偿,又避免救助基金层层设立分支机构和人员,有利于节省运行成本。

三、救助基金的来源

要落实救助基金制度,其中一个关键问题就是解决救助基金的资金来源问题,建立充分、稳定的资金筹集渠道,是落实救助基金制度、保障救助基金平稳运转的关键因素。

根据《交强险条例》及《道路交通事故社会救助基金管理办法》的规定,救助基金的来源包括:

1. 按照交强险的保险费的一定比例提取的资金。这是世界各国和地区普遍采取的做法,一般占强制保险保费的1%~5%。我国大陆地区的提取比例,根据《道路交通事故社会救助基金管理办法》第10条规定,每年5月1日前,财政部

会同保监会根据上一年度救助基金的收支情况，按照收支平衡的原则，确定当年从交强险保险费收入提取救助基金的比例幅度。省级人民政府在幅度范围内确定本地区具体提取比例。根据上海市《关于对道路交通事故社会救助基金调研情况的报告》，上海市救助基金的主要来源为按照交强险保险费用的一定比例提取资金，提取比例为1%。根据上海市财政局反馈，截至2015年12月31日，救助基金已筹款20052.07万元。另据统计，截至2016年9月30日，全市共垫付救助基金298.24万元。其中，垫付抢救费用297.9万元，垫付丧葬费用0.34万元。根据《关于浙江省道路救助基金现状调研及对策建议的报告》，浙江省在2014年和2015年，救助基金分别筹集1.19亿元和1.14亿元（其中从交强险保费中分别提取9493万元和8265万元），保障了各地道交基金的有效运作，为各地道交基金工作有效运行提供了资金保障。2014年垫付救助基金1256.35万元，其他支出730.63万元；2015年垫付救助基金979.48万元，其他支出720.06万元。

2. 对未按照规定投保交强险的机动车的所有人、管理人的罚款。

3. 救助基金管理机构依法向道路交通事故责任人追偿的资金。

4. 救助基金孳息。

5. 地方政府按照规定安排的财政临时补助。

6. 社会捐赠。

7. 其他资金。

四、救助基金垫付费用

《道路交通事故社会救助基金管理办法》第14条规定，有下列情形之一时，救助基金垫付道路交通事故中受害人人身伤亡的丧葬费用、部分或者全部抢救费用：

1. 抢救费用超过交强险责任限额的；

2. 肇事机动车未参加交强险的；

3. 机动车肇事后逃逸的。

依法应当由救助基金垫付受害人丧葬费用、部分或者全部抢救费用的，由道路交通事故发生地的救助基金管理机构及时垫付。

救助基金一般垫付受害人自接受抢救之时起7日内的抢救费用，特殊情况下超过7日的抢救费用由医疗机构书面说明理由。具体应当按照规定的收费标准核算。

需要救助基金垫付部分或者全部抢救费用的，公安机关交通管理部门应当在处理道路交通事故之日起 3 个工作日内书面通知救助基金管理机构。医疗机构在抢救受害人结束后，对尚未结算的抢救费用，可以向救助基金管理机构提出垫付申请，并提供有关抢救费用的证明材料。

《道路交通事故社会救助基金管理办法》第 18 条规定，救助基金管理机构收到公安机关交通管理部门垫付通知和医疗机构垫付尚未结算抢救费用的申请及相关材料后，应当在 3 个工作日内，按照《道路交通事故社会救助基金管理办法》有关规定、道路交通事故受伤人员临床诊疗相关指南和规范，以及当地物价部门制定的收费标准，对下列内容进行审核，并将审核结果书面告知处理该道路交通事故的公安机关交通管理部门或者申请人：

1. 是否属于本办法第 14 条规定的救助基金垫付情形；
2. 抢救费用是否真实、合理；
3. 救助基金管理机构认为需要审核的其他内容。

对符合垫付要求的，救助基金管理机构应当在 2 个工作日内将相关费用结算划入医疗机构账户。对不符合垫付要求的，不予垫付，并向处理该交通事故的公安机关交通管理部门或者申请人书面说明理由。

救助基金管理机构收到丧葬费用垫付申请和有关材料后，对符合垫付要求的，应当在处理道路交通事故之日起 3 个工作日内按照有关标准垫付丧葬费用；对不符合垫付要求的，不予垫付，并向申请人书面说明理由。

救助基金管理机构对抢救费用和丧葬费用的垫付申请进行审核时，可以向公安机关交通管理部门、医疗机构和保险公司等有关单位核实情况，有关单位应当予以配合。

第七章
机动车驾驶人考试

第一节 机动车驾驶人考试概述

一、机动车驾驶人考试工作的发展历程

自1950年交通部发布《汽车管理暂行办法实施细则》对驾驶人考试提出要求至今，驾驶人考试已经历了70多年的发展历程，其考试内容、考试项目、操作方法和评判标准在发展中不断得到修订和完善，使之逐步实现科学、合理、严格的最终目标。纵观全程，大致可分为起步发展期、规范调整期、科学完善期三个阶段。

（一）起步发展期

该时期时间跨度为新中国成立初至1996年公安部令第29号《机动车驾驶员考试办法》出台之前。受国家体制和社会发展的影响，这一时期的驾驶人考试工作具有明显的时代特征：

一是驾驶人培训单位可自行组织结业考试。在20世纪80年代之前，专业的驾驶培训学校还未出现，这一时期的驾驶员培训基本上由国营运输单位和车辆所有单位自行组织相关培训工作，这些单位经车辆管理机关登记审核后，可自行组织学员的结业考试。1960年实施的《机动车管理办法》第23条规定："已向车辆管理机关登记的驾驶员培训单位的学员，结业考试及格，经车辆管理机关审核同意的，或者经车辆管理机关会同考试及格的，可发给实习职业驾驶员执照或非职业驾驶员执照。"依据以上规定，培训单位的结业考试成绩经相关部门审核通过后，可视为真实、有效。

二是学科考试内容侧重于交通规则和机械常识。新中国成立后，由于车辆品质不高、专业汽车修理单位及人员较少等原因，作为单位的驾驶员不仅仅要有安全驾驶技术，熟知交通规则和机械常识，更需要具有车辆维护、保养和故障排除等专业技能。因此，在学科考试中，除交通规则和机械常识外，对车辆的维修和保养也是一项不可或缺的考试内容。1955年实施的《城市交通规则》规定，考试内容包括交通规则、汽车简单原理、保养作业和排除一般故障技能等。1960年实施《机动车管理办法》后，在实际考试中机械常识仍然包括车辆机件构造、作用和一般车辆保养及常见故障排除等内容。而且，鉴于当时对驾驶员的学历没

有要求和学员文化水平较低的现状，考试时可采取口试的方式进行。

三是术科考试以实际道路驾驶为主。在1985年以前，驾驶员培训一直是以"以师带徒、以运代训"的方式进行，一般情况下徒弟要跟随师傅随车学习半年以上才可到车辆管理部门申请考试，因此术科考试中的道路驾驶考试基本上以实际道路为主。而场内驾驶考试一般均采取桩考的形式，也被称作"移库"。由于全国性的法规中没有统一的场地驾驶图，该时期的场内驾驶考试项目单一、标准不统一。

（二）规范调整期

该时期以《机动车驾驶员考试办法》发布实施为起点，截至2004年《道路交通安全法》出台前。随着公安交通管理部门对车辆管理工作的重视，驾驶人考试工作发生了明显变化。

一是首次以部令规章的形式规范了驾驶人考试工作。为保证机动车驾驶人具备应有的驾驶知识和技能，保障道路交通安全，在1985年实施的《城市机动车驾驶员考试暂行办法》基础上，于1996年9月1日正式实施公安部令第29号《机动车驾驶员考试办法》（以下简称29号令）。这是第一次以部令规章的形式对驾驶人考试工作进行规范，对考试工作以制度的形式进行确立。29号令首次引入"科目考试"的概念，对各科目考试的内容、方法、标准以及考试车辆、场地等都进行了细化和明确，并第一次提出从事驾驶员考试工作的人员必须具备相应资格，持有省级公安交通管理部门颁发的考试员证书。

二是实现了考试科目"三个统一"。29号令对原有考试暂行办法予以修订，将原先的学科考试中"交通规则"和"报考车类的机械常识"合并为"交通法规与相关知识"，并新增伤员急救、危化品运输、紧急情况处置等知识，称为科目一；将原先术科的"场内驾驶"变更为"场地驾驶"，称为科目二；将原先的道路驾驶考试变更为"在设定的考试场或指定的道路进行"，称为科目三。除此以外，29号令实现了考试科目"三个统一"，既科目一考试题库全国统一；科目二考试桩考图全国统一；科目三考试汽车、摩托车的考核项目和减分标准全国统一。

三是明确了考试车辆、场地标准和补考申请时间。29号令首次对考试车辆、场地和道路的标准进行了明确，规定了考试车辆车长和轴距、场地内地面的坡度、附着系数，考试路段应具备的基本条件等要求，还对科目三考试里程予以明确。同时，为合理安排考试工作，确保学员有一定的训练时间，对补考申请时间进行了限制。

（三）科学完善期

该时期为2004年《道路交通安全法》实施至今。为进一步严格驾驶人考试制度，提升驾驶人安全驾驶意识和技能水平，保障交通安全，自《道路交通安全法》实施以来，在10多年的时间里，连续5次修订《机动车驾驶证申领和使用规定》（公安部令第71、91、111、123、139号、162号），对驾驶人考试工作不断进行完善，使考试科目设置更加科学、内容更加合理、标准更加严格。

一是科学合理地调整考试内容和项目。为适应新形势的发展需求，增强考试的实用性，公安机关交通管理部门通过对相关部令的不断修订及调整，使考试内容和项目更加具有针对性，并适当增加驾驶技能考试难度，以强化驾驶人的实际驾驶能力。

二是强化对考试工作的监管。为进一步加强考试工作监管，以部令的形式要求在考试中使用视频、录音等手段加强对考试过程的监督，并在考试系统中采取对考生、考试员、考试路线随机分组的方式予以监管。同时，在全国范围内大力推行驾驶人考试科技应用工作，除逐步实现各科目考试电子化外，研发并使用"驾驶人考试培训监管系统"，强化对考试工作的监管。

二、考试科目设置的法律依据

《道路交通安全法》第19条规定："驾驶机动车，应当依法取得机动车驾驶证。申请机动车驾驶证，应当符合国务院公安部门规定的驾驶许可条件；经考试合格后，由公安机关交通管理部门发给相应类别的机动车驾驶证……"

《行政许可法》第12条规定："下列事项可以设定行政许可……提供公众服务并且直接关系公共利益的职业、行业，需要确定具备特殊信誉、特殊条件或者特殊技能等资格、资质的事项……"《行政许可法》第54条规定："实施本法第十二条第三项所列事项的行政许可，赋予公民特定资格，依法应当举行国家考试的，行政机关根据考试成绩和其他法定条件作出行政许可决定……公民特定资格的考试依法由行政机关或者行业组织实施，公开举行。行政机关或者行业组织应当事先公布资格考试的报名条件、报考办法、考试科目以及考试大纲……"

依据以上法律，公安部制定并颁布实施《机动车驾驶证申领和使用规定》及《机动车驾驶证业务工作规范》。为适应不同时期社会管理需要，近年来，公安部不断调整和修订《机动车驾驶证申领和使用规定》及《机动车驾驶证业务工作规范》的部分内容，并以"部令"的形式予以实施。

三、考试内容及合格标准

《机动车驾驶证申领和使用规定》（公安部令第 162 号）将机动车驾驶人考试内容分为：道路交通安全法律、法规和相关知识考试科目（以下简称科目一），场地驾驶技能考试科目（以下简称科目二），道路驾驶技能和安全文明驾驶常识考试科目（以下简称科目三）。考试内容和合格标准全国统一，根据不同准驾车型规定相应的考试项目。

（一）科目一考试内容

科目一考试内容包括道路通行、交通信号、道路交通安全违法行为和交通事故处理、机动车驾驶证申领和使用、机动车登记等规定以及其他道路交通安全法律、法规和规章。

（二）科目二考试内容

1. 大型客车、重型牵引挂车、城市公交车、中型客车、大型货车考试桩考、坡道定点停车和起步、侧方停车、通过单边桥、曲线行驶、直角转弯、通过限宽门、窄路掉头，以及模拟高速公路、连续急弯山区路、隧道、雨（雾）天、湿滑路、紧急情况处置。

2. 小型汽车、低速载货汽车考试倒车入库、坡道定点停车和起步、侧方停车、曲线行驶、直角转弯。

3. 小型自动挡汽车、残疾人专用小型自动挡载客汽车考试倒车入库、侧方停车、曲线行驶、直角转弯。

4. 轻型牵引挂车考试桩考、曲线行驶、直角转变。

5. 三轮汽车、普通三轮摩托车、普通二轮摩托车和轻便摩托车考试桩考、坡道定点停车和起步、通过单边桥。

6. 轮式专用机械车、无轨电车、有轨电车的考试内容由省级公安机关交通管理部门确定。

省级公安机关交通管理部门可以根据实际增加考试内容。

（三）科目三道路驾驶技能考试内容

大型客车、重型牵引挂车、城市公交车、中型客车、大型货车、小型汽车、小型自动挡汽车、低速载货汽车和残疾人专用小型自动挡载客汽车考试上车准备、起步、直线行驶、加减挡位操作、变更车道、靠边停车、直行通过路口、路口左转弯、路口右转弯、通过人行横道线、通过学校区域、通过公共汽车站、会车、超车、掉头、夜间行驶；其他准驾车型的考试内容，由省级公安机关交通管理部门确定。

大型客车、重型牵引挂车、城市公交车、中型客车、大型货车考试里程不少于10公里，其中初次申领城市公交车、大型货车准驾车型的，白天考试里程不少于5公里，夜间考试里程不少于3公里。小型汽车、小型自动挡汽车、低速载货汽车、残疾人专用小型自动挡载客汽车考试里程不少于3公里。不进行夜间考试的，应当进行模拟夜间灯光使用考试。

对大型客车、重型牵引挂车、城市公交车、中型客车、大型货车准驾车型，省级公安机关交通管理部门应当根据实际增加山区、隧道、陡坡等复杂道路驾驶考试内容。对其他汽车准驾车型，省级公安机关交通管理部门可以根据实际增加考试内容。

（四）科目三安全文明驾驶常识考试内容

科目三安全文明驾驶常识考试内容包括：安全文明驾驶操作要求、恶劣气象和复杂道路条件下的安全驾驶知识、爆胎等紧急情况下的临危处置方法、防范次生事故处置知识、伤员急救知识等。

（五）持军队、武装警察部队机动车驾驶证的人申请机动车驾驶证的考试内容

持军队、武装警察部队机动车驾驶证的人申请大型客车、重型牵引挂车、城市公交车、中型客车、大型货车准驾车型机动车驾驶证的，应当进行科目一和科目三考试；申请其他准驾车型机动车驾驶证的，免予考试，核发机动车驾驶证。

（六）持境外机动车驾驶证申请机动车驾驶证的考试内容

持境外机动车驾驶证申请机动车驾驶证的，应当进行科目一考试。申请准驾车型为大型客车、重型牵引挂车、城市公交车、中型客车、大型货车机动车驾驶证的，应当进行科目一、科目二和科目三考试。属于外国驻华使馆、领馆人员及国际组织驻华代表机构人员申请的，应当按照外交对等原则执行。

（七）合格标准

各科目考试的合格标准为：

1. 科目一考试满分为100分，成绩达到90分的为合格。

2. 科目二考试满分为100分，考试大型客车、重型牵引挂车、城市公交车、中型客车、大型货车、轻型牵引挂车准驾车型的，成绩达到90分的为合格，其

他准驾车型的成绩达到 80 分的为合格。

3. 科目三道路驾驶技能和安全文明驾驶常识考试满分分别为 100 分，成绩分别达到 90 分的为合格。

第二节 机动车驾驶人考试项目、操作要求及评判标准

《机动车驾驶人考试内容和方法》（GA 1026—2017）规定了机动车驾驶人考试内容、操作要求和评判标准，适用于申领机动车驾驶证考试、满分学习考试和恢复驾驶资格考试。

一、科目一考试

（一）考试题型

科目一考试试题以文字或图片、视频等情景形式表现，题型为判断题、单项选择题；其中判断题占 40%，单项选择题占 60%。申领摩托车驾驶证和满分学习考试为 50 道试题；恢复驾驶资格考试为 50 道试题；申领其他车型机动车驾驶证和满分学习考试为 100 道试题。

（二）考试时间

申请机动车驾驶证、满分学习考试时间为 45 分钟；恢复驾驶资格考试时间为 30 分钟。

（三）操作要求

科目一考试应当在考试员的现场监督下，由考生使用全国统一的驾驶理论考试系统独立闭卷答题。参加普通三轮摩托车、普通二轮摩托车、轻便摩托车准驾车型考试的考生，可以使用由全国统一的驾驶理论考试系统打印的纸质试卷闭卷答题；考试试卷由全国统一的驾驶理论考试系统从考试题库中按照规定比例随机抽取生成。

（四）考试内容

申请机动车驾驶证考试、满分学习考试试题内容比例和恢复驾驶资格考试试题内容比例分别见表 7-1 至表 7-3。

表 7-1　申请机动车驾驶证考试试题内容比例

试题内容		组卷比例		
		大型客车、牵引车、城市公交车、中型客车、大型货车	小型汽车、小型自动挡汽车、残疾人专用小型自动挡载客汽车、三轮汽车、低速载货汽车	普通三轮摩托车、普通二轮摩托车、轻便摩托车
通用试题	驾驶证和机动车管理规定	15%	20%	20%
	道路通行条件及通行规定	10%	25%	34%
	道路交通安全违法行为及处罚	30%	25%	26%
	道路交通事故处理相关规定	10%	10%	10%
	机动车基础知识	10%	10%	
	地方性法规	10%	10%	10%
大中型客货车制动系统与安全装置知识		15%		
合　计		100%	100%	100%

注：轮式专用机械车、有轨电车、无轨电车准驾车型的试题内容比例由省级公安机关交通管理部门确定。

表 7-2　满分学习考试试题内容比例

试题内容		组卷比例		
		大型客车、牵引车、城市公交车、中型客车、大型货车、轮式专用机械车	小型汽车、小型自动挡汽车、残疾人专用小型自动挡载客汽车、三轮汽车、低速载货汽车	普通三轮摩托车、普通二轮摩托车、轻便摩托车
通用试题	驾驶证和机动车管理规定	5%	5%	6%
	道路通行条件及通行规定	20%	20%	24%
	道路交通安全违法行为及处罚	10%	10%	10%
	安全行车常识	15%	20%	20%
	文明行车常识	15%	20%	20%
	恶劣气象和复杂道路条件下安全驾驶知识	10%	10%	6%
	紧急情况下避险常识	10%	10%	10%
	交通事故知识及常见危险化学品处置常识	10%	5%	4%
客车、货车、轮式专用机械车专用知识		5%		
合　计		100%	100%	100%

表 7-3 恢复驾驶资格考试试题内容比例

试题内容	组卷比例
驾驶证和机动车管理规定	40%
道路通行条件及通行规定	20%
道路交通安全违法行为及处罚	30%
道路交通事故处理相关规定	10%
合　计	100%

二、科目二考试

科目二考试应当按照报考的准驾车型，选定对应考试场地和考试车辆，在考试员的现场监督下，由考生按照规定的考试线路、操作要求和考试员的考试指令独立完成驾驶。参加大型客车、城市公交车、中型客车、大型货车、小型汽车、小型自动挡汽车、残疾人专用小型自动挡载客汽车准驾车型考试的考生，要使用场地驾驶技能考试系统进行考试和评判。考试过程中，因扣分或出现不合格情形致使继续考试无法达到合格标准的，本次考试终止。对参加大型客车、牵引车、城市公交车、中型客车、大型货车准驾车型考试的，考试不合格当场补考时，未扣分的已考试项目不再补考。补考仍未合格的，重新预约考试，参加所有项目考试。

（一）倒车入库

倒车入库考试车辆运行路线如图 7-1 所示。操作要求：从道路一端控制线（两个前轮触地点在控制线以外），倒入车库停车，再前进出库向另一端控制线行驶，待两个前轮触地点均驶过控制线后，倒入车库停车，前进驶出车库，回到起始点。考试过程中，车辆进退途中不得停车。项目完成时间不得超过 3.5min。

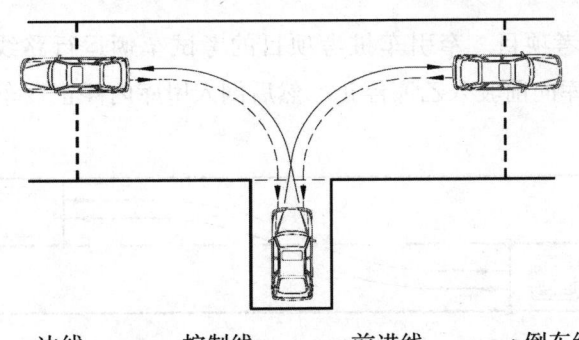

——边线；　-----控制线；　→前进线；　--→倒车线

图 7-1 倒车入库车辆运行图形

（二）桩考

1. 大型客车、城市公交车、中型客车、大型货车桩考项目。大型客车、城市公交车、中型客车、大型货车桩考考试车辆运行路线如图7-2所示。操作要求：从起止点倒入乙库停正，随后两进、两退移库至甲库停正，再前进从乙库出库至停止点，倒入甲库停正，前进返回起止点。车辆进退途中不得停车，项目完成时间不得超过8min。

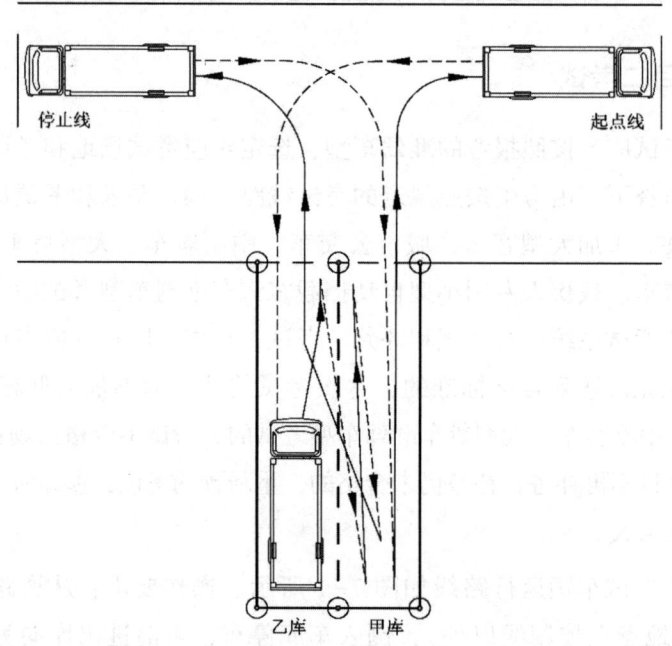

○桩杆；——边线；→前进线 ----→倒车线

图7-2 大型客车、城市公交车、中型客车、大型货车桩考车辆运行路线图

2. 牵引车桩考项目。牵引车桩考项目的考试车辆运行路线如图7-3所示。操作要求：从甲库向前驶入乙库停正，然后倒入甲库内停正。车辆进退途中不得停车。

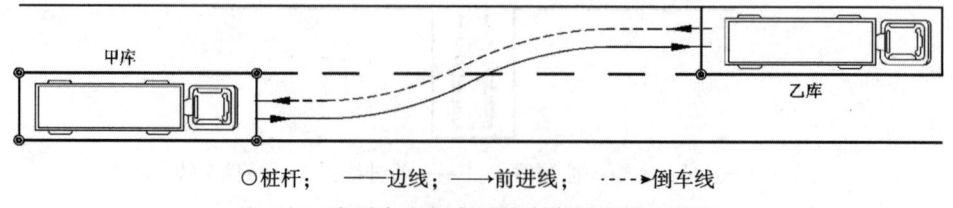

○桩杆；——边线；→前进线 ----→倒车线

图7-3 牵引车准驾车型桩考车辆运行路线图

3. 三轮汽车桩考项目。三轮汽车桩考项目的考试车辆运行路线如图 7-4 所示。操作要求：从起点绕桩前进驶出，再倒车绕桩反向驶回。车辆进退途中不得停车。

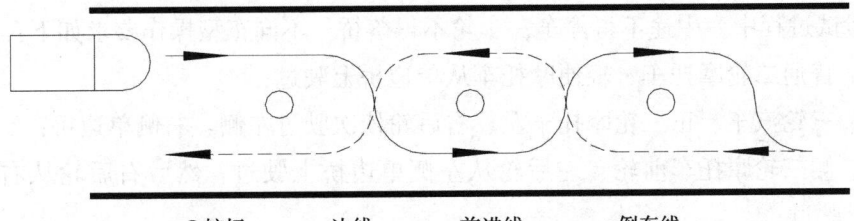

○桩杆； ──边线； ──▶前进线； ----▶倒车线

图 7-4　三轮汽车准驾车型桩考车辆运行路线图

4. 普通三轮摩托车、普通二轮摩托车、轻便摩托车桩考项目。普通三轮摩托车、普通二轮摩托车、轻便摩托车桩考项目的考试车辆运行路线如图 7-5 所示。操作要求：从起点处起步按箭头所示方向绕桩行驶至终点处停车。

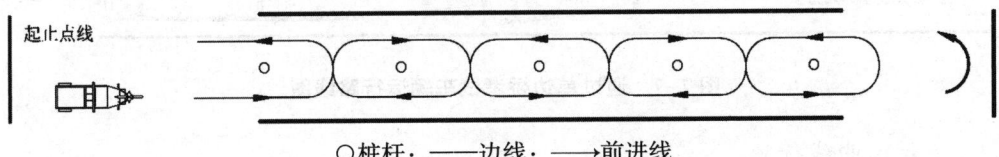

○桩杆； ──边线； ──▶前进线

图 7-5　普通三轮摩托车、普通二轮摩托车、轻便摩托车准驾车型桩考车辆运行路线

（三）坡道定点停车和起步

操作要求：控制车辆准确停车，平稳起步，车辆不得后溜。起步时间不得超过 30s。

（四）侧方停车

侧方停车项目考试车辆运行路线如图 7-6 所示。操作要求：车辆在库前方一次倒车入库，中途不得停车，车轮不触轧车道边线，车身不触碰库位边线。再前进向左前方出库，出库前应开启左转向灯，出库过程中车轮不触轧车道边线，车身不触碰库位边线，出库后关闭转向灯。项目完成时间不得超过 1.5min。

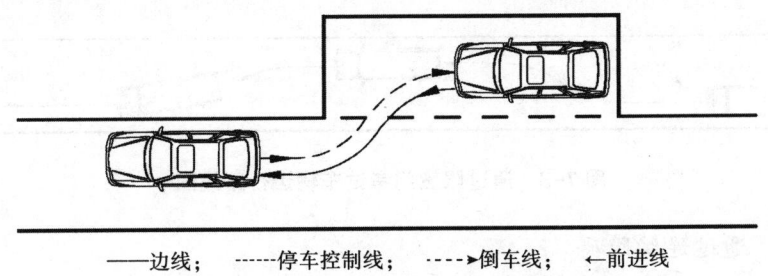

──边线； -----停车控制线； ----▶倒车线； ◀──前进线

图 7-6　侧方停车考试车辆运行路线图

（五）通过单边桥

通过单边桥项目考试车辆运行路线如图 7-7 所示。

考试过程中，中途不得停车，车轮不得落桥。不同车型操作要求如下：

1. 普通二轮摩托车、轻便摩托车从单边桥上驶过；

2. 三轮汽车、正三轮摩托车左、右后轮依次驶过左侧、右侧单边桥；

3. 侧三轮摩托车前轮、左后轮从左侧单边桥上驶过，然后右后轮从右侧单边桥上驶过；

4. 其他车型车辆左前轮、左后轮从左侧单边桥上驶过，然后右前轮、右后轮从右侧单边桥上驶过。大型车辆使用二挡（含）以上挡位。

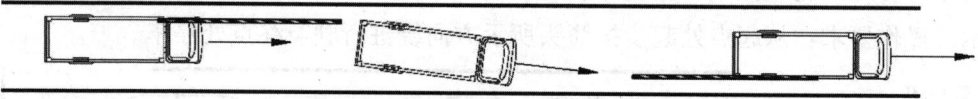

图 7-7　通过单边桥考试车辆运行路线图

（六）曲线行驶

操作要求：驾驶车辆以二挡（含）以上挡位从弯道的一端前进驶入，从另一端驶出。行驶中转向、速度平稳。中途不得停车，车轮不得碰轧车道边线。

（七）直角转弯

操作要求：驾驶车辆按规定的线路行驶，由左向右或由右向左直角转弯，一次通过，中途不得停车，车轮不得碰轧车道边线。转弯前，应开启转向灯，完成转弯后，关闭转向灯。

（八）通过限宽门

通过限宽门项目考试车辆运行路线如图 7-8 所示。操作要求：车辆以不低于 10km/h 的速度从三门之间穿越，不得碰擦悬杆。

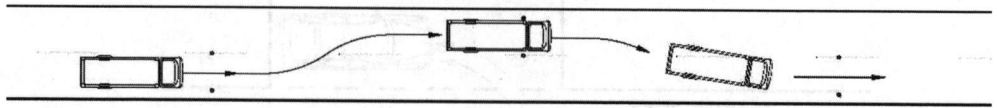

图 7-8　通过限宽门考试车辆运行路线图

（九）通过连续障碍

通过连续障碍项目考试车辆运行路线如图 7-9 所示。操作要求：车辆使用二挡（含）以上挡位，将车骑于圆饼之上通过，车轮不得碰、擦、轧圆饼，并且不得触轧两侧道路边缘线。中途不得停车。

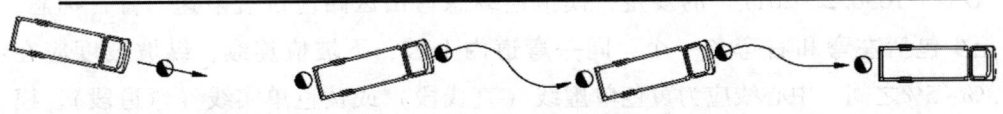

图 7-9　通过连续障碍考试车辆运行路线图

（十）起伏路行驶

操作要求：车辆行驶至起伏路前减速，缓慢通过起伏路，中途不得停车。

（十一）窄路掉头

窄路掉头项目考试车辆运行路线如图 7-10 所示。操作要求：车辆行驶至掉头路段靠右停车，不超过三进二退，将车辆掉头。考试时间不超过 5min。

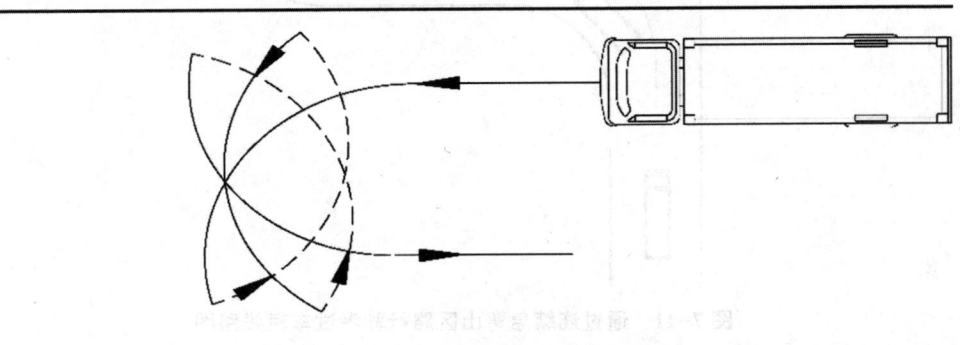

——道路边线；　——前进线；　----▶倒车线

图 7-10　窄路掉头考试车辆运行路线图

（十二）模拟高速公路行驶

根据《机动车驾驶人考场使用验收规范第 2 部分：场地驾驶技能考场》（GA/T 1030.2—2017）的规定，模拟高速公路应设置入口指示标志、分道限速标志、地面限速标记、出口预告标志、出口指示标志、出口匝道限速标志。操作要求：车辆行驶至入口匝道后，开启左转向灯，向左侧回头观察来车情况，确认安全后，加速驶入行车道至最低限速后正常行驶，关闭转向灯。需要变更车道时，应开启准备驶入车道一侧的转向灯，观察来车情况，确认安全后变更车道。驶出高速公路时，按照出口预告标志提前调整车速和车道。

（十三）模拟连续急弯山区路行驶

根据《机动车驾驶人考场使用验收规范第2部分：场地驾驶技能考场》（GA/T 1030.2—2017）的规定，模拟连续急弯山区路应设置限速、警告标志，至少包括左弯和右弯各一个，同一弯道内上坡、下坡应连续，纵坡坡度应在3%~5%之间，中心线应为黄色单虚线（直线段）或黄色单实线（弯道段）。模拟连续急弯山区路项目考试车辆运行路线如图7-11所示。操作要求：车辆行驶至弯道前减速，靠右行驶，鸣喇叭后驶入弯道，行驶时不得占用对方车道。

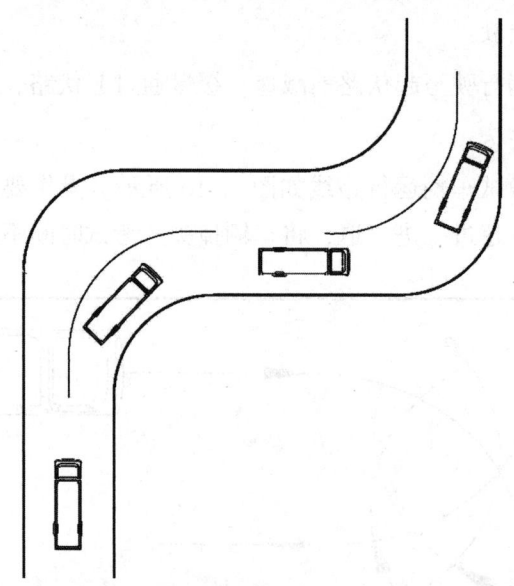

图7-11　通过连续急弯山区路行驶考试车辆线路图

（十四）模拟隧道行驶

根据《机动车驾驶人考场使用验收规范第2部分：场地驾驶技能考场》（GA/T 1030.2—2017）的规定，模拟隧道入口应设置前照灯使用标志。操作要求：车辆行驶至隧道前观察隧道处道路交通标志，按标志要求操作。驶抵隧道时先减速，开启前大灯，鸣喇叭，驶抵隧道出口时，鸣喇叭，关闭前大灯。禁止鸣喇叭的区域不得鸣喇叭。

（十五）模拟雨（雾）天行驶

模拟雨（雾）天气应能达到中雨（雾）效果。操作要求：车辆减速行驶。雨天视雨量大小选择雨刮器挡位，雾天开启雾灯、示廓灯、前照灯、危险报警闪光灯。

第七章 机动车驾驶人考试

（十六）模拟湿滑路行驶

根据《机动车驾驶人考场使用验收规范第 2 部分：场地驾驶技能考场》（GA/T 1030.2—2017）的规定，模拟湿滑路面外侧应设置对车辆无损的安全防护设施。操作要求：进入湿滑路前，减速行驶；进入湿滑路后，使用低速挡匀速行驶，平稳控制车辆方向通过。

（十七）模拟紧急情况处置

模拟紧急情况处置项目考试结合其他场地考试项目进行。

在正常行驶过程中，随机选取以下紧急情况之一，用语音或灯光等进行模拟：

1. 前方突然出现障碍物，应当立即制动，迅速停车，停车后开启危险报警闪光灯；

2. 高速公路行驶遇爆胎等车辆故障时，合理减速、观察后方跟车情况、将车平稳停于应急车道，开启危险报警闪光灯，发出乘员撤离至护栏外的提示，正确摆放警告标志，驾驶人本人撤离至护栏外侧，模拟报警。

三、科目三道路驾驶技能考试

（一）一般规定

1. 道路驾驶技能考试应按照报考的准驾车型，选定对应考试车辆，在考试员的同车监督下，由考生在随机抽取的考试路线上，按照考试指令完成考试。

2. 考试过程中，因扣分或出现不合格情形致使继续考试无法达到合格标准的，本次考试终止。

3. 参加大型客车、牵引车、城市公交车、中型客车、大型货车准驾车型科目三道路驾驶技能考试的，夜间考试不合格当场补考时，白天考试成绩保留。补考仍未合格的，重新预约考试，参加白天考试和夜间考试。

4. 夜间考试应在路灯开启的时间段内进行。进行夜间考试时，考试员和考生应穿反光背心，考试车辆应开启考试车标志灯。

5. 道路驾驶技能考试使用机动车驾驶人道路驾驶技能考试系统的，应采取人工随车和机动车驾驶人道路驾驶技能考试系统相结合的方式进行评判。

（二）道路驾驶技能考试

1. 上车准备。逆时针绕车一周，观察车辆外观和周围环境，确认安全。打开车门前应观察后方交通情况。

2. 起步。起步前检查车门是否完全关闭，调整座椅、后视镜，系好安全带，检查驻车制动器、挡位，启动发动机。检查仪表，观察内、外后视镜，回头观察后方交通情况，开启转向灯，挂挡，松驻车制动，起步。起步过程要平稳、无闯动、无后溜，不熄火。

3. 直线行驶。根据道路情况合理控制车速，正确使用挡位，保持直线行驶，跟车距离适当，行驶过程中适时观察内、外后视镜，视线不得离开行驶方向超过2s。

4. 加减挡位操作。根据路况和车速，合理加减挡，换挡及时、平顺。

5. 变更车道。变更车道前，正确开启转向灯，通过内、外后视镜观察，并向变更车道方向回头观察后方道路交通情况，确认安全后变更车道，变更车道完毕关闭转向灯。变更车道时，判断车辆安全距离，控制行驶速度，不得妨碍其他车辆正常行驶。

6. 靠边停车。开启右转向灯，通过内、外后视镜观察后方和右侧交通情况，并回头观察确认安全后，减速，向右转向靠边，平稳停车。拉紧驻车制动器，关闭转向灯。停车后，车身距离道路右侧边缘线或者人行道边缘30cm以内。需要下车的，回头观察左后方交通情况，确认安全后，缓慢打开车门，下车后关闭车门。

7. 直行通过路口、路口左转弯、路口右转弯。合理观察交通情况，减速或停车瞭望，根据车辆行驶方向选择相关车道，正确使用转向灯，根据不同路口采取正确的操作方法，安全通过路口。

8. 通过人行横道线。减速，观察两侧交通情况，确认安全后，合理控制车速通过，遇行人停车让行。

9. 通过学校区域。提前减速至30km/h以下，观察情况，文明礼让，确保安全通过，遇有学生横过马路时应停车让行。

10. 通过公共汽车站。提前减速，观察公共汽车进、出站动态和乘客上、下车动态，着重注意同向公共汽车前方或对向公共汽车后方有无行人横穿道路。

11. 会车。正确判断会车地点，会车有危险时，控制车速，提前避让，调整会车地点，会车时与对方车辆保持安全间距。

12. 超车。超车前，保持与被超越车辆的安全跟车距离。开启左转向灯，通过内、外后视镜观察后方和左侧交通情况，并回头观察确认安全后，选择合理时机，鸣喇叭或交替使用远、近光灯，从被超越车辆的左侧超越。超车时，观察被超越车辆情况，保持横向安全距离。超越后，开启右转向灯，通过内、外后视镜观察后方和右侧交通情况，并回头观察确认不影响被超越车辆正常行驶的情况下，逐渐驶回原车道，关闭转向灯。

13. 掉头。观察前、后交通情况，确认安全后减速或停车，开启左转向灯、掉头。掉头时不妨碍其他车辆和行人的正常通行。

14. 夜间行驶。起步前开启前照灯。行驶中正确使用灯光。无照明、照明不良的道路使用远光灯；照明良好的道路、会车、路口转弯、近距离跟车等情况，使用近光灯。超车，通过急弯、坡路、拱桥、人行横道或者没有交通信号灯控制的路口时，应交替使用远、近光灯示意。

15. 模拟夜间灯光使用。按夜间行驶的要求操作。

四、科目三安全文明驾驶常识考试

（一）考试题型

科目三安全文明驾驶常识考试试题以文字或图片、视频等情景形式表现；题型为判断题、单项选择题、多项选择题。判断题占40%，单项选择题占40%，多项选择题占20%。考试试题数量为50道试题，考试时间为45分钟。

（二）操作要求

科目三安全文明驾驶常识考试应当在考试员的现场监督下，由考生使用全国统一的驾驶理论考试系统独立闭卷答题。

（三）考试内容

科目三安全文明驾驶考试内容比例见表7-4。

表7-4 安全文明驾驶常识考试试题内容比例

试题内容	组卷比例
安全行车常识	20%
文明行车常识	18%
道路交通信号在交通场景中的综合应用	8%
恶劣气象和复杂道路条件下安全驾驶知识	16%
紧急情况下避险常识	12%
典型事故案例分析	6%

续表

试题内容	组卷比例
交通事故救护及常见危险化学品处置常识	10%
地方试题	10%
合　计	100%

五、考试评判标准

（一）科目二

1. 通用评判为不合格情形。考试时出现下列情形之一的，评判为不合格：

（1）不按规定使用安全带或者戴安全头盔的；

（2）遮挡、关闭车内音视频监控设备的；

（3）不按考试员指令驾驶的；

（4）不能正确使用灯光、雨刮器等车辆常用操纵件的；

（5）启动发动机时挡位未置于空挡（驻车挡）的；

（6）起步时车辆后溜距离大于 30cm 的；

（7）不松驻车制动器起步，未及时纠正的；

（8）驾驶汽车双手同时离开转向盘的；

（9）使用挡位与车速长时间不匹配，造成车辆发动机转速过高或过低的；

（10）车辆在行驶中低头看挡或连续 2 次挂挡不进的；

（11）行驶中空挡滑行的；

（12）视线离开行驶方向超过 2s 的；

（13）违反交通安全法律、法规，影响交通安全的；

（14）不按交通信号灯、标志、标线或者交通警察指挥信号行驶的；

（15）不按规定速度行驶的；

（16）车辆行驶中骑轧车道中心实线或者车道边缘实线的；

（17）长时间骑轧车道分界线行驶的；

（18）对可能出现危险的情形未采取减速、鸣喇叭等安全措施的；

（19）因观察、判断或者操作不当出现危险情况的；

（20）行驶中不能保持安全距离和安全车速的；

（21）行驶中身体任何部位伸出车外的；

（22）制动、加速踏板使用错误的；

（23）驾驶摩托车时手离开转向把的；

（24）二轮摩托车在行驶中左右摇摆或者脚触地的；

（25）摩托车制动时不同时使用前、后制动器的；

（26）考生未按照预约考试时间参加考试的。

2. 通用评判扣10分情形。考试时出现下列情形之一的，扣10分：

（1）启动发动机后，不及时松开启动开关的；

（2）不松驻车制动器起步，但能及时纠正的；

（3）驾驶姿势不正确的；

（4）起步时车辆后溜距离小于30cm的；

（5）操纵转向盘手法不合理的；

（6）起步或行驶中挂错挡，不能及时纠正的；

（7）转弯时，转、回方向过早、过晚，或者转向角度过大、过小的；

（8）换挡时发生齿轮撞击的；

（9）遇情况时不会合理使用离合器半联动控制车速的；

（10）因操作不当造成发动机熄火一次的；

（11）制动不平顺的。

3. 专项评判。专项评判包括倒车入库、桩考、坡道定点停车和起步、侧方停车、通过单边桥、曲线行驶、直角转弯、通过限宽门、通过连续障碍、起伏路行驶、窄路掉头，以及模拟高速公路、连续急弯山区路、隧道、雨（雾）天、湿滑路、紧急情况处置等专项评判标准。

（二）科目三道路驾驶技能考试

1. 通用评判不合格情形。考试时出现下列情形之一的，评判为不合格：

（1）不按规定使用安全带或者戴安全头盔的；

（2）遮挡、关闭车内音视频监控设备的；

（3）不按考试员指令驾驶的；

（4）不能正确使用灯光、雨刮器等车辆常用操纵件的；

（5）启动发动机时挡位未置于空挡（驻车挡）的；

（6）绿灯亮起后，前方无其他车辆、行人等影响通行时，10s内未完成起步的；

（7）起步时车辆后溜距离大于30cm的；

（8）驾驶汽车双手同时离开转向盘的；

（9）单手控制转向盘时，不能有效、平稳控制行驶方向的；

（10）车辆行驶方向控制不准确，方向晃动，车辆偏离正确行驶方向的；

（11）不能根据交通情况合理选择行驶车道、速度的；

（12）使用挡位与车速长时间不匹配，造成车辆发动机转速过高或过低的；

（13）车辆在行驶中低头看挡或连续2次挂挡不进的；

（14）行驶中空挡滑行的；

（15）视线离开行驶方向超过2s的；

（16）违反交通安全法律、法规，影响交通安全的；

（17）不按交通信号灯、标志、标线或者交通警察指挥信号行驶的；

（18）不按规定速度行驶的；

（19）车辆行驶中骑轧车道中心实线或者车道边缘实线的；

（20）长时间骑轧车道分界线行驶的；

（21）起步、转向、变更车道、超车、靠边停车前不使用或错误使用转向灯的；

（22）起步、转向、变更车道、超车、靠边停车前，开转向灯少于3s即转向的；

（23）争道抢行，妨碍其他车辆正常行驶的；

（24）行驶中不能保持安全距离和安全车速的；

（25）连续变更2条或2条以上车道的；

（26）通过积水路面遇行人、非机动车时，有不减速等不文明驾驶行为的；

（27）遇行人通过人行横道不停车让行，不主动避让优先通行的车辆、行人、非机动车的；

（28）将车辆停在人行横道、网状线内等禁止停车区域的；

（29）行驶中身体任何部位伸出窗外的；

（30）制动、加速踏板使用错误的；

（31）对可能出现危险的情形未采取减速、鸣喇叭等安全措施的；

（32）因观察、判断或者操作不当出现危险情况的；

（33）驾驶摩托车时手离开转向把的；

（34）二轮摩托车在行驶中左右摇摆或者脚触地的；

（35）摩托车制动时不同时使用前、后制动器的；

(36) 考生未按照预约考试时间参加考试的。

2. 通用评判扣 10 分情形。考试时出现下列情形之一的，扣 10 分：

(1) 驾驶姿势不正确的；

(2) 起步时车辆后溜，但后溜距离小于 30cm 的；

(3) 操纵转向盘手法不合理的；

(4) 起步或行驶中挂错挡，不能及时纠正的；

(5) 转弯时，转、回方向过早、过晚，或者转向角度过大、过小的；

(6) 换挡时发生齿轮撞击的；

(7) 遇情况时不会合理使用离合器半联动控制车速的；

(8) 因操作不当造成发动机熄火一次的；

(9) 不能根据交通情况合理使用喇叭的；

(10) 制动不平顺的；

(11) 遇后车发出超车信号，不按规定让行的。

3. 专项评判。包括上车准备，起步，直线行驶，加减挡位操作，变更车道，靠边停车，直行通过路口，路口左转弯、路口右转弯，通过人行横道线、学校区域、公共汽车站，会车，超车，掉头，夜间行驶等专项评判标准。

第三节　驾驶人考试系统发展和应用

一、驾驶人考试设备电子化发展简史

20 世纪 90 年代中后期，基于管理创新的需要，一些车辆管理所联合地方科研院所及高科技公司尝试实现科目考试的电子化，最先应用于实际考试业务的是科目一电子化阅卷系统，原理是先制作标准答题卡，考生在考试时用铅笔填涂所选项，收卷后插入光电阅读器进行电子阅卷。电子阅卷系统最显著的特点是提高了工作效率，原来一天的阅卷工作，有了电子阅卷一个小时就可处理完成，因此，在投入使用后即受到考试员的欢迎，也得到了上级领导的肯定。管理部门顺势提出向科技要警力的号召，一些厂商从中发现商机，研发出一代又一代高性能电子化科目考试产品，科目考试电子化大幕自此拉开。

1996 年前后出现第一代商品化的科目一考试产品：无纸化考试系统，产品

特点如同产品名称——实现了理论考试的答、阅、存、查全过程无纸化操作。无纸化考试系统不仅使科目一考试从此由繁化简，而且具备随机抽题组卷的功能，可有效防止科目一考试作弊。无纸化的原理是将全部标准试题存入数据库，通过应用软件给每个考生从数据库中抽取一百道题，然后计时答题，考生提交试题后将答卷与标准答案比较，得出考生的考试成绩。从原理上可以看出，无纸化是数据库典型的应用案例，因此无纸化考试系统也是车管业务信息化的典型案例。

无纸化考试系统的成功应用，极大地催化了其他科目考试系统及设备的发展，在其之后迅速出现了电子自动化桩考（俗称电子桩）。如果说无纸化开启了科目考试电子化时代，那么电子桩则在科目考试电子化时代中起到了承上启下的里程碑式的作用。第一代电子桩采用光路传感器车身出线进行检测，用霍尔传感器（铁磁）或振动传感器判别车身碰杆，电子技术的应用使桩考实现了人工定性判断向定量评判的升级。1998年，市场上出现的视频桩考可以归结为第二代电子桩，所谓视频桩考，就是在原电子桩的基础上加入视频跟踪功能，将视频跟踪的考车行驶轨迹记录下来，用于后续成绩核验参考。考车行驶轨迹在当时技术条件下不失为很好的成绩复核依据，因此，该产品推出后受到了市场的欢迎。基于因地制宜的产品策略，在第一代和第二代电子桩的基础上还有些衍生产品，如电子桩套库、自动库、半自动库等，其实基本功能都是一样的，不同的是可以适用于不同车型而已。

桩考电子化持续了一段时间，这期间除了电子桩得到普及外，最大的收获是电子化、自动化深入人心，应用科技手段升级传统科目考试方法成为潮流。2003年前后，随着科技手段在科目考试领域的不断深化，市场上出现了电子化的科目三。这个时候的科目三产品所实现的考试项目其实就是现在的除桩考以外的科目二，采用的技术和电子桩类似，即在场地上安装光和磁等多种类型的传感器对考车在场地的操作轨迹进行评判。该类产品经过111号令的规范，形成了现在的科目二考试产品中的一个大类。2005年开始出现现代雏形的科目三考试系统，由于技术线路和科目二考试系统相同，所以此类科目三考试系统只能局限在有限的范围内模拟科目三考试内容。到2008年，由于RTK（real time kinematic，实时动态测量，一种基于卫星导航系统的快速差分实时动态定位技术，俗称差分GPS，规范的称呼应该是卫星差分定位）技术的应用，市场上才出现真正意义上的电子化科目三考试系统。该系统不需要在道路上安装任何辅助评判设备就可完成科目三大部分考试项目的自动评判，因而可以满足科目三在实际道路环境进行考试的要求。到此时，电子化的科目三考试系统逐渐被管理部门接受，慢慢普及开来，而卫星差分定位技术也开始进入人们的视野。2012年下半年，开发出差分型科目三考试系统的厂家将RTK技术进行了延伸，在卫星定位的基础上，采用双RTK开发出定向的功能，并将其应用到科目二考试中。定位可以知道考车的精确位置，定向可以准确判断出考车的方向，再加上卫星导航系统提供的速度和时间，双RTK就取代了原科目二考试系统中的所有传感器，科目二考试也可以像科目三考试系统一样在场地上不需要安装任何传感器，其稳定性和可靠性得到极大提高。卫星差分定位型科目二考试产品一投放市场，就得到了市场和管理部门的高度肯定，并迅速引发了科目考试的技术革命，目前市场上销售的科目二、三考试系统基本上都是采用卫星差分定位技术。

二、考试系统的分类及主要评判方法

（一）科目一"无纸化考试系统"

商品化的"无纸化考试系统"进入市场后，产品形态和技术线路一直延续到现在，硬件无非PC（个人电脑）、服务器加网络设备，软件是数据库（试题的载体）和应用软件（考试交互界面），除题库依据部令修改过几次外，其他几乎没有任何变化。早期的软件是CS（client server）结构，现在都是BS（browser server）结构，BS结构在技术上支持全国科目一考试在统一平台上运行的管理需求。近期市场上有厂家用嵌入式系统替代PC，这应该是方向。PC经过几十年的发展，目前其目标市场逐渐被嵌入式系统所替代，最普及的是智能手机，其他智能化数码产品、自动化设备都采用嵌入式系统作为核心控制部件。与PC系统的Windows和Intel不同，嵌入式系统硬件上最有名的解决方案是ARM，而操作系统可选择的范围比较广，其中广为人知的是谷歌公司的Android。用嵌入式系统取代PC的好处毋庸置疑：便携、低功耗、廉价、稳定性好、易操作等数不胜数，嵌入式系统另外一个优点是可方便地针对具体应用需求定制出特定的产品形态，如按照科目一考试实际需要生产单纯的考试机，那么借助外挂软件和硬件作弊的通道就可以被彻底堵死。

（二）科目二"机动车驾驶人场地道路考试自动化评判系统"

科目二从早期的桩考到现在的场地五项，其考核内容发生了很大变化，科目二考试产品自然也同时发生了翻天覆地的变革，在不断的变化发展中逐渐形成了很多产品系列和技术流派，为描述方便，这里选取两个最具代表性的产品进行介绍。

1. 标志线的检测。标志线主要的检测手段有以下 4 种，下面以技术出现的时间为序分别介绍：

（1）霍尔传感器法。该方法是在标志线附近预埋磁铁，在考车底盘特定位置安装经过特殊调教的霍尔传感器，当考车行驶到标志线附近时，根据霍尔传感器能否检测到磁铁来判断考车与标志线的距离。此方法的优点是成本低，安装方便，缺点是精度低、误差大，标志线的检测精度很难≤5cm，后续的维护频度和复杂度都比较高。

（2）微气流法。该方法是在标志线下方预埋气管，在气管的末端安装气流传感器，考车轮子压线挤压气管，气流传感器就能检测到空气流动。此方法优点是检测精度高，车轮和标志线有直接接触才触发，对压线的检测结论不会有歧义，缺点是安装复杂，安装后的场地平整度不好，后续使用中容易受到人为破坏。

（3）振动传感器法。该方法是在标志线上方加上钢筋，在钢筋的末梢安装振动传感器，车轮碰到钢筋引发振动，振动传递到末梢由振动传感器检测。此方法实际上是方法二的变种，但实际使用效果不如前者，主要是因为能够引发钢筋振动的因素多，如意外的触碰、重载车，甚至大风等都会引起误触发，所以此方法使用范围并不广。

（4）卫星差分定位法。目前国际上正式投入运行的三大卫星导航系统（美国的 GPS、俄罗斯的 GLONASS 和中国的北斗）的基本功能都是定位、授时和测速（北斗在此基础上增加了短报文）。地面的卫星接收机接收到导航卫星发射的定位信号，就能确定出接收机所处的经纬度坐标。定位的精度和所接收到的卫星数量有一定关系，越多数据就越可靠，精度就可能越高。影响精度的另外一个主要因素是算法和授权，如给民用的和给军方的授权就不同。在有限授权的前提下，通过在需要定位的附近架设辅助基站，再运用差分算法可以把定位精度大幅提高，此技术在专业领域称为 RTK，在驾考行业则俗称为差分 GPS 或卫星差分定位。目前利用卫星差分定位技术可以把静态定位精度提高到毫米级，动态的如快速行驶的车辆，定位精度也能达到厘米级。有了如此高精度的定位信息，我们就可以分辨出快速移动物体上的两个不同的点，两个点就可确定一条线，而一条线就确定了一个方向。有了方向、速度和车辆的长、宽、高等数据，用计算机就能够在虚拟的环境中构建出移动的和真实环境中一一对应的考车。如果在此之前把场地上的标志线通过测绘的方法输入到计算机,那么我们就能在虚拟环境下(电子地图,即 GIS)构建出和考试环境一模一样的场景,计算机时刻检测虚拟考车和虚拟标志线的距离,反映出的则和现实中的情况完全一样,由此实现了标志线的检测。

卫星差分定位优点非常明显,精度高、稳定性好,由于不需要在场地上安装传感器,施工、维护都非常简单,而且环境适应性强,恶劣天气对系统基本上不会产生影响。缺点是成本高,影响稳定性的因素多。

2. 行驶方向和速度的检测。行驶方向和速度的检测方法有两种:一种是速度传感器,另外一种就是直接从卫星差分定位接收机提取。

所谓速度传感器,就是在考车的传动轴上安装一个法兰盘,根据测速精度要求,把法兰盘等分出不同的刻度,再在对应刻度上安装磁铁(也可以是齿轮,霍尔传感器既能感应磁,也能感应铁,用磁铁可以有效延长感应距离),考试系统上一般安装 8~12 个。在法兰盘的附近用霍尔传感器测通过的磁铁个数,就可得出考车的速度,用两个霍尔传感器就能测出行驶方向。速度传感器方法很成熟,汽车仪表上的速度基本上都是通过这种方法获得。

速度是卫星导航系统的三要素之一,物体的移动速度越高,精度就越好。但对于低速移动的物体,如果接收机的定位精度不高,如普通单频单星接收机的定位精度在 10 米左右,那么该类接收机对于运行速度在 10 公里左右的物体就不测速,因为即便物体不动,接收机也可能显示在瞬间跳出去 10 米。由上面的叙述可以看出,速度的精度和定位的精度是相关的,对于定位精度厘米级的差分定位接收机而言,速度的精度优于 1km/RMS。要确定行驶方向通过轨迹就可获得,但由于采用卫星差分定位技术的科目二考试系统需要在虚拟环境的电子地图中构建考车模型,模型的建立需要考车的方向矢量,实现的方式是在考车上安装两套卫星定位接收机,接收机之间的距离称为基线,基线越长,方向矢量的精度越高,所还原出来的考车模型精度也越高,虚拟环境的评判和现实世界的符合度也就越高。市场上小型车的基线长度一般为 1 米,所对应的方向精度为 0.1 度。大型车的尺寸比较大,要用 1 米的方向矢量还原 9 米以上的大车,误差肯定无法接受,所以大车的基线长度为 2 米,方向的精度优于 0.08 度。

3. 障碍物的检测。障碍物的检测方法可分为两大类:第一类是在障碍物上安装传感器,根据考车触发传感器的情况进行评判。第二类是设法获取考车更多的姿态数据,结合更高精度考车模型在电子地图中进行虚拟评判。下面分别介绍基本原理和评判方法：

（1）在障碍物上安装传感器。桩考（限宽门）吊杆：霍尔传感器加磁铁，或者振动传感器。前者是考车碰开吸附在磁铁上的霍尔传感器触发，后者是感受到碰撞引发的振动；连续障碍铁饼：导电橡胶，或者位移传感器。导电橡胶受挤压后会导通，位移传感器可以测出铁饼的移动，车轮碰上铁饼，导电橡胶和位移传感器都会给信号；单边桥：在桥体上安装压电开关，或者在桥体周围安装导电橡胶。前者是车轮上桥触发压电开关，后者是车轮掉下来触发导电橡胶。

（2）姿态测量加虚拟评判。方向矢量结合车的长、宽可以模拟运动的四边形，但这只是个平面。如果要反映出车身倾斜或者倾仰，就必须知道反映车身姿态的两个物理量，即横滚角和俯仰角。测量横滚角和俯仰角就需要用到惯性导航技术（INS），惯性导航技术诞生得比卫星导航技术还早，技术比较成熟，但高精度惯性导航设备的成本却一直居高不下，这也是卫星导航技术后来居上的重要原因。在科目考试系统中，高性价比惯性导航设备的开发成为关键。目前市场上能够满足考试需要的 INS 其横滚角的精度为 0.1 度，俯仰角的精度为 1 度。用方向矢量和姿态数据，结合不同车型的长、宽、高，就可以在电子地图中模拟出高仿真的考车运动形态，测量考车与电子地图中事先标记好的障碍物的相互关系，就实现了障碍物的虚拟评判，从而摆脱了对场地传感器的依赖。

结合上面的介绍，科目二考试系统大致可为实体评判和虚拟评判两大类。早期的产品都属于第一类，即实体评判，目前市场上大部分小型车考试系统基本上都过渡到第二类，即虚拟评判；其他车型的考试系统除个别厂家实现了全虚拟评判外，基本上都是两种评判方式的结合，有障碍物的项目和个别模拟项目，如模拟隧道，采用实体评判，其他即采用虚拟评判。

（三）科目三"机动车驾驶人实际道路考试自动化评判系统"

虽然早期的科目三考试系统主要是靠场地辅助设备进行评判，但现在的科目三考试系统都采用 RTK 技术，方法原理和前面介绍的科目二考试系统类似，只是具体的项目评判上针对科目三项目设置的要求进行了相应的设计变化。

第八章
机动车驾驶人管理

第一节 机动车驾驶人管理概述

一、机动车驾驶人管理的含义

机动车驾驶人，是指根据本人自愿，年龄、体检及其他条件审核合格，由公安机关交通管理部门考核合格，准许驾驶某一种或几种车型的机动车辆，并持有公安机关交通管理部门核发的机动车驾驶证的人员。

机动车驾驶人管理，是指公安机关交通管理部门根据道路交通安全法律规范和有关技术标准，对车辆驾驶人进行考试、发证、审验、变更、教育、档案管理以及指导和监督相关部门对驾驶人进行管理的活动。公安机关交通管理部门对机动车驾驶人管理，主要是通过对机动车驾驶证的管理来实现。

二、我国机动车驾驶人的基本情况

截至 2018 年年底，全国机动车驾驶人数量达到 4.09 亿人，与 2017 年相比，增加 2455 万人（扣除注销量），增长 6.38%。其中，汽车驾驶人达 3.69 亿人，占驾驶人总量的 90.28%，与 2017 年相比，增加 2689 万人，增长 7.85%。从统计情况看，近五年，随着汽车保有量的快速增长，汽车驾驶人数量呈同步大幅增长趋势，年均增量达 3012 万人；同时，全国汽车驾驶人数量与经济活动人口（16 岁以上劳动人口）总数比例也呈逐年上升趋势，从 2014 年的 0.31 上升至 2018 年的 0.46（见图 8-1），汽车驾驶技能正逐步成为群众生活的基本技能。

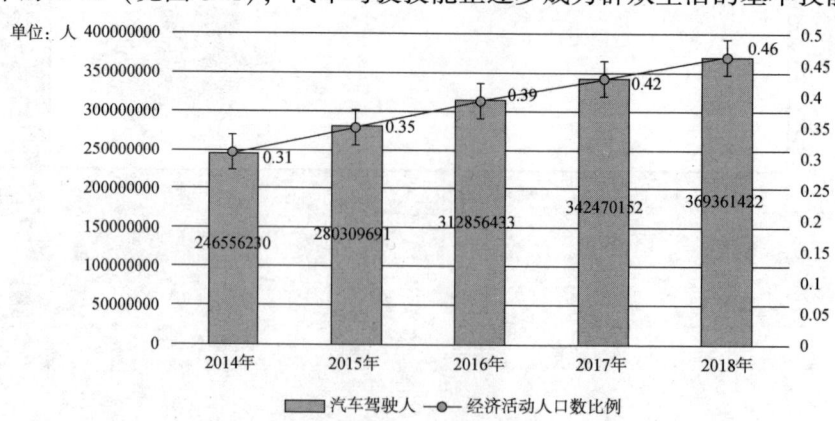

图 8-1　2014—2018 年汽车驾驶人及与经济活动人口数量比例情况

从驾驶人年龄看，18~25 岁的驾驶人有 5136 万人，占总数的 12.55%；26~50 岁的驾驶人有 3 亿人，占总数的 73.31%；51~60 岁的驾驶人有 4663 万人，占总数的 11.40%；超过 60 岁的驾驶人有 1123 万人，占总数的 2.74%，如图 8-2 所示。驾驶人年龄段主要集中于 26~50 岁，60 岁以上驾驶人所占比例有所降低，比 2017 年年底下降 0.28 个百分点。驾龄不满 1 年的驾驶人数量达 2798 万人。

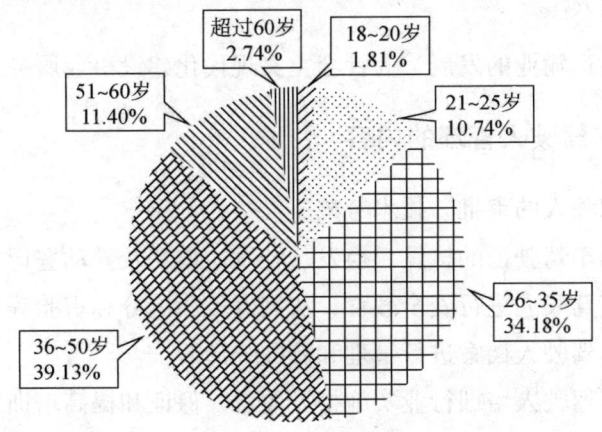

图 8-2　2018 年年底全国驾驶人年龄分析图

从驾驶人性别看，男性驾驶人达 2.86 亿人，占驾驶人总数的 69.87%；女性驾驶人达 1.23 亿人，占 30.13%，比 2017 年提高了 1.34 个百分点。从驾驶人新领证情况看，2018 年全国新领证驾驶人（驾龄不满 1 年）数量达 2798 万人，占全国机动车驾驶人总数的 6.84%，近 3 年呈逐年下降趋势（见图 8-3），年均下降 272 万人。

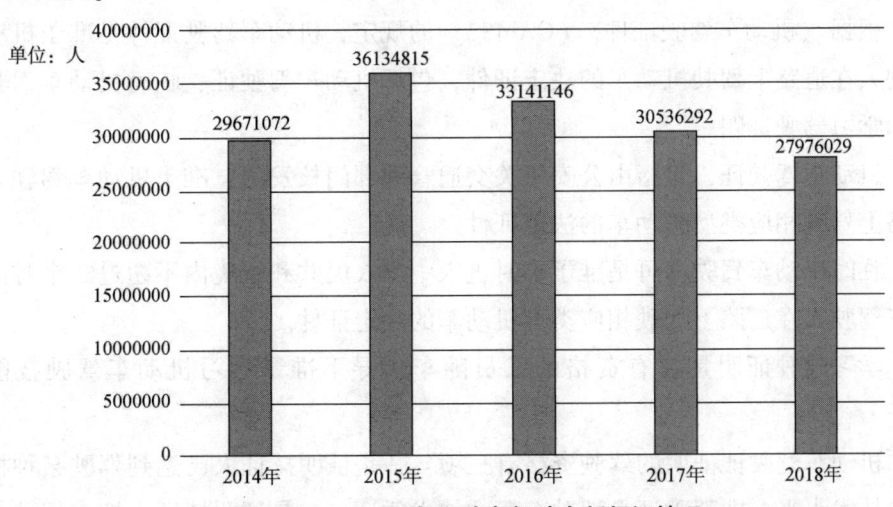

图 8-3　2014—2018 年机动车驾驶人新领证情况

三、机动车驾驶人管理的意义

1. 建立一支高素质的驾驶人队伍。
2. 保障交通安全、减少交通事故。
3. 维护正常良好的交通秩序。
4. 降低交通公害。
5. 促进交通运输业的发展,为社会主义现代化建设事业服务。

四、机动车驾驶人管理的内容

1. 对学习驾驶人的审批、技术考核。
2. 办理机动车驾驶证的核发、换发、补发、增驾及异动登记等手续。
3. 对机动车驾驶人进行安全教育、法制宣传、记分和审验等日常管理。
4. 对机动车驾驶人档案进行管理和有关统计。
5. 对机动车驾驶人培训行业实施指导监督,保证和提高培训质量。

第二节　驾驶证的作用和历史沿革

一、机动车驾驶证件及机动车驾驶证的概念和作用

根据《机动车驾驶证件》(GA 482)的规定,机动车驾驶证件是准予机动车驾驶人在道路上驾驶机动车的法定证件,包括机动车驾驶证、临时机动车驾驶许可和学习驾驶证明。

机动车驾驶证,是指由公安机关交通管理部门核发的,准予机动车驾驶人在道路上驾驶相应类型机动车的法定证件。

临时机动车驾驶许可是准予临时进入中华人民共和国境内不超过3个月的机动车驾驶人在道路上驾驶相应类型机动车的法定证件。

学习驾驶证明是在有资格的人员随车指导下准予学习机动车驾驶技能的凭证。

机动车驾驶证证明的驾驶资格有三项:一是证明持证人已达到驾驶某种机动车的技术水平,即驾驶证是驾驶车辆的技术凭证;二是证明持证人拥有驾驶某种

车辆通行道路的权利,即驾驶证是驾驶车辆通行道路的权利凭证;三是证明持证人具有适应驾驶机动车的生理和心理素质,即驾驶证是持证人的健康凭证。

二、机动车驾驶证的历史沿革

(一)世界各国驾照

如果从国际上去考证驾考、驾照甚至汽车牌照的历史,可以追溯到19世纪的法国。1893年8月14日,《巴黎警察条例》规定汽车驾驶员须通过驾驶水平考试方可驾驶车辆,参加驾驶考试者年龄必须在21岁以上。当时规定的考试内容除了驾驶技术还包括发动机的构造和原理以及汽车维修技术等,可谓考得相当全面。有驾驶考试,当然也就诞生了驾照(驾驶证),于是法国也成为世界上最先颁发驾驶证的国家,当时的驾驶证也贴驾驶员的照片,并且会登记车种。随后,美、英、德、日等国家纷纷效仿法国模式,许多国家的汽车企业的创始人都是各国首批获得驾驶证的人。如福特公司创始人亨利·福特在1896年成为美国第一位通过考试而获得驾驶证者。

1. 美国机动车驾照。因为美国是一个联邦制国家,各州的机动车驾照并不相同,但通常可分为商业驾照(Commercial Driver License,CDL)和非商业驾照(NON-Commercial Driver License,DL)两大类,如图8-4、图8-5所示。

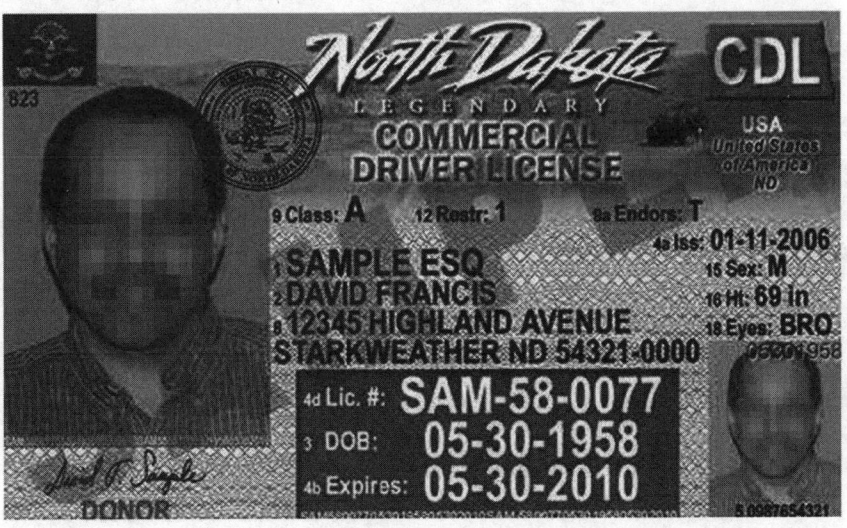

图8-4 美国北达科他州商业驾照

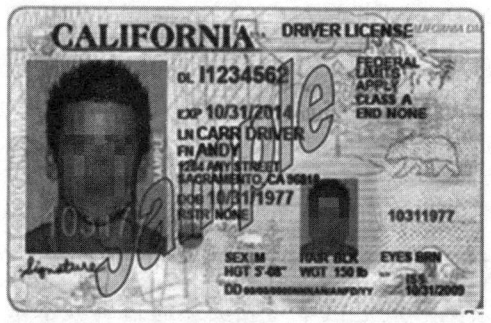

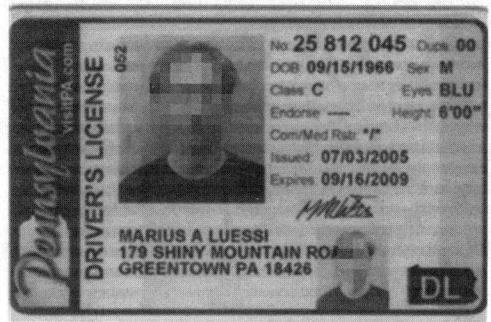
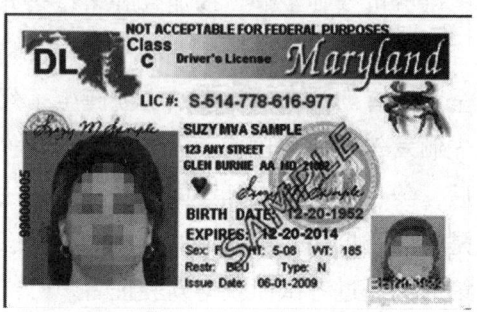

图 8-5　美国各州非商业驾照

2. 加拿大机动车驾照。加拿大的情况和美国类似,各省的机动车驾驶证并不相同(见图 8-6),各省的机动车驾驶证通常采用分级制,有的按阿拉伯数字分级,有的省类似我国按英文字母分级。如不列颠哥伦比亚省的机动车驾驶证分为 1~8 级,其中 1 级驾照类似我国的牵引车驾照,5 级驾照相当于我国的私人小汽车驾照。

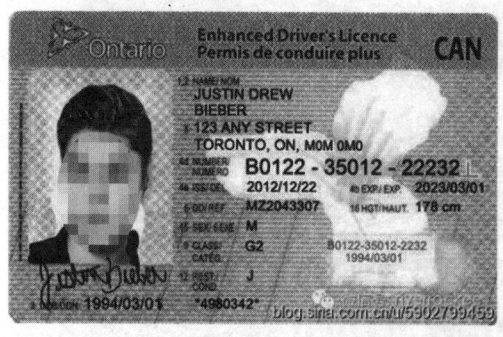
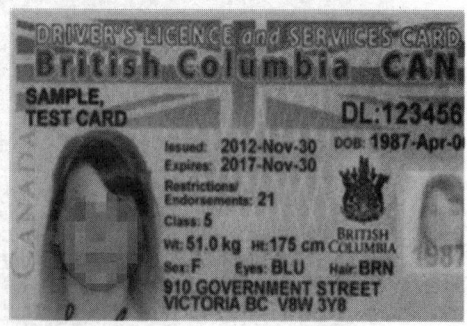

图 8-6　加拿大各省机动车驾照

3. 日本的机动车驾驶证。日本的驾驶执照叫运转免许证(见图 8-7)。免许证在日本的用途很广,一般的日本人把免许看成是成年人的标志。

日本驾驶证分类:

(1) 临时驾驶证（临时驾驶证用于练习或考试等）。

(2) 第一种驾驶证（普通驾驶证）。第一种驾驶证是用于驾驶汽车或轻便摩托车时必需的驾驶证，包括普通第一种、大型第一种、大型特殊第一种、牵引第一种、普通二轮、大型二轮、小型特殊、轻便摩托车8类。

(3) 第二种驾驶证（营运车驾驶证）。第二种驾驶证是驾驶出租汽车、客运汽车的驾驶证，包括普通第二种、大型第二种、大型特殊第二种和牵引第二种4种，且必须在取得第一种驾驶证3年之后才可以申请第二种驾驶证。驾驶证的有效期通常为5年。

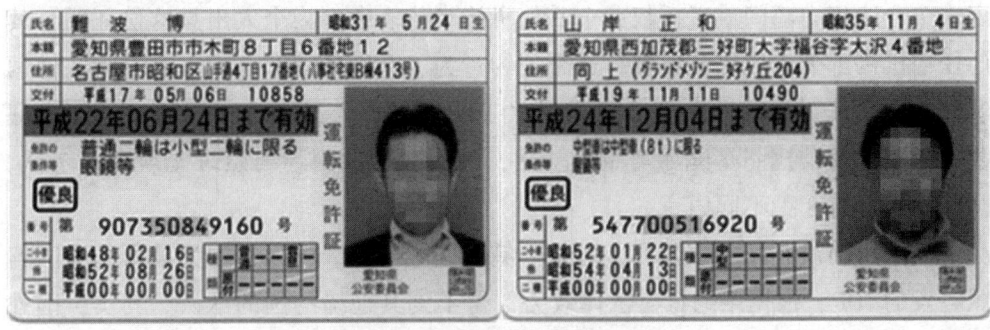

图8-7　日本的机动车驾驶证

4. 韩国机动车驾驶证。韩国机动车驾驶证（见图8-8）分为大型、普通、小型、特殊驾照几类。

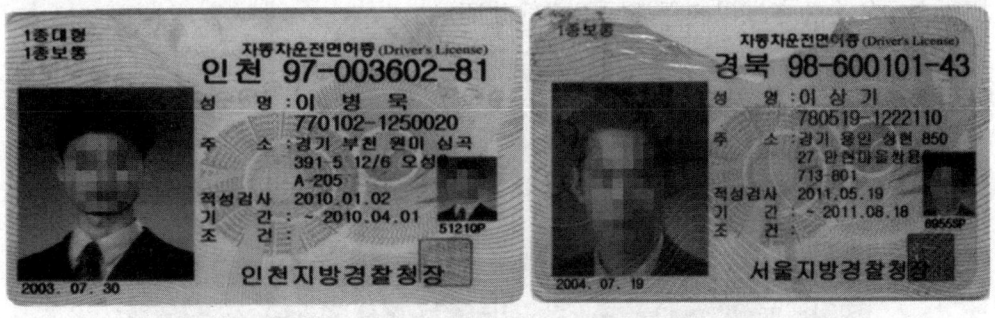

图8-8　韩国机动车驾驶证

（二）国际驾照简介

国际驾照（International Driving Permit，IDP）是在他国拥有该国驾照资格的证明翻译文件（见图8-9）。根据《联合国陆路交通国际条约》（CONVENTION ON ROAD TRAFFIC），授权相关的国际组织签发给已经在本国拥有驾照的驾驶员，其主要目的是消除司机在国外驾车时，由于各国对驾照有不同要求而遇到的障碍。该国际公约曾经于1923年、1943年、1949年和1968年多次修改,已有英、美、法、日、加等180多个国家和地区在联合国道路交通法规上签字,并接受此文件。

国际驾照实际上并不是一个驾驶执照。它只是由驾驶人所在国的官方机构或经其授权的其他机构根据该国政府参加的联合国道路交通公约、以公约中规定的标准式样、用英/法/俄/中/阿拉伯/日等多种语言为驾驶员出具的证明该驾驶员持有该国有效驾照的一份证明,其主要用途是帮助其他国家的警察读懂驾驶员的姓名、地址、准驾车型等必要信息。如果该国政府参加了该公约,那么政府会指定一个合法权力部门或者授权一个其他机构来代表政府为个人出具这份证明,其他任何机构都无权代表政府履行这个公约行为。在国外驾车、租车时作为在他国驾驶的能力证明和翻译文件。国际驾照表明的是个人具备在他国驾驶的能力证明,而国内驾驶执照是国际驾照的基础,因而在领取国际驾照时无须重新考试。国际驾照上有8种不同语言。

我国目前没有加入该公约,所以不签发国际驾照。外国机构为某人的中国驾照签发的IDP,根据条约没有法律效力,得不到其他缔约国的承认。其实,国外许多国家都承认中国驾照,包括美国、英国、加拿大等发达国家。中国公民只要把我国颁发的有效驾照办理公证,出国后便可以据此在许多国家尤其是欧美国家申请临时驾照使用。当然,如果需要长期驾驶或从事出租车等工作,还是必须参加所在国的有关考试以获得该国正式驾驶证。

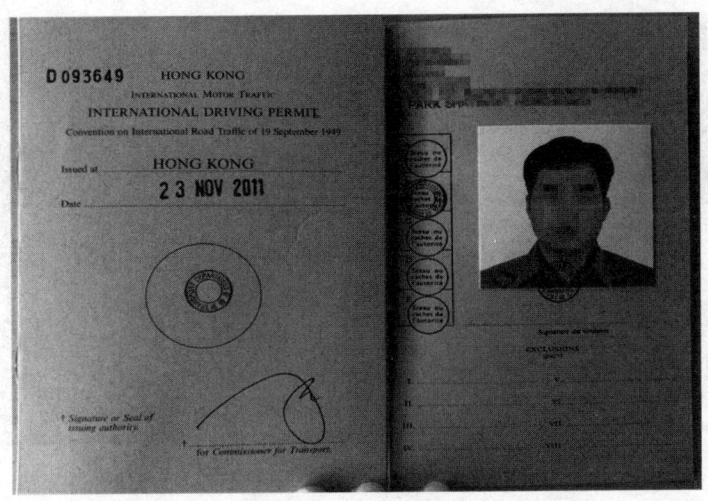

图 8-9　国际驾照

（三）我国大陆地区机动车驾驶证的发展历史

1. 82 版机动车驾驶证（见图 8-10）。

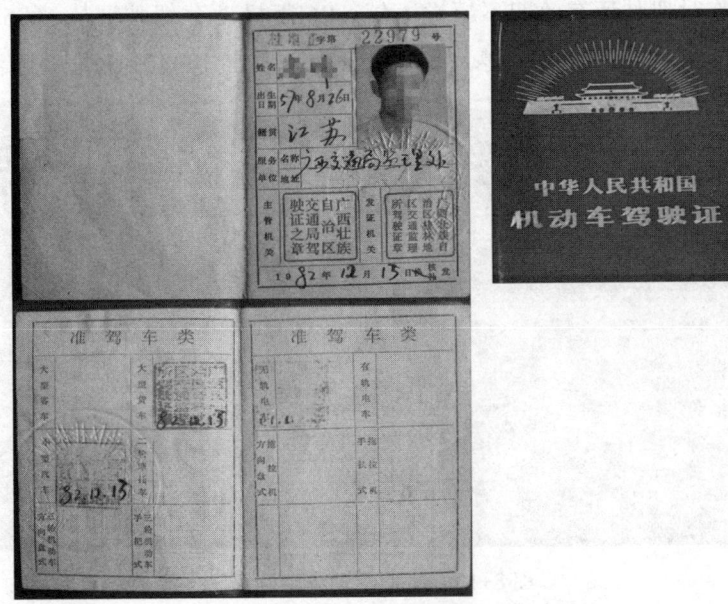

图 8-10　82 版机动车驾驶证

2. 89 版机动车驾驶证。89 版机动车驾驶证（见图 8-11）分为中华人民共和国机动车驾驶证、中华人民共和国机动车实习驾驶证、中华人民共和国机动车学习驾驶证、中华人民共和国机动车临时驾驶证。全国从 1989 年 10 月 1 日起停发 82 版机动车驾驶证。

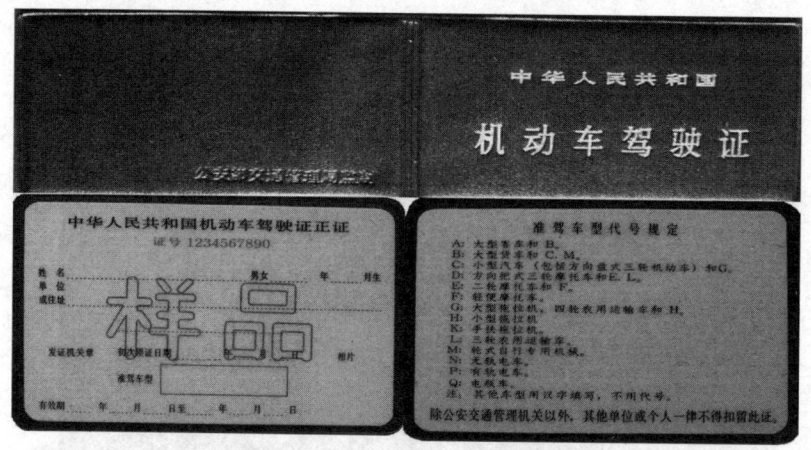

图 8-11　89 版机动车驾驶证

3. 96 版机动车驾驶证。96 版机动车驾驶证分为中华人民共和国机动车驾驶证（见图 8-12）、中华人民共和国机动车学习驾驶证、中华人民共和国机动车临时驾驶证。驾驶证有效期为 6 年，初次领证的第 1 年为实习期；学习驾驶证有效期为 2 年；临时驾驶证有效期不超过 1 年。96 版机动车驾驶证从 1996 年 9 月 1 日起使用，2004 年 7 月 1 日起停发。驾驶证防伪膜自 1998 年 1 月 1 日起启用。

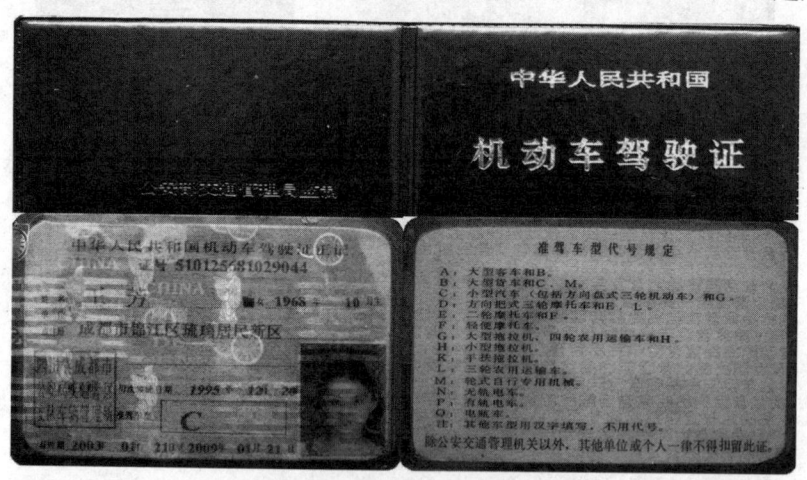

图 8-12　96 版机动车驾驶证

4. 2004 版机动车驾驶证。2004 版机动车驾驶证只有一种（见图 8-13），有效期分为 6 年、10 年和长期有效三种。从 2004 年 5 月 1 日起使用，2004 版机动车驾驶证进行了全面改版，调整了签注项目，改变了底纹排列方式，增加了英文和防伪暗记，沿用 96 版机动车驾驶证防伪膜。

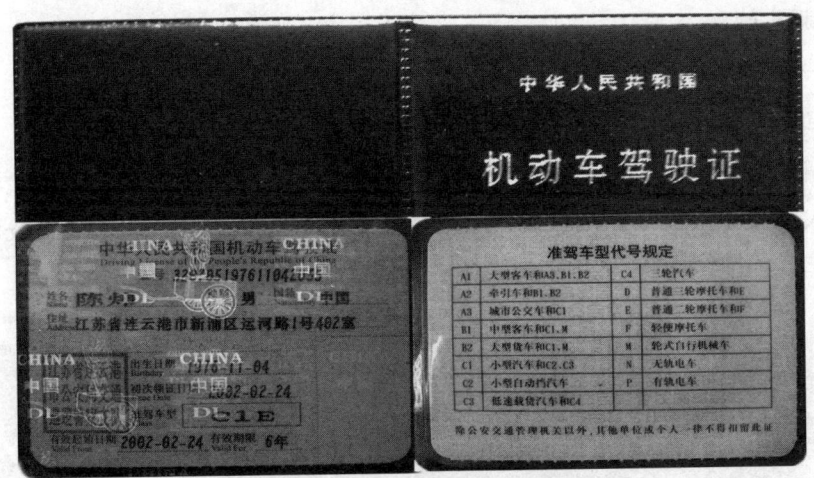

图 8-13　2004 版机动车驾驶证

5. 2008 版机动车驾驶证（见图 8-14）。

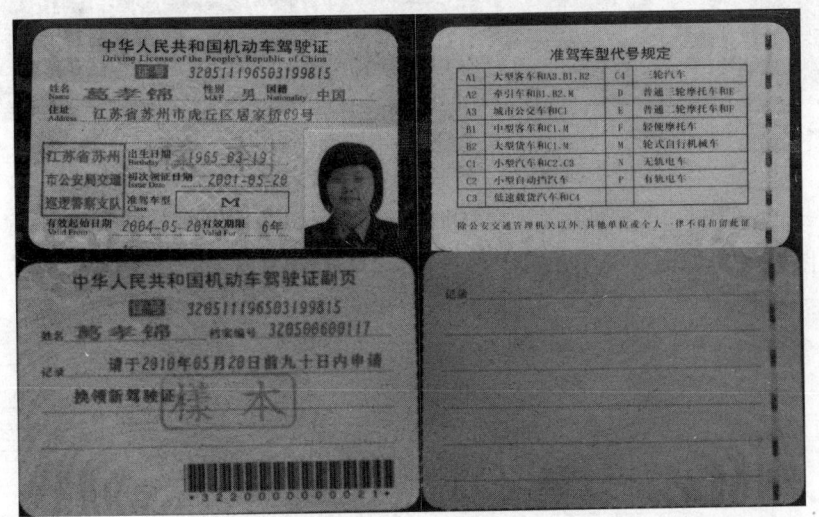

图 8-14　2008 版机动车驾驶证

三、我国现行的机动车驾驶证——2008 版机动车驾驶证

我国现行的机动车驾驶证是 2008 版机动车驾驶证，执行的标准是《中华人民共和国机动车驾驶证件》（GA 482—2008），该标准规定了中华人民共和国机动车驾驶证件的要求、检验方法、检验规则以及包装、标志、运输及贮存和生产管理。适用于公安机关交通管理部门依法核发的机动车驾驶证件的生产和检验。该标准在 2010 年、2012 年及 2016 年经过几次修订，最后一次修订后自 2016 年 4

月1日起实施。

(一)机动车驾驶证证件式样

中华人民共和国机动车驾驶证由证夹、主页、副页三部分组成。

1. 证夹：证夹的外皮为黑色人造革，内皮为透明无色塑料，正面烫金压字"中华人民共和国机动车驾驶证"，其中"中华人民共和国"字体为16pt宋体，"机动车驾驶证"字体为34pt长宋体。具体式样如图8-15所示。

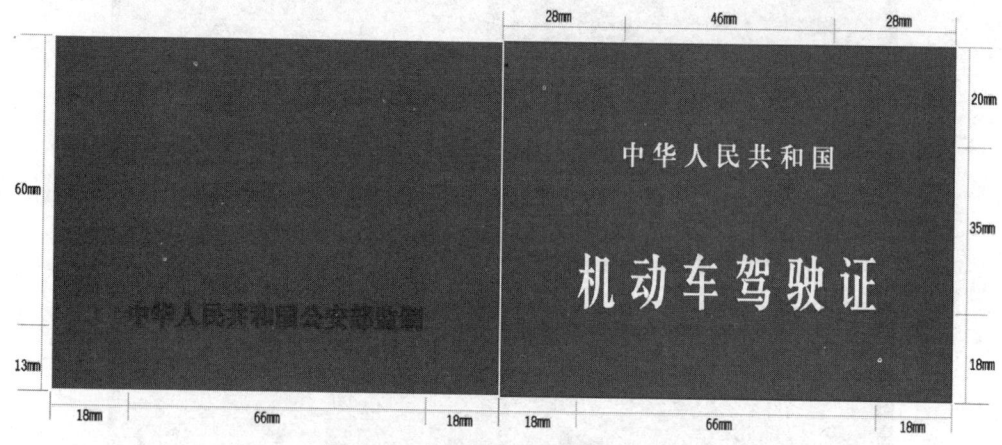

图8-15　机动车驾驶证证夹式样

2. 主页：主页是用塑封套塑封的已签注的证芯，正面、背面的格式、内容及花纹图案式样如图8-16所示。

机动车驾驶证主页正面　　　　　机动车驾驶证主页反面

图8-16　2008机动车驾驶证主页式样

3. 副页：副页为单页卡片，正面、背面的格式、内容及花纹图案式样如图8-17所示。

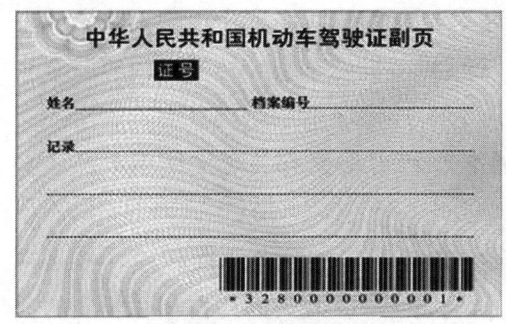 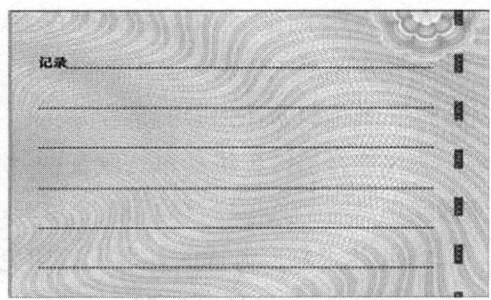

机动车驾驶证副页正面　　　　　　　　机动车驾驶证副页反面

图 8-17　2008 机动车驾驶证副页式样

（二）机动车驾驶证印刷文字内容与特征

机动车驾驶证印刷文字使用的汉字为国务院公布的简化字。

1. 主页正面文字："中华人民共和国机动车驾驶证"字体为 12pt 黑体，位置居中；"证号"字体为 9pt 黑体，颜色为红色；"姓名""性别""出生日期""住址""国籍""准驾车型""初次领证日期""有效起始日期""有效期限"等其他文字为 7.5pt 宋体，颜色为黑色。英文"Driving License of the People's Republic of China"字体为 7pt 罗马字体，位置居中；其他英文的字体为 6pt 罗马字体，颜色为黑色。签发机关证件章的颜色为红色，使用荧光防伪油墨印刷。

2. 主页背面文字："准驾车型代号规定"字体为 10.5pt 黑体；其他文字的字体为 7.5pt 宋体。

3. 副页正面文字："中华人民共和国机动车驾驶证副页"字体为 12pt 黑体，位置居中；"证号"字体为 9pt 黑体，颜色为红色；"姓名""档案编号""记录"等文字为 7.5pt 宋体。

4. 副页背面文字："记录"等文字为 7.5pt 宋体。

（三）机动车驾驶证证件印章

2008 版机动车驾驶证的证件印章的规格、式样及印文要求同 2008 版的机动车行驶证。

（四）机动车驾驶证签注要求

1. 证件编号。中华人民共和国机动车驾驶证编号（简称证号）直接采用公民身份证明编号。

2. 签注字体要求。机动车驾驶证主页和副页上的签注内容应使用专用打印机打印；打印字体为宋体，打印颜色为黑色。对于打印汉字库中没有的汉字，可用黑色墨水笔手工填写。其中，"姓名""性别""准驾车型"栏签注内容的字号为15pt；其他栏签注内容的字号为9pt。

在民族自治区，机动车驾驶证的"姓名"栏可根据有关规定使用本民族文字和汉字填写，其他栏目均用汉字填写。

3. 相片要求。为持证者本人近期免冠、白色背景的彩色正面相片（校正视力者须戴眼镜），其规格为32mm×22mm（1寸相片），人头部约占相片长度的三分之二。

（五）塑封套

2008版机动车驾驶证的塑封套由A、B两页沿短边一侧加热封合而成，A页和B页有专用图案。塑封套的格式、内容及底纹图案如图8-18所示。其规格、材质、涂层、厚度等技术指标同2008版机动车行驶证。机动车驾驶证塑封套A页有全息图文。图文由平安结、立交桥、机动车、连续变化的五角星等图案和"中国 CHINA"与"DRIVING LICENSE"等字样构成（见图8-18）。平安结中心几何图形颜色在蓝色和黄绿色之间交互变化，白光在45°时观察塑封套A页平安结，中间正方形图案反射光为黄绿色，四周三角形的反射光是蓝色，塑封套A页旋转90°后中间正方形图案反射光为蓝色，四周三角形的反射光是黄绿色；五角星由内向外呈现发散性彩虹效果；"中国 CHINA"和"DRIVING LICENSE"为动态景深文字，不同角度分别出现。全息图文的外观质量技术要求同2008版机动车行驶证。

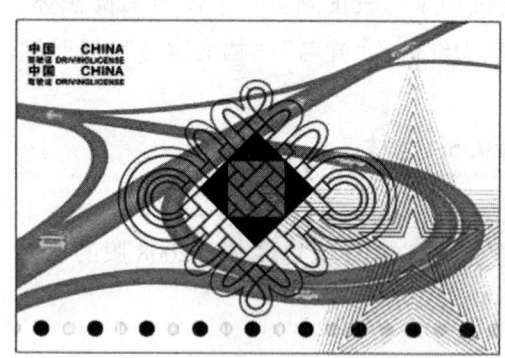

机动车驾驶证塑封套A页

机动车驾驶证塑封套B页

图8-18 机动车行驶证塑封套

第三节　机动车驾驶证申领

一、概述

（一）机动车驾驶证申领制度的概念和性质

机动车驾驶证申领制度，是指公安机关交通管理部门根据申请人的申请，按照法定的程序进行考核、审查，对符合条件的申请人核发机动车驾驶证件，准予申请人驾驶相应类别机动车上道路行驶的制度。

驾驶证申领制度是典型的行政许可行为。根据《行政许可法》第12条的规定，"提供公众服务并且直接关系公共利益的职业、行业，需要确定具备特殊信誉、特殊条件或者特殊技能等资格、资质的事项"可以设定行政许可，机动车是高度危险的交通工具，驾驶机动车上道路行驶对公众的人身、财产安全都具有很大的威胁。公民驾驶机动车的资格属于直接关系公共利益、需要特殊技能的事项，因此需要行政许可。机动车驾驶证是驾驶人具有驾驶某一车辆资格的技术证明，同时也是许可持证人驾车上道路行驶的法定证件。对机动车驾驶人颁发机动车驾驶证（许可），才允许其驾车上道路行驶是世界各国的通行做法。

（二）机动车驾驶证申领的法律规范依据

《道路交通安全法》第19条规定，驾驶机动车，应当依法取得机动车驾驶证。申请机动车驾驶证，应当符合国务院公安部门规定的驾驶许可条件；经考试合格后，由公安机关交通管理部门发给相应类别的机动车驾驶证。《道路交通安全法实施条例》《校车安全管理条例》《临时入境机动车和驾驶人管理规定》等法律规范都有关于机动车驾驶证申领的相关规定；但申领机动车驾驶证最直接最详细的法律规范还是公安部颁布的《机动车驾驶证申领和使用规定》；另外，《机动车驾驶人考试工作规范》《机动车驾驶证业务工作规范》作为公安机关交通管理部门内部办理机动车驾驶证申领业务的规范性文件，公安机关交通管理部门在办理机动车驾驶证申领及相关业务时也必须遵照执行。

因此，我们可以说，公安机关交通管理部门办理机动车驾驶证申领业务最主要、最直接的依据是《机动车驾驶证申领和使用规定》及配套的《机动车驾驶人考试工作规范》《机动车驾驶证业务工作规范》。

(三)《机动车驾驶证申领和使用规定》的发展历程

1. 公安部令第 71 号。《机动车驾驶证申领和使用规定》(公安部令第 71 号,以下简称 71 号令)自 2004 年 5 月 1 日起与《道路交通安全法》《道路交通安全法实施条例》同步实施。71 号令在保证《道路交通安全法》顺利实施,对规范机动车驾驶证管理、加强驾驶人考试工作,起到了有力的促进和保障作用。

2. 公安部令第 91 号。随着我国经济社会的快速发展和交通安全形势的变化,71 号令也暴露出在管理制度尤其是考试制度方面存在的一些缺陷,主要表现为:考试的针对性不强;不能满足有效预防群死群伤的特大交通事故的需要;记分制度对重点车辆及其驾驶人的管理力度不够。在此背景下,2006 年 12 月 20 日,公安部发布了修订后的《机动车驾驶证申领和使用规定》(公安部令第 91 号,以下简称 91 号令),自 2007 年 4 月 1 日起施行。

91 号令修订工作遵循完善驾驶人考试制度、提高考试标准、严格记分管理的原则,涉及驾驶人考试制度、严重交通违法行为的记分管理、驾驶证增驾条件 3 个方面,修订的具体内容涉及 71 号令正文的第 14、15、25、33、54 条,原 7 个附件调整合并为 6 个。

3. 公安部令第 111 号。2009 年 12 月,公安部从"放宽残疾人驾驶汽车身体条件,保障残疾人权益""推进便民服务措施,方便群众办理驾驶证""完善驾驶证管理制度,突出管理针对性"3 个方面,修订发布了《机动车驾驶证申领和使用规定》(公安部令第 111 号,以下简称 111 号令),自 2010 年 4 月 1 日起施行。111 号令允许右下肢或双下肢残疾以及有听力障碍的残疾人驾驶汽车,圆了不少残疾人的驾驶梦,还为支持残疾人驾驶汽车出行制定了有效的管理措施,以保障残疾人和其他道路交通参与者的人身、财产安全。111 号令还推出了更多的便民服务措施,简化了摩托车驾驶证的申领程序,增加了驾驶证因逾期未换证被注销的救济措施,着力提高服务群众水平;同时,进一步完善驾驶证管理制度,严格驾驶人的日常管理,从源头上有效预防和减少道路交通事故,保障道路交通安全。

4. 公安部令第 123 号。为适应汽车时代快速发展、预防和减少交通事故,以及贯彻实施《校车安全管理条例》(国务院令第 617 号)等相关法律法规的需要,2012 年 9 月 12 日,公安部公布了修订后的《机动车驾驶证申领和使用规定》(公安部令第 123 号,以下简称 123 号令),自 2013 年 1 月 1 日起施行。其中第 5 章第 4 节关于校车驾驶人管理的内容自发布之日起实施。123 号令的主要修改内容：将原来的驾驶证申领1章拆分成申请、考试和发证3章内容；将机动车驾驶人管理正式作为1章，细分了记分、审验、监督、校车驾驶人管理4节，对有关内容进行了充实和完善；新增法律责任1章，增加了对申领和使用中违规行为的处罚，增加了对违纪民警的责任追究；将附件由原来的7个减为4个。

5. 公安部令第139号。为进一步完善机动车驾驶人考试和管理制度，优化机动车驾驶证考领程序，2016年1月29日，公安部公布了修订后的《机动车驾驶证申领和使用规定》（公安部令第139号，以下简称139号令），自2016年4月1日起施行。139号令的主要修改内容涉及机动车自学直考、异地申领驾驶证、残疾人申领驾驶证、考试预约等相关规定，相比较123号令新增了17条、修改了35条。

6. 公安部令第162号。为坚持统筹安全与发展，围绕防事故保安全、惠民生促发展，进一步严格驾驶人准入关，进一步推出更多便民利企改革措施，进一步完善内外监督管理制度，全面提升驾驶人管理服务水平。2021年12月，公安部修订发布了《机动车驾驶证申领和使用规定》，并于2022年4月1日起开始实施。162号令主要突出"四个聚焦"：一是聚焦推出更多服务措施，固化小型汽车驾驶证全国"一证通考"、异地分科目考试、推行电子驾驶证等改革措施，保障改革与法治协同；新推出大中型客货车驾驶证全国"一证通考"、逾期未换证恢复驾驶资格考试"跨省可办"、优化考试内容和项目等便民措施，更好地服务群众企业。二是聚焦强化重点驾驶人管理，严格申请条件，对毒驾、再次酒驾、危险驾驶构成犯罪等人员，禁止增驾大中型客货车驾驶证，保障公共安全；针对运输行业反映的大中型客货车驾驶人短缺问题，放宽驾驶职业教育领证年龄，改进申请和考试制度，引导鼓励驾驶职业培训教育发展。三是聚焦改进驾驶证申领使用制度，改进实习期管理制度，明确初次取得汽车类或者摩托车类驾驶证的12个月内为实习期，增驾每种车型不再单设实习期，解决群众反映实习期限制过多的难题；完善准驾车型种类，增加"轻型牵引挂车"车型，满足群众驾驶小型旅居挂车出行需求；改革境外驾驶证换领制度，对申请换领大中型客货车驾驶证的，需取得境外相应准驾车型驾驶证2年以上，并参加全科目考试。四是聚焦健全驾驶考试监管机制，坚持放管并重，结合驾驶人考试业务延伸下放，进一步加强对县级车管所、社会考场的监督管理，严格违法违规考试责任追究，以强有力的监管促规范、促公正。

为贯彻实施《机动车驾驶证申领和使用规定》，规范办理机动车驾驶人管理的相关业务，公安部还随每次《机动车驾驶证申领和使用规定》的修订，对应修订了《机动车驾驶证业务工作规范》，作为公安机关交通管理部门内部办理机动车驾驶人考试及管理的规范性文件。

（四）机动车驾驶证的有效期

为鼓励机动车驾驶人遵章守法，体现"管住重点，方便一般"的原则，机动车驾驶证有效期分为6年、10年和长期3种，在期满换证时根据记分情况签注不同的有效期。机动车驾驶人在机动车驾驶证的6年有效期内，每个记分周期均未记满12分的，换发10年有效期的机动车驾驶证；在机动车驾驶证的10年有效期内，每个记分周期均未记满12分的，换发长期有效的机动车驾驶证。

二、机动车驾驶证准驾车型

机动车驾驶证准驾车型，是指车辆管理部门对申请驾驶许可人员按规定考试合格后在其驾驶证签注准予驾驶机动车的类型。驾驶人需要驾驶某种类型的机动车，必须取得相应的准驾车型资格，即应当具备具有同等准驾资格的驾驶证或具有允许互驾该类机动车型的驾驶证。

（一）准驾车型分类的依据

各类机动车虽然机械原理大体相同，但由于车辆外廓尺寸、性能和使用性质各不相同，因此对驾驶人的驾驶操作技术、驾驶经验、应变能力等方面的要求也不同。为了确保安全驾驶和便于对驾驶人的动态管理，根据各种车型的驾驶特性，把机动车分成方向盘式和手把式两大类。在这两大类中，一般规定持高项记录车型的准驾低项记录的车型，但持低项记录车型的不准驾驶高项记录的车型。否则属于驾驶准驾车型不符的交通安全违法行为。

（二）准驾车型及代号

162号令规定的机动车驾驶人准予驾驶的车型顺序依次分为：大型客车、重型牵引挂车、城市公交车、中型客车、大型货车、小型汽车、小型自动挡汽车、低速载货汽车、三轮汽车、残疾人专用小型自动挡载客汽车、轻型牵引挂车、普通三轮摩托车、普通二轮摩托车、轻便摩托车、轮式专用机械车、无轨电车和有轨电车。各准驾车型及代号见表8-1。

第八章 机动车驾驶人管理

表 8-1 准驾车型及代号

准驾车型	代号	准驾的车辆	准予驾驶的其他准驾车型
大型客车	A1	大型载客汽车	A3、B1、B2、C1、C2、C3、C4、M
重型牵引挂车	A2	总质量大于 4500kg 的汽车列车	B1、B2、C1、C2、C3、C4、C6、M
城市公交车	A3	核载 10 人以上的城市公共汽车	C1、C2、C3、C4
中型客车	B1	中型载客汽车（含核载 10 人以上、19 人以下的城市公共汽车）	C1、C2、C3、C4、M
大型货车	B2	重型、中型载货汽车；重型、中型专项作业车	
小型汽车	C1	小型、微型载客汽车以及轻型、微型载货汽车；轻型、微型专项作业车	C2、C3、C4
小型自动挡汽车	C2	小型、微型自动挡载客汽车以及轻型、微型自动挡载货汽车；轻型、微型自动挡专项作业车；上肢残疾人专用小型自动挡载客汽车	
低速载货汽车	C3	低速载货汽车	C4
三轮汽车	C4	三轮汽车	
残疾人专用小型自动挡载客汽车	C5	残疾人专用小型、微型自动挡载客汽车（允许上肢、右下肢或者双下肢残疾人驾驶）	
轻型牵引挂车	C6	总质量小于（不包含等于）4500kg 的汽车列车	
普通三轮摩托车	D	发动机排量大于 50ml 或者最大设计车速大于 50km/h 的三轮摩托车	E、F
普通二轮摩托车	E	发动机排量大于 50ml 或者最大设计车速大于 50km/h 的二轮摩托车	F
轻便摩托车	F	发动机排量小于等于 50ml，最大设计车速小于等于 50km/h 的摩托车	
轮式专用机械车	M	轮式专用机械车	
无轨电车	N	无轨电车	
有轨电车	P	有轨电车	

三、机动车驾驶证申请

（一）一般规定

1. 申请受理部门。

（1）级别管辖。直辖市公安机关交通管理部门车辆管理所、设区的市或者相当于同级的公安机关交通管理部门车辆管理所负责办理本行政区域内机动车驾驶证业务。县级公安机关交通管理部门车辆管理所可以办理本行政区域内除大型客车、重型牵引挂车、城市公交车、中型客车、大型货车场地驾驶技能、道路驾驶技能考试以外的其他机动车驾驶证业务。具体业务范围和办理条件由省级公安机关交通管理部门确定。

（2）地域管辖。申领机动车驾驶证的人，按照下列规定向车辆管理所提出申请：

增加准驾车型的，应当在所持机动车驾驶证核发地提出申请。

①在户籍所在地居住的，应当在户籍所在地提出申请；

②在户籍所在地以外居住的，可以在居住地提出申请；

③现役军人（含武警），应当在部队驻地提出申请；

④境外人员，应当在居留地或者居住地提出申请；

⑤申请增加准驾车型的，应当在所持机动车驾驶证核发地提出申请；

⑥接受全日制驾驶职业教育，申请增加大型客车、重型牵引挂车准驾车型的，应当在接受教育地提出申请。

2. 申请机动车驾驶证。申请机动车驾驶证，应当确认申请信息，并提交以下证明：

（1）申请人的身份证明；

（2）医疗机构出具的有关身体条件的证明。

3. 持军队、武警机动车驾驶证的人申请机动车驾驶证。持军队、武装警察部队机动车驾驶证的人申请机动车驾驶证，应当确认申请信息，并提交以下证明、凭证：

（1）申请人的身份证明。属于复员、转业、退伍的人员，还应当提交军队、武装警察部队核发的复员、转业、退伍证明；

（2）医疗机构出具的有关身体条件的证明；

（3）军队、武装警察部队机动车驾驶证。

持有军队、武装警察部队机动车驾驶证,符合申请条件,可以申请对应准驾车型的机动车驾驶证。

4. 持境外机动车驾驶证的人申请机动车驾驶证。持有境外机动车驾驶证,符合规定的申请条件,且取得该驾驶证时在核发国家或者地区1年内累计居留90以上的,可以申请对应准驾车型的机动车驾驶证。属于申请准驾车型为大型客车、重型牵引挂车、中型客车机动车驾驶证的,还应当取得境外相应准驾车型机动车驾驶证2年以上。持有境外机动车驾驶证,需要临时驾驶机动车的,应当按规定向车辆管理所申领临时机动车驾驶许可。对入境短期停留的,可以申领有效期为3个月的临时机动车驾驶许可;停居留时间超过3个月的,有效期可以延长至1年。临时入境机动车驾驶人的临时机动车驾驶许可在1个记分周期内累积记分达到12分,未按规定参加道路交通安全法律、法规和相关知识学习、考试的,不得申请机动车驾驶证或者再次申请临时机动车驾驶许可。

(二)机动车驾驶证申请的年龄和身体条件

1. 年龄条件。

(1)申请小型汽车、小型自动挡汽车、残疾人专用小型自动挡载客汽车、轻便摩托车准驾车型的,在18周岁以上;

(2)申请低速载货汽车、三轮汽车、普通三轮摩托车、普通二轮摩托车或者轮式专用机械车准驾车型的,在18周岁以上,60周岁以下;

(3)申请城市公交车、中型客车、大型货车、轻型牵引挂车、无轨电车或者有轨电车准驾车型的,在20周岁以上,60周岁以下;

(4)申请大型客车、重型牵引挂车准驾车型的,在22周岁以上,60周岁以下;

(5)接受全日制驾驶职业教育的学生,申请大型客车、重型牵引挂车准驾车型的,在19周岁以上,60周岁以下。

2. 身体条件。

(1)身高:申请大型客车、重型牵引挂车、城市公交车、大型货车、无轨电车准驾车型的,身高为155厘米以上;申请中型客车准驾车型的,身高为150厘米以上。

(2)视力:申请大型客车、重型牵引挂车、城市公交车、中型客车、大型货车、无轨电车或者有轨电车准驾车型的,两眼裸视力或者矫正视力达到对数视力表5.0以上;申请其他准驾车型的,两眼裸视力或者矫正视力达到对数视力表

4.9以上；单眼视力障碍，优眼裸视力或者矫正视力达到对数视力表5.0以上，且水平视野达到150度的，可以申请小型汽车、小型自动挡汽车、低速载货汽车、三轮汽车、残疾人专用小型自动挡载客汽车准驾车型的机动车驾驶证。

（3）辨色力：无红绿色盲。

（4）听力：两耳分别距音叉50厘米能辨别声源方向。有听力障碍但佩戴助听设备能够达到以上条件的，可以申请小型汽车、小型自动挡汽车准驾车型的机动车驾驶证。

（5）上肢：双手拇指健全，每只手其他手指必须有三指健全，肢体和手指运动功能正常；但手指末节残缺或者左手有三指健全，且双手手掌完整的，可以申请小型汽车、小型自动挡汽车、低速载货汽车、三轮汽车准驾车型的机动车驾驶证。

（6）下肢：双下肢健全且运动功能正常，不等长度不得大于5厘米；单独左下肢缺失或者丧失运动功能，但右下肢正常的，可以申请小型自动挡汽车准驾车型的机动车驾驶证。

（7）躯干、颈部：无运动功能障碍。

（8）右下肢、双下肢缺失或者丧失运动功能但能够自主坐立，且上肢符合本项第5目规定的，可以申请残疾人专用小型自动挡载客汽车准驾车型的机动车驾驶证。一只手掌缺失，另一只手拇指健全，其他手指有两指健全，上肢和手指运动功能正常，且下肢符合本项第6目规定的，可以申请残疾人专用小型自动挡载客汽车准驾车型的机动车驾驶证。

（9）年龄在70周岁以上能够通过记忆力、判断力、反应力等能力测试的，可以申请小型汽车、小型自动挡汽车、残疾人专用小型自动挡载客汽车、轻便摩托车准驾车型的机动车驾驶证。

（三）不得申请机动车驾驶证情形

有下列情形之一的，不得申请机动车驾驶证：

1. 有器质性心脏病、癫痫病、美尼尔氏症、眩晕症、癔病、震颤麻痹、精神病、痴呆以及影响肢体活动的神经系统疾病等妨碍安全驾驶疾病的；

2. 3年内有吸食、注射毒品行为或者解除强制隔离戒毒措施未满3年，以及长期服用依赖性精神药品成瘾尚未戒除的；

3. 造成交通事故后逃逸构成犯罪的；

4. 饮酒后或者醉酒驾驶机动车发生重大交通事故构成犯罪的；

5. 醉酒驾驶机动车或者饮酒后驾驶营运机动车依法被吊销机动车驾驶证未满5年的；

6. 醉酒驾驶营运机动车依法被吊销机动车驾驶证未满10年的；

7. 驾驶机动车追逐竞驶、超员、超速、违反危险化学品安全管理规定运输危险化学品构成犯罪依法被吊销机动车驾驶证未满5年的；

8. 因上述第4项以外的其他违反交通管理法律法规的行为发生重大交通事故构成犯罪依法被吊销机动车驾驶证未满10年的；

9. 因其他情形依法被吊销机动车驾驶证未满2年的；

10. 驾驶许可依法被撤销未满3年的；

11. 未取得机动车驾驶证驾驶机动车，发生负同等以上责任交通事故造成人员重伤或者死亡未满10年的；

12. 3年内有代替他人参加机动车驾驶人考试行为的；

13. 法律、行政法规规定的其他情形。

未取得机动车驾驶证驾驶机动车，有上述5~8项行为之一的，在规定期限内不得申请机动车驾驶证。

（四）申请准驾车型的规定

1. 初次申请驾驶证的规定。初次申领机动车驾驶证的，可以申请准驾车型为城市公交车、大型货车、小型汽车、小型自动挡汽车、低速载货汽车、三轮汽车、残疾人专用小型自动挡载客汽车、普通三轮摩托车、普通二轮摩托车、轻便摩托车、轮式专用机械车、无轨电车、有轨电车的机动车驾驶证。

2. 已持有驾驶证需增加准驾车型的规定。已持有机动车驾驶证，申请增加准驾车型的，可以申请增加的准驾车型为大型客车、重型牵引挂车、城市公交车、中型客车、大型货车、小型汽车、小型自动挡汽车、低速载货汽车、三轮汽车、轻型牵引挂车、普通三轮摩托车、普通二轮摩托车、轻便摩托车、轮式专用机械车、无轨电车、有轨电车。

已持有机动车驾驶证，申请增加准驾车型的，应当在本记分周期和申请前最近1个记分周期内没有记满12分记录。申请增加轻型牵引挂车、中型客车、重型牵引挂车、大型客车准驾车型的，还应当符合下列规定：

（1）申请增加轻型牵引挂车准驾车型的，已取得驾驶小型汽车、小型自动挡汽车准驾车型资格1年以上；

（2）申请增加中型客车准驾车型的，已取得驾驶城市公交车、大型货车、小型汽车、小型自动挡汽车、低速载货汽车或者三轮汽车准驾车型资格2年以上,并在申请前最近连续2个记分周期内没有记满12分记录;

(3) 申请增加重型牵引挂车准驾车型的,已取得驾驶中型客车或者大型货车准驾车型资格2年以上,或者取得驾驶大型客车准驾车型资格1年以上,并在申请前最近连续2个记分周期内没有记满12分记录;

(4) 申请增加大型客车准驾车型的,已取得驾驶城市公交车、中型客车准驾车型资格2年以上、已取得驾驶大型货车准驾车型资格3年以上,或者取得驾驶重型牵引挂车准驾车型资格1年以上,并在申请前最近连续3个记分周期内没有记满12分记录。

正在接受全日制驾驶职业教育的学生,已在校取得驾驶小型汽车准驾车型资格,并在本记分周期和申请前最近1个记分周期内没有记满12分记录的,可以申请增加大型客车、重型牵引挂车准驾车型。

3. 不得申请大型客车、重型牵引挂车、城市公交车、中型客车、大型货车准驾车型的规定。有下列情形之一的,不得申请大型客车、重型牵引挂车、城市公交车、中型客车、大型货车准驾车型:

(1) 发生交通事故造成人员死亡,承担同等以上责任的;

(2) 醉酒后驾驶机动车的;

(3) 再次饮酒后驾驶机动车的;

(4) 有吸食、注射毒品后驾驶机动车行为的,或者有执行社区戒毒、强制隔离戒毒、社区康复措施记录的;

(5) 驾驶机动车追逐竞驶、超员、超速、违反危险化学品安全管理规定运输危险化学品构成犯罪的;

(6) 被吊销或者撤销机动车驾驶证未满10年的;

(7) 未取得机动车驾驶证驾驶机动车,发生负同等以上责任交通事故造成人员重伤或者死亡的。

第四节　机动车驾驶证管理的相关业务

一、驾驶证的核发

申请人考试合格后,应当接受不少于半小时的交通安全文明驾驶常识和交通事故案例警示教育，并参加领证宣誓仪式。车辆管理所应当在申请人参加领证宣誓仪式的当日核发机动车驾驶证。公安机关交通管理部门应当实行机动车驾驶证电子化，机动车驾驶人可以通过互联网交通安全综合服务管理平台申请机动车驾驶证电子版。机动车驾驶证电子版与纸质版具有同等效力。

二、驾驶证的换证

（一）换证程序

机动车驾驶人应当于机动车驾驶证有效期满前90日内，向机动车驾驶证核发地或者核发地以外的车辆管理所申请换证。申请时应当确认申请信息，并提交以下证明、凭证：

1. 机动车驾驶人的身份证明；
2. 医疗机构出具的有关身体条件的证明。

（二）机动车驾驶人户籍迁出原车辆管理所管辖区的换证

机动车驾驶人户籍迁出原车辆管理所管辖区的，应当向迁入地车辆管理所申请换证。机动车驾驶人在核发地车辆管理所管辖区以外居住的，可以向居住地车辆管理所申请换证。申请时应当确认申请信息，提交机动车驾驶人的身份证明和机动车驾驶证，并申报身体条件情况。

（三）降级换证

年龄在60周岁以上的，不得驾驶大型客车、重型牵引挂车、城市公交车、中型客车、大型货车、轮式专用机械车、无轨电车和有轨电车。持有大型客车、重型牵引挂车、城市公交车、中型客车、大型货车驾驶证的，应当到机动车驾驶证核发地或者核发地以外的车辆管理所换领准驾车型为小型汽车或者小型自动挡汽车的机动车驾驶证，其中属于持有重型牵引挂车驾驶证的，还可以保留轻型牵引挂车准驾车型。

年龄在70周岁以上的，不得驾驶低速载货汽车、三轮汽车、轻型牵引挂车、普通三轮摩托车、普通二轮摩托车。持有普通三轮摩托车、普通二轮摩托车驾驶证的，应当到机动车驾驶证核发地或者核发地以外的车辆管理所换领准驾车型为轻便摩托车的机动车驾驶证；持有驾驶证包含轻型牵引挂车准驾车型的，应当到机动车驾驶证核发地或者核发地以外的车辆管理所换领准驾车型为小型汽车或者小型自动挡汽车的机动车驾驶证。

有上述两种情形之一的，车辆管理所应当通知机动车驾驶人在30日内办理换证业务。机动车驾驶人逾期未办理的,车辆管理所应当公告准驾车型驾驶资格作废。

申请降级换证时应当确认申请信息,并提交机动车驾驶人的身份证明和医疗机构出具的有关身体条件的证明。机动车驾驶人自愿降低准驾车型的,应当确认申请信息,并提交机动车驾驶人的身份证明和机动车驾驶证。

(四)信息变化和损毁换证

有下列情形之一的,机动车驾驶人应当在 30 日内到机动车驾驶证核发地或者核发地以外的车辆管理所申请换证:

1. 在车辆管理所管辖区域内,机动车驾驶证记载的机动车驾驶人信息发生变化的;

2. 机动车驾驶证损毁无法辨认的。

申请时应当确认申请信息,并提交机动车驾驶人的身份证明;属于机动车驾驶证记载的机动车驾驶人信息发生变化的,还应当提交机动车驾驶证;属于身份证明号码变更的,还应当提交相关变更证明。

(五)身体条件变化换证

机动车驾驶人身体条件发生变化,不符合所持机动车驾驶证准驾车型的条件,但符合准予驾驶的其他准驾车型条件的,应当在 30 日内到机动车驾驶证核发地或者核发地以外的车辆管理所申请降低准驾车型。申请时应当确认申请信息,并提交机动车驾驶人的身份证明、医疗机构出具的有关身体条件的证明。

三、驾驶证的补发

机动车驾驶证遗失的,机动车驾驶人应当向机动车驾驶证核发地或者核发地以外的车辆管理所申请补发。申请时应当确认申请信息,并提交机动车驾驶人的身份证明。符合规定的,车辆管理所应当在 1 日内补发机动车驾驶证。机动车驾驶人补领机动车驾驶证后,原机动车驾驶证作废,不得继续使用。机动车驾驶证被依法扣押、扣留或者暂扣期间,机动车驾驶人不得申请补发。

四、驾驶证的注销

(一)机动车驾驶证注销的一般规定

机动车驾驶人有下列情形之一的,车辆管理所应当注销其机动车驾驶证:

1. 死亡的;

2. 提出注销申请的；

3. 丧失民事行为能力，监护人提出注销申请的；

4. 身体条件不适合驾驶机动车的；

5. 有器质性心脏病、癫痫病、美尼尔氏症、眩晕症、癔病、震颤麻痹、精神病、痴呆以及影响肢体活动的神经系统疾病等妨碍安全驾驶疾病的；

6. 被查获有吸食、注射毒品后驾驶机动车行为，依法被责令社区戒毒、社区康复或者决定强制隔离戒毒，或者长期服用依赖性精神药品成瘾尚未戒除的；

7. 代替他人参加机动车驾驶人考试的；

8. 超过机动车驾驶证有效期1年以上未换证的；

9. 年龄在70周岁以上，在1个记分周期结束后一年内未提交身体条件证明的；或者持有残疾人专用小型自动挡载客汽车准驾车型，在3个记分周期结束后1年内未提交身体条件证明的；

10. 年龄在60周岁以上，所持机动车驾驶证只具有轮式专用机械车、无轨电车或者有轨电车准驾车型，或者年龄在70周岁以上，所持机动车驾驶证只具有低速载货汽车、三轮汽车准驾车型的；

11. 机动车驾驶证依法被吊销或者驾驶许可依法被撤销的。

有上述第2~11项情形之一，未收回机动车驾驶证的，应当公告机动车驾驶证作废。超过机动车驾驶证有效期1年以上未换证而被注销机动车驾驶证未超过2年的，机动车驾驶人参加道路交通安全法律、法规和相关知识考试合格后，可以恢复驾驶资格。申请人可以向机动车驾驶证核发地或者核发地以外的车辆管理所申请。有上述第9项情形被注销机动车驾驶证，机动车驾驶证在有效期内或者超过有效期不满1年的，机动车驾驶人提交身体条件证明后，可以恢复驾驶资格。申请人可以向机动车驾驶证核发地或者核发地以外的车辆管理所申请。有上述第2~9项情形之一，重新申请机动车驾驶证，有道路交通安全违法行为或者交通事故未处理记录的，应当将道路交通安全违法行为、交通事故处理完毕。

机动车驾驶人身体条件发生变化，不适合驾驶机动车的，应当在30日内到机动车驾驶证核发地车辆管理所申请注销。申请时应当确认申请信息，并提交机动车驾驶人的身份证明和机动车驾驶证。机动车驾驶人身体条件不适合驾驶机动车的，不得驾驶机动车。

（二）实习期驾驶证注销规定

机动车驾驶人在实习期内发生的道路交通安全违法行为被记满12分的，注销其实习的准驾车型驾驶资格。

（三）校车驾驶资格注销

校车驾驶人有下列情形之一的，公安机关交通管理部门应当注销其校车驾驶资格，通知机动车驾驶人换领机动车驾驶证，并通报教育行政部门和学校：

1. 提出注销申请的；
2. 年龄超过60周岁的；
3. 在致人死亡或者重伤的交通事故中负有责任的；
4. 有酒后驾驶或者醉酒驾驶机动车，以及驾驶客运车辆超员、超速等严重道路交通安全违法行为的；
5. 有记满12分或者犯罪记录的；
6. 有传染性疾病、癫痫病、精神病等可能危及行车安全的疾病，有酗酒、吸毒行为记录的。

未收回签注校车驾驶许可的机动车驾驶证的，应当公告其校车驾驶资格作废。

五、驾驶证审验

（一）审验的基本制度

机动车驾驶人应当按照法律、行政法规的规定，定期到公安机关交通管理部门接受审验。机动车驾驶人换领机动车驾驶证时，应当接受公安机关交通管理部门的审验。持有大型客车、重型牵引挂车、城市公交车、中型客车、大型货车驾驶证的驾驶人，应当在每个记分周期结束后30日内到公安机关交通管理部门接受审验。但在1个记分周期内没有记分记录的，免予本记分周期审验。持有大型客车、重型牵引挂车、城市公交车、中型客车、大型货车驾驶证以外准驾车型驾驶证的驾驶人，发生交通事故造成人员死亡承担同等以上责任未被吊销机动车驾驶证的，应当在本记分周期结束后30日内到公安机关交通管理部门接受审验。年龄在70周岁以上的机动车驾驶人发生责任交通事故造成人员重伤或者死亡的，应当在本记分周期结束后30日内到公安机关交通管理部门接受审验。

机动车驾驶人可以在机动车驾驶证核发地或者核发地以外的地方参加审验、提交身体条件证明。

（二）审验内容

审验的基本内容包括：道路交通安全违法行为、交通事故处理情况；身体条件情况；道路交通安全违法行为记分及记满 12 分后参加学习和考试情况。

持有大型客车、重型牵引挂车、城市公交车、中型客车、大型货车驾驶证 1 个记分周期内有记分的，以及持有其他准驾车型驾驶证发生交通事故造成人员死亡承担同等以上责任未被吊销机动车驾驶证的驾驶人，审验时应当参加不少于 3 小时的道路交通安全法律法规、交通安全文明驾驶、应急处置等知识学习，并接受交通事故案例警示教育。年龄在 70 周岁以上的机动车驾驶人审验时还应当按照规定进行记忆力、判断力、反应力等能力测试。

对道路交通安全违法行为或者交通事故未处理完毕的、身体条件不符合驾驶许可条件的、未按照规定参加学习、教育和考试的，不予通过审验。

（三）身体条件证明

年龄在 70 周岁以上的机动车驾驶人，应当每年进行 1 次身体检查，在记分周期结束后 30 日内，提交医疗机构出具的有关身体条件的证明。持有残疾人专用小型自动挡载客汽车驾驶证的机动车驾驶人，应当每 3 年进行 1 次身体检查，在记分周期结束后 30 日内，提交医疗机构出具的有关身体条件的证明。

（四）延期措施

机动车驾驶人因服兵役、出国（境）等原因，无法在规定时间内办理驾驶证期满换证、审验、提交身体条件证明的，可以在驾驶证有效期内或者有效期届满 1 年内向机动车驾驶证核发地车辆管理所申请延期办理。申请时应当确认申请信息，并提交机动车驾驶人的身份证明。延期期限最长不超过 3 年。延期期间机动车驾驶人不得驾驶机动车。

第五节　机动车驾驶人交通安全违法行为累积记分制度

一、累积记分制度的概念和历史沿革

（一）累积记分制度的概念

所谓累积记分制度，是指公安机关交通管理部门对机动车驾驶人违反道路交通安全法律、法规的行为，除依法给予行政处罚外，根据其违法行为的严重程度记录相应的分值，对记分达到规定分值（我国规定 1 个记分周期 12 分）的机动车驾驶人，扣留其机动车驾驶证，对其进行道路交通安全法律、法规教育，重新考试；对能模范遵守交通安全法律、法规，在1个记分周期内无记分的机动车驾驶人予以奖励的一种交通管理措施。

（二）累积记分制度的历史沿革

20世纪90年代，我国机动车和驾驶人数量迅猛增长，频繁的道路交通违章、交通事故也随之而来。为了预防交通事故，威慑潜在的机动车交通违章行为，维护交通秩序和交通安全，寻求和开展多角度、全方位的道路交通管理工作，公安部在传统的交通管理手段（如行政处罚、行政强制等）的基础上，针对我国实际情况，吸收借鉴国外的交通违章记分（或记点）制度，并在总结北京、上海等10多个省市的地方性《机动车驾驶员交通违章记分办法》的成功经验的基础上，于1999年12月9日颁布了《机动车驾驶员交通违章记分办法》（公安部令第45号），并于2000年3月1日在全国实施，针对机动车驾驶员的严重违章或屡次违章行为实行交通违章记分管理。

《道路交通安全法》第24条对记分也有明确的规定，使记分制度上升到法律层面，与之配套的行政法规、规章对记分制度也进行了进一步的明确。同年公安部发布的71号令，以附件形式明确了记分行为和记分分值，随后在71号令基础上修订的91号令、111号令、123号令、139号令都采用附件的形式明确记分行为和记分分值，记分方法采用分别计算，累加分值的方法；1次道路交通安全违法行为记分分值依据交通安全违法行为的严重程度分为：12分、6分、3分、2分、1分。

（三）累积记分制度的作用

记分制度自实施以来，取得了良好效果。其主要作用表现在如下4个方面：一是对机动车驾驶人起到一定的威慑作用，预防和减少了交通安全违法行为的发生；二是对屡次交通安全违法的驾驶人起到惩戒作用，约束其驾驶行为，减少了交通安全违法行为；三是通过对被记满分驾驶人的考试，强化了交通安全法规和驾驶技术的再教育；四是将路面执法与驾驶人日常管理有机地结合起来，加强了对驾驶人的教育和管理，提高了交通管理水平。总之，实施记分制度，使一些机动车驾驶人（尤其是营运机动车驾驶人）产生畏惧心理，提高了交通管理整体执法效益，在一定程度上保障了交通安全和畅通。

二、道路交通安全违法行为记分管理办法

为更好发挥交通违法行为记分教育引导作用，坚持宽严相济，强化教育引导，促进提升驾驶人安全文明意识，2021年12月，公安部首次将道路交通安全违法行为累积记分的相关规定从《机动车驾驶证申领和使用规定》中剥离出来，制定新的部门规章《道路交通安全违法行为记分管理办法》（公安部令第163号），自2022年4月1日起施行。

《道路交通安全违法行为记分管理办法》突出"四个坚持"：一是坚持宽严相济，系统调整记分分值，修改后记分行为共50项，其中7项记12分，7项记9分，11项记6分，15项记3分，10项记1分。二是坚持教育引领，增加减免记分规定，对参加道路交通安全法律、法规和相关知识学习且经考试合格，或者参加公安交管部门组织的交通安全公益活动，符合扣减记分条件的，可以从已累积记分中扣减记分，1个记分周期内最高可扣减6分。另外，对交通违法行为情节轻微，给予警告处罚的，免予记分。三是坚持重点管理，严格满分教育制度，对1个记分周期内多次记满12分的，考虑到其守法自觉性低、安全意识差，进一步强化教育管理，延长学习时间，增加考试科目，督促驾驶人安全文明驾驶；对大中型客货车驾驶人记满12分的，为了保障公共安全，严格满分教育，提高考试难度，加强重点管理。四是坚持严格执法，保证公开公平公正，在交通违法行为记分、学法减分、满分教育中，坚持公开透明、程序正当、严格监督，做到记分要严格、减分要规范、教育要有效果，切实发挥好交通违法记分制度的教育引导作用。同时，严查严处弄虚作假、买分卖分、替学代学、考试舞弊等行为，对发现违法违规的，严格依法处理处罚，构成犯罪的，依法追究刑事责任。

（一）记分分值

根据《道路交通安全违法行为记分管理办法》的规定，根据交通违法行为的严重程度，1次记分的分值为12分、9分、6分、3分、1分。

1. 机动车驾驶人有下列交通违法行为之一，1次记12分：

（1）饮酒后驾驶机动车的；

（2）造成致人轻伤以上或者死亡的交通事故后逃逸，尚不构成犯罪的；

（3）使用伪造、变造的机动车号牌、行驶证、驾驶证、校车标牌或者使用其他机动车号牌、行驶证的；

（4）驾驶校车、公路客运汽车、旅游客运汽车载人超过核定人数20%以上，

或者驾驶其他载客汽车载人超过核定人数100%以上的；

（5）驾驶校车、中型以上载客载货汽车、危险物品运输车辆在高速公路、城市快速路上行驶超过规定时速20%以上，或者驾驶其他机动车在高速公路、城市快速路上行驶超过规定时速50%以上的；

（6）驾驶机动车在高速公路、城市快速路上倒车、逆行、穿越中央分隔带掉头的；

（7）代替实际机动车驾驶人接受交通违法行为处罚和记分牟取经济利益的。

2. 机动车驾驶人有下列交通违法行为之一，1次记9分：

（1）驾驶7座以上载客汽车载人超过核定人数50%以上未达到100%的；

（2）驾驶校车、中型以上载客载货汽车、危险物品运输车辆在高速公路、城市快速路以外的道路上行驶超过规定时速50%以上的；

（3）驾驶机动车在高速公路或者城市快速路上违法停车的；

（4）驾驶未悬挂机动车号牌或者故意遮挡、污损机动车号牌的机动车上道路行驶的；

（5）驾驶与准驾车型不符的机动车的；

（6）未取得校车驾驶资格驾驶校车的；

（7）连续驾驶中型以上载客汽车、危险物品运输车辆超过4小时未停车休息或者停车休息时间少于20分钟的。

3. 机动车驾驶人有下列交通违法行为之一，1次记6分：

（1）驾驶校车、公路客运汽车、旅游客运汽车载人超过核定人数未达到20%，或者驾驶7座以上载客汽车载人超过核定人数20%以上未达到50%，或者驾驶其他载客汽车载人超过核定人数50%以上未达到100%的；

（2）驾驶校车、中型以上载客载货汽车、危险物品运输车辆在高速公路、城市快速路上行驶超过规定时速未达到20%，或者在高速公路、城市快速路以外的道路上行驶超过规定时速20%以上未达到50%的；

（3）驾驶校车、中型以上载客载货汽车、危险物品运输车辆以外的机动车在高速公路、城市快速路上行驶超过规定时速20%以上未达到50%，或者在高速公路、城市快速路以外的道路上行驶超过规定时速50%以上的；

（4）驾驶载货汽车载物超过最大允许总质量50%以上的；

（5）驾驶机动车载运爆炸物品、易燃易爆化学物品以及剧毒、放射性等危险物品，未按指定的时间、路线、速度行驶或者未悬挂警示标志并采取必要的安全措施的；

（6）驾驶机动车运载超限的不可解体的物品，未按指定的时间、路线、速度行驶或者未悬挂警示标志的；

（7）驾驶机动车运输危险化学品，未经批准进入危险化学品运输车辆限制通行的区域的；

（8）驾驶机动车不按交通信号灯指示通行的；

（9）机动车驾驶证被暂扣或者扣留期间驾驶机动车的；

（10）造成致人轻微伤或者财产损失的交通事故后逃逸，尚不构成犯罪的；

（11）驾驶机动车在高速公路或者城市快速路上违法占用应急车道行驶的。

4. 机动车驾驶人有下列交通违法行为之一，1次记3分：

（1）驾驶校车、公路客运汽车、旅游客运汽车、7座以上载客汽车以外的其他载客汽车载人超过核定人数20%以上未达到50%的；

（2）驾驶校车、中型以上载客载货汽车、危险物品运输车辆以外的机动车在高速公路、城市快速路以外的道路上行驶超过规定时速20%以上未达到50%的；

（3）驾驶机动车在高速公路或者城市快速路上不按规定车道行驶的；

（4）驾驶机动车不按规定超车、让行，或者在高速公路、城市快速路以外的道路上逆行的；

（5）驾驶机动车遇前方机动车停车排队或者缓慢行驶时，借道超车或者占用对面车道、穿插等候车辆的；

（6）驾驶机动车有拨打、接听手持电话等妨碍安全驾驶的行为的；

（7）驾驶机动车行经人行横道不按规定减速、停车、避让行人的；

（8）驾驶机动车不按规定避让校车的；

（9）驾驶载货汽车载物超过最大允许总质量30%以上未达到50%的，或者违反规定载客的；

（10）驾驶不按规定安装机动车号牌的机动车上道路行驶的；

（11）在道路上车辆发生故障、事故停车后，不按规定使用灯光或者设置警告标志的；

（12）驾驶未按规定定期进行安全技术检验的公路客运汽车、旅游客运汽车、危险物品运输车辆上道路行驶的；

（13）驾驶校车上道路行驶前，未对校车车况是否符合安全技术要求进行检查，或者驾驶存在安全隐患的校车上道路行驶的；

（14）连续驾驶载货汽车超过 4 小时未停车休息或者停车休息时间少于 20 分钟的；

（15）驾驶机动车在高速公路上行驶低于规定最低时速的。

5. 机动车驾驶人有下列交通违法行为之一，1 次记 1 分：

（1）驾驶校车、中型以上载客载货汽车、危险物品运输车辆在高速公路、城市快速路以外的道路上行驶超过规定时速 10%以上未达 20%的；

（2）驾驶机动车不按规定会车，或者在高速公路、城市快速路以外的道路上不按规定倒车、掉头的；

（3）驾驶机动车不按规定使用灯光的；

（4）驾驶机动车违反禁令标志、禁止标线指示的；

（5）驾驶机动车载货长度、宽度、高度超过规定的；

（6）驾驶载货汽车载物超过最大允许总质量未达到 30%的；

（7）驾驶未按规定定期进行安全技术检验的公路客运汽车、旅游客运汽车、危险物品运输车辆以外的机动车上道路行驶的；

（8）驾驶擅自改变已登记的结构、构造或者特征的载货汽车上道路行驶的；

（9）驾驶机动车在道路上行驶时，机动车驾驶人未按规定系安全带的；

（10）驾驶摩托车，不戴安全头盔的。

（二）记分执行

公安机关交通管理部门对机动车驾驶人的交通违法行为，在作出行政处罚决定的同时予以记分。对机动车驾驶人作出处罚前，应当在告知拟作出的行政处罚决定的同时，告知该交通违法行为的记分分值，并在处罚决定书上载明。机动车驾驶人有 2 起以上交通违法行为应当予以记分的，记分分值累积计算。机动车驾驶人可以 1 次性处理完毕同一辆机动车的多起交通违法行为记录，记分分值累积计算。累积记分未满 12 分的，可以处理其驾驶的其他机动车的交通违法行为记录；累积记分满 12 分的，不得再处理其他机动车的交通违法行为记录。机动车驾驶人在 1 个记分周期期限届满，累积记分未满 12 分的，该记分周期内的记分予以清除；累积记分虽未满 12 分，但有罚款逾期未缴纳的，该记分周期内尚未缴纳罚款的交通违法行为记分分值转入下一记分周期。行政处罚决定被依法变更或者撤销的，相应记分应当变更或者撤销。

(三) 记分周期和满分处理

记分周期为 12 个月，满分为 12 分。记分周期自机动车驾驶人初次领取机动车驾驶证之日起连续计算，或者自初次取得临时机动车驾驶许可之日起累积计算。

机动车驾驶人在 1 个记分周期内累积记分满 12 分的，公安机关交通管理部门应当扣留其机动车驾驶证，开具强制措施凭证，并送达满分教育通知书，通知机动车驾驶人参加满分学习、考试。机动车驾驶人在 1 个记分周期内累积记分满 12 分的，应当参加为期 7 天的道路交通安全法律、法规和相关知识学习。其中，大型客车、重型牵引挂车、城市公交车、中型客车、大型货车驾驶人应当参加为期 30 天的道路交通安全法律、法规和相关知识学习。道路交通安全法律、法规和相关知识学习包括现场学习、网络学习和自主学习。网络学习应当通过公安机关交通管理部门互联网学习教育平台进行。机动车驾驶人可以在机动车驾驶证核发地或者交通违法行为发生地、处理地参加公安机关交通管理部门组织的道路交通安全法律、法规和相关知识学习，并在学习地参加考试。

机动车驾驶人在 1 个记分周期内 2 次累积记分满 12 分或者累积记分满 24 分未满 36 分的，应当在道路交通安全法律、法规和相关知识考试合格后，按照《机动车驾驶证申领和使用规定》的规定预约参加道路驾驶技能考试；考试不合格的，10 日后预约重新考试。机动车驾驶人在 1 个记分周期内 3 次以上累积记分满 12 分或者累积记分满 36 分的，应当在道路交通安全法律、法规和相关知识考试合格后，按照《机动车驾驶证申领和使用规定》的规定预约参加场地驾驶技能和道路驾驶技能考试；考试不合格的，10 日后预约重新考试。

机动车驾驶人经满分学习、考试合格且罚款已缴纳的，记分予以清除，发还机动车驾驶证。机动车驾驶人同时被处以暂扣机动车驾驶证的，在暂扣期限届满后发还机动车驾驶证。满分学习、考试内容应当按照机动车驾驶证载明的准驾车型确定。

(四) 记分减免

机动车驾驶人处理完交通违法行为记录后累积记分未满 12 分，参加公安机关交通管理部门组织的交通安全教育并达到规定要求的，可以申请在机动车驾驶人现有累积记分分值中扣减记分。在 1 个记分周期内累计最高扣减 6 分。

机动车驾驶人申请接受交通安全教育扣减交通违法行为记分的，公安机关交通管理部门应当受理。但有以下情形之一的，不予受理：

1. 在本记分周期内或者上 1 个记分周期内，机动车驾驶人有 2 次以上参加满分教育记录的；

2. 在最近 3 个记分周期内，机动车驾驶人因造成交通事故后逃逸，或者饮酒后驾驶机动车，或者使用伪造、变造的机动车号牌、行驶证、驾驶证、校车标牌，或者使用其他机动车号牌、行驶证，或者买分卖分受到过处罚的；

3. 机动车驾驶证在实习期内，或者机动车驾驶证逾期未审验，或者机动车驾驶证被扣留、暂扣期间的；

4. 机动车驾驶人名下有安全技术检验超过有效期或者未按规定办理注销登记的机动车的；

5. 在最近 3 个记分周期内，机动车驾驶人参加接受交通安全教育扣减交通违法行为记分或者机动车驾驶人满分教育、审验教育时，有弄虚作假、冒名顶替记录的。

参加公安机关交通管理部门组织的道路交通安全法律、法规和相关知识网上学习 3 日内累计满 30 分钟且考试合格的，1 次扣减 1 分；参加公安机关交通管理部门组织的道路交通安全法律、法规和相关知识现场学习满 1 小时且考试合格的，1 次扣减 2 分；参加公安机关交通管理部门组织的交通安全公益活动的，满 1 小时为 1 次，1 次扣减 1 分。

交通违法行为情节轻微，给予警告处罚的，免予记分。

(五) 法律责任

机动车驾驶人在 1 个记分周期内累积记分满 12 分，机动车驾驶证未被依法扣留或者收到满分教育通知书后 30 日内拒不参加公安机关交通管理部门通知的满分学习、考试的，由公安机关交通管理部门公告其机动车驾驶证停止使用。

机动车驾驶人请他人代为接受交通违法行为处罚和记分并支付经济利益的，由公安机关交通管理部门依据《道路交通安全违法行为记分管理办法》予以罚款处罚；构成违反治安管理行为的，依法予以治安管理处罚。

机动车驾驶人参加满分教育时在签注学习记录、满分学习考试中弄虚作假的，相应学习记录、考试成绩无效，由公安机关交通管理部门处 1000 元以下罚款；机动车驾驶人在参加接受交通安全教育扣减交通违法行为记分中弄虚作假的，由公安机关交通管理部门撤销相应记分扣减记录，恢复相应记分，处 1000 元以下罚款；代替实际机动车驾驶人参加满分教育签注学习记录、满分学习考试或者接受交通安全教育扣减交通违法行为记分的，由公安机关交通管理部门处

2000元以下罚款；组织他人实施前3种行为之一，由公安机关交通管理部门依据《道路交通安全违法行为记分管理办法》予以罚款处罚。

公安机关交通管理部门及其交通警察开展交通违法行为记分管理工作，应当接受监察机关、公安机关督察审计部门等依法实施的监督。公安机关交通管理部门及其交通警察开展交通违法行为记分管理工作，应当自觉接受社会和公民的监督。交通警察有参与买分卖分等违法行为的，按照《公安机关人民警察纪律条令》等有关规定给予处分；警务辅助人员有参与买分卖分等违法行为的，予以解聘；构成犯罪的，依法追究刑事责任。

第九章
非机动车管理

第一节　非机动车管理概述

一、非机动车的概念

《道路交通安全法》第119条对非机动车的定义：非机动车，是指以人力或者畜力驱动，上道路行驶的交通工具，以及虽有动力装置驱动但设计最高时速、空车质量、外形尺寸符合有关国家标准的残疾人机动轮椅车、电动自行车等交通工具。

二、非机动车的种类

非机动车主要包括自行车、电动自行车、残疾人机动轮椅车、人力车、畜力车等。

（一）自行车

18世纪末，法国人西夫拉克发明了最早的自行车（见图9-1）。这辆最早的自行车是木制的，它的结构比较简单，既没有驱动装置，也没有转向装置，骑车人靠双脚用力蹬地前行，改变方向时也只能下车搬动车子。

图9-1　最早的自行车

世界上第一批真正实用型的自行车出现于19世纪初。1817年，德国人德莱斯在法国巴黎发明了带车把的木制两轮自行车（见图9-2）。这种自行车虽然仍旧用脚蹬才能前行，但是可以一边前行一边改变方向，它一问世便引起了人们的极大兴趣。

图9-2 带车把的木制两轮自行车

1869年诞生的雷诺型自行车，车架改由钢管制作，车轮也改为钢圈和辐条，采用实心轮胎（见图9-3）。

图9-3 雷诺型自行车

可转向自行车，使自行车更加轻便。1886年，英国机械工程师斯塔利设计出新的自行车样式，装上前叉和车闸，前后轮大小相同，以保持平衡，并用钢管制成了菱形车架，还首次使用了橡胶车轮。斯塔利不仅改进了自行车的结构，还改制了许多生产自行车部件用的机床，为自行车的大量生产和推广应用开辟了宽阔的道路，因此他被后人称为"自行车之父"。他设计的自行车车型与今天自行车的样子已经基本一致了。1887年，英国人劳森完成了链条驱动自行车的设计。同年，英国人邓鲁普研制出了充气轮胎。从此，自行车技术也完成了向商业化的转化，批量生产并投入市场。

清同治七年（1868年）11月，上海首次由欧洲运来几辆自行车，是人坐在车上，两脚踏地引车而走的业余消遣的娱乐性代步工具。

清光绪十一年（1885年）后，英商怡和、德商禅臣、法商礼康等洋行将自行车及零件列为"五金杂货类"输入上海，到19世纪末在上海已有广泛市场。

1897年，中国开始从英国进口自行车；原来设摊修理马车、人力车的诸同生，于光绪二十三年选址南京路（今南京东路）604号，开办了同昌车行，经营自行车及零配件。

光绪二十六年，上海有惠民、曹顺泰等六七家车行，销售人力车、马车及自行车零配件，以卖带修。

1937年，日本人在中国上海、天津和沈阳三地先后开设自行车厂，但产量极低。

1940年，上海自行车厂（上海永久股份有限公司前身）成立，使中国有了自己品牌自行车生产企业；由此谱写了中国自行车行业历史上最辉煌的篇章，引领了几代中国人的自行车消费时尚，堪称中国自行车行业的一面先锋旗帜。

1949年，中国自行车年产量共有1.5万辆左右。

1950年，新中国第一个全部国产化的自行车品牌"飞鸽"在天津诞生。

1958年，上海267家小厂合并，组建成了上海自行车三厂，也就是凤凰自行车厂的前身。几年之后，凤凰牌成了家喻户晓的自行车名牌，一时供不应求。但自行车还是较为稀少的宠物。

1974年诞生了金狮牌自行车，1976年建厂于常州。

20世纪80年代，以"永久""凤凰""飞鸽""红旗""金狮"国内自行车行业五大品牌企业为首，中国共有自行车制造厂60余家，自行车零部件厂千余家，基本上形成了完整的生产体系。

目前全国拥有5亿多辆自行车，从总数来看，是世界上自行车拥有量最多的国家之一。自行车不是中国人的发明，却是中国人的专用。无论是皇城根下，还是乡村僻壤，都能看见自行车的身影。在大城市里，每逢上下班高峰，一辆辆自行车并驾齐驱，人头一片，铃声起伏，犹如潮水汹涌，蔚为壮观。自行车在中国的高普及率，反映了国人特有的自行车情结。21世纪初，山地自行车、改装自行车、电动自行车再度兴起，展现了自行车的旺盛生命力。

（二）电动自行车

电动自行车是以车载蓄电池作为辅助能源，具有脚踏骑行能力，能实现电助动或/和电驱动功能的两轮自行车（见图9-4）。1983年，上海自行车二厂试制成功永久牌 DX-130 电动自行车，这是我国有记录的并形成产业化的第一款电动自行车。它采用150W柱式电机、24V轿车用普通铅酸蓄电池，此车于1984年投入生产。1995年，清华大学研制出采用轮毂电机的电动自行车，此后的20多年，我国的电动自行车有了较快的发展，截至2018年10月，我国电动自行车保有量已超过2.5亿辆。我国电动自行车的发展史，业内普遍认同为三个发展阶段：电动自行车发展的初级阶段、初现生产规模化阶段、超速发展阶段。

图9-4 电动自行车

1. 初级阶段。电动自行车发展的初级阶段从时间上看是1995—1999年，这个阶段也被称为电动自行车的早期实验性生产阶段，主要是对电动自行车的四大件（电机、电池、充电器和控制器）的关键技术摸索研究。在研发生产方面主要是以生产企业自发的汇集信息、跟踪技术、组织市场观察、小批量的市场试用投放，也使得电动自行车开始进入了消费者的视野，并被他们逐步认可和接受。从技术层面上来讲，早期的电动自行车，新电池充电一次只能行驶大约30公里，电池寿命短，爬坡能力差，容易磨损，而且电机都是有刷无齿电机。但这个时期的积累，才为如今这个产业化规模在人才、技术和产品研发等方面奠定了基础。

2. 初现生产规模化阶段。初现生产规模化阶段从时间上看是2000—2004年，在这一时间段里，随着关键技术方面的突破和电动自行车性能的不断提升，让电动自行车成为摩托车和自行车的替代产品，而它的快捷、环保、方便和廉价，同时也激发了市场对于电动自行车的需求。在日益增长的市场需求中，先前研发生产的企业迅速崛起，一些新的企业也开始进入，他们对电动自行车的投入也不断加大，使得产能迅速扩展，一些以知名品牌为代表的上规模企业已经形成，而且按照南北差异，也亦形成了行业内以江苏、浙江、天津为代表的三大产业集聚地。

3. 超速发展阶段。第三个阶段是从 2005 年至今，这个阶段是中国电动自行车的超速发展阶段，被行业戏称为"井喷阶段"。首先，《道路交通安全法》明确把电动自行车划为非机动车进行管理，为电动自行车在我国的超速发展扫清了制度障碍。其次，在这个时间段内，随着企业之间的激烈竞争，大大刺激了技术的进步和新技术的扩散，全行业的技术水平大幅度提高，蓄电池寿命和容量提高了 35%，电机从单一的有刷有齿电机发展成为无刷高效电机为主流，寿命提高了 5 倍，效率提高了近 30%，爬坡和载重能力提高约 3.5 倍。最后，在性能提高的同时，制造成本大幅度下降，导致电动车新车的售价也在逐步下降。从行业的总产销量来看，仅 2005 年，全国数百家企业的各种轻型电动车（含电动自行车）的总产量预计已经超过 900 万辆，出口 200 万~300 万辆，实现工业产值 200 多亿元，利税约 60 亿元，相关生产和服务领域的就业人员近 100 万人。中国轻型电动车产销量已经占到全球的 90% 以上，中国已经成为全球最大的轻型电动车生产国、消费国和出口国。

（三）残疾人机动轮椅车

残疾人机动轮椅车，是指专为下肢残障者设计、全部由上肢操作、供下肢残疾人代步的动力驱动轮椅车（见图 9-5）。

图 9-5　残疾人机动轮椅车

（四）人力车和马车

人力车是人类最先使用的一种车辆，人力车在过去的北京、上海等大都市很常见，老北京叫拉洋车的洋车夫，老上海叫人力车为黄包车，是因为在上海租界规定公共人力车必须漆成黄色，故而得名。现如今的人力车多出现在一些旅游景点（见图 9-6）。

图 9-6 人力车

在人类进入蒸汽机时代和电气化时代以前,大量的交通运输是靠畜力(主要是牛、马、驴、骡等)牵引人造的交通工具来实现的,这些靠畜力牵引的车辆统称为畜力车(见图 9-7)。如今畜力车在我国的北方农村还有使用,许多城市已经禁止畜力车进入市区道路行驶。

图 9-7 畜力车

三、非机动车管理的特点

(一)社会性

非机动车社会占有量巨大,加上"共享单车"经历了从国外引进、市场专营,形成了交通出行新业态,与广大人民群众的出行密切相关,具有很强的社会性特点。这就要求车辆管理部门必须贯彻落实"立警为公、执法为民"的宗旨,管理工作中要体现以人为本的思想，千方百计方便民众、服务民众。

（二）复杂性

由于我国各地社会经济发展很不均衡，全国目前还拥有大量的自行车、三轮车、畜力车和残疾人专用车等，非机动车辆构成极其复杂，城市和农村、发达地区和欠发达地区、大城市和小城镇、城市街道和乡村公路通行条件千差万别。非机动车驾驶人员文化素质参差不齐，年龄、身体状况悬殊且复杂，尤其是中小学生、年老体残人员占有一定比例。所以，非机动车管理是一项艰巨而复杂的工作。

（三）差异性

由于我国幅员辽阔，地理环境不同，经济发展及道路交通建设亦不平衡，加之非机动车的制造和使用情况复杂，使我国目前还未出台一部全国统一的较为详尽的非机动车管理办法。近年来，各省、市结合各地的实际情况相继出台了本地的非机动车管理办法。在管理体制上，各地也有很大的差异，在公安机构改革中，有的地区将非机动车管理工作单列出去，划归公安机关其他部门。有的地区简化非机动车管理程序，取消了自行车登记制度等，这些改革与探索的管理制度或办法，对于当地非机动车管理是有益的尝试。我们要承认这种差别，这些做法对维护本地区的交通秩序、保证交通安全与畅通发挥了十分明显的作用。

四、非机动车管理的意义

从我国的国情出发，在今后相当长的一段时间内，非机动车仍然是我国重要的代步交通工具和基本运输工具。因此，在车辆管理工作中，必须贯彻机动车与非机动车并重管理的原则，重视和加强对非机动车的管理。

（一）提高道路通行能力，增强社会效益

我国的道路交通还处于发展过程中，并以"混合交通"和"平面交叉"为其特点。由于近年来机动车的增长速度远远高于道路交通建设的增长速度，造成道路交通尤其城市道路交通的拥堵，机动车运行速度逐年下降，大大影响了道路的通行能力，从时间观念、能源上说造成了浪费。为此，必须对非机动车从道路分流、行驶时间、品种数量等方面实行调控措施，才能有效地提高道路的通行能力，最大限度地减少非机动车对机动车的干扰，大大提高机动车的运行速度和运输效率，增强社会效益。同时，也使非机动车本身运行安全、顺畅有序。

（二）保障行车安全、预防和减少交通事故的发生

实践证明，在交通事故中有很大比例同非机动车有着直接或间接的关系。在道路通行、交通秩序中，非机动车是影响通行的诸多因素中非常突出的。所以，加强对非机动车尤其是自行车、电动自行车的管理，促使骑车人注意安全，遵守交通安全规定，按规定行驶，才能达到预防和减少交通事故发生的目的。

（三）打击盗车犯罪活动、促进社会和谐平安

一段时间以来，盗窃非机动车，特别是盗窃自行车、电动自行车的活动十分猖獗，给人民群众造成经济损失和不便，影响社会稳定和人民群众对公安机关保平安所寄予的期望。通过对非机动车的产权确认和严格管理，可以遏制这种犯罪活动，保护车主的合法权益，维护社会的安定，促进社会和谐、平安。

（四）为市政建设、道路规划提供依据

通过非机动车的档案管理，随时掌握非机动车的数量、种类、分布等信息，可以为有关部门提供准确的相关资料，为科学决策提供依据。

第二节　非机动车管理的内容

一、非机动车登记

对非机动车而言，不是所有的非机动车都属于车辆和驾驶人管理的范畴，只有依法实行登记管理的非机动车才是车辆和驾驶人管理的内容。

（一）非机动车登记制度

非机动车登记制度，是指公安机关交通管理部门根据非机动车所有人的申请，经依法进行审查，对应当登记的非机动车核发登记证明、凭证，准予其上道路行驶的制度。

（二）非机动登记的法律依据

《道路交通安全法》第18条规定："依法应当登记的非机动车，经公安机关交通管理部门登记后，方可上道路行驶。依法应当登记的非机动车的种类，由省、自治区、直辖市人民政府根据当地实际情况规定。非机动车的外形尺寸、质量、制动器、车铃和夜间反光装置，应当符合非机动车安全技术标准。"这是非

机动车登记制度的法律依据，对非机动车实行登记管理，是法律赋予公安机关交通管理部门的一项重要职责，也是加强非机动车管理的一项重要政策。

（三）非机动车登记机关

公安机关交通管理部门是法定的非机动车登记机关，《道路交通安全法》第18条第1款规定："依法应当登记的非机动车，经公安机关交通管理部门登记后，方可上道路行驶。"

（四）应当登记的非机动车的种类

依据《道路交通安全法》第18条的相关规定，依法应当登记的非机动车的种类，由省、自治区、直辖市人民政府根据当地实际情况规定。这也就是说，各地应当登记的非机动车种类有所差别，适用于地方性法规、规章。从目前各省、自治区、直辖市人民政府的相关管理规定来看，普遍把电动自行车、残疾人机动轮椅车列入应当登记上牌的非机动车，而普通自行车大多没有列入应当登记上牌的非机动车。例如，自2014年3月1日起施行的《上海市非机动车管理办法》第14条规定，电动自行车、残疾人机动轮椅车、人力三轮车及上海市人民政府规定应当登记上牌的其他非机动车应当经本市公安机关交通管理部门登记，取得非机动车号牌和行车执照。自2010年5月1日起施行的《江西省非机动车管理办法》第8条规定，电动自行车、残疾人机动轮椅车、省人民政府确定的其他非机动车经县（市、区）公安机关交通管理部门登记后，方可上道路行驶。本省对以人力或者畜力驱动的非机动车不实行登记制度，包括自行车、三轮车等。针对市面上的"电动车"性能早就超越了电动自行车的界限，逐步变成了"电动轻便摩托车""电动摩托车"，为加强电动自行车管理，2018年5月15日，国家工信部发布了《电动自行车安全技术规范》（GB 17761—2018），新的标准已于2019年4月15日正式强制执行。各地只允许给符合"新国标"的电动自行车登记上牌。

二、非机动车安全技术标准

（一）电动自行车的安全技术标准

1999年5月28日，国家质量技术监督局发布了《电动自行车通用技术条件》（GB 17761—1999）国家标准，并于同年10月1日执行。随着我国电动自行车产业的迅速发展，《电动自行车通用技术条件》（GB 17761—1999）已经满足不了当前电动车行业的发展，此外，由于部分电动自行车防火阻燃性能较差，近几年引发的火灾逐渐增多，多次造成重大的人员伤亡和财产损失事故，因此，迫切需要通过修订现行标准，加强对电动自行车的管理，切实保护人民群众生命财产安全。2018年5月16日，国家市场监督管理总局、国家标准化管理委员会批准发布了新修订的《电动自行车安全技术规范》（GB 17761—2018），规定了电动自行车的整车安全、机械安全、电气安全、防火性能、阻燃性能、无线电骚扰特性和使用说明书的主要技术要求及相应的试验方法。2018年8月25日，市场监管总局、国家认监委发布电动自行车产品由许可转为实施强制性产品认证管理安排的公告。电动自行车工业产品生产许可证管理转为实施强制性产品认证（以下简称CCC认证）过渡期自2018年8月1日起至2019年4月14日止，过渡期内生产许可证与CCC认证管理并存，在2019年4月14日前，电动自行车产品应凭有效生产许可证或CCC认证出厂、销售或者在其他经营活动中使用。

2018年10月18日，北京市公安交通管理局正式发布了《北京市电动自行车过渡期登记和通行管理办法》。该办法规定，自2019年5月1日起未申领临时标识的"非标"电动自行车不得上路行驶。2021年11月1日起，只有悬挂号牌的合规电动自行车才可上路行驶。类似的规定也是电动自行车管理的一个方向，对于消费者已经购买的不符合新标准的电动自行车，将由各省、自治区、直辖市人民政府根据有关法律规定和当地实际情况，制定妥善的解决办法，通过自然报废、以旧换新、折价回购、发放报废补贴、纳入机动车管理等方式，在几年内逐步化解。

按照《电动自行车安全技术规范》（GB 17761—2018）的规定，电动自行车的安全性能标准有以下几点：

1. 最高车速。电驱动行驶时，最高设计车速不超过25km/h；电助动行驶时，车速超过25km/h，电动机不得提供动力输出。

2. 整车质量（重量）。装配完整的电动自行车的整车质量小于或等于55kg。

3. 外形尺寸。电动自行车的尺寸限值应当符合下列要求：

（1）整车高度小于或等于1100mm；车体宽度（除车把、脚蹬部分外）小于或等于450mm；前、后轮中心距小于或等于1250mm；鞍座高度大于或等于635mm；

（2）鞍座长度小于或等于350mm；

（3）后轮上方的衣架平坦部分最大宽度小于或等于175mm。

4. 制动性能。电动自行车制动性能应当符合表9-1规定，在相应的制动距离内平稳安全地停住。

表 9-1　电动自行车制动性能表

试验条件	试验速度（km/h）	使用的闸	制动距离（m）
干态	25	同时使用前、后闸	≤7
干态	25	单使用后闸	≤15
湿态	16	同时使用前、后闸	≤9
湿态	16	单使用后闸	≤19

5. 脚踏行驶能力。电动自行车脚踏骑行能力应当符合下列要求：

（1）30min 的脚踏骑行距离大于或等于 5km；

（2）两曲柄外侧面最大距离小于或等于 300mm；

（3）鞍座前端在水平方向位置不得超过中轴中心线。

6. 电动机功率。电动自行车的电动机额定连续输出功率应不大于 400W。

7. 蓄电池。电动自行车的蓄电池标称电压小于或等于 48V；最大输出电压应当小于或等于 60V；具有防篡改功能。

（二）残疾人机动轮椅车的安全技术标准

残疾人机动轮椅车有内燃机和电动两种动力模式。由内燃机提供动力的残疾人机动轮椅车的安全技术标准要符合《机动轮椅车》（GB 12995—2006）的相关要求，电动残疾人机动轮椅车的安全技术标准要符合《电动轮椅车》（GB 12996—2012）的相关要求。

1. 《机动轮椅车》（GB 12995—2006）的安全技术标准。

（1）机动轮椅车定义。本标准所谓的机动轮椅车，是指由内燃机提供动力的轮椅车，内燃机均为汽油机，是为下肢残障者设计，一般为正三轮，全部由上肢操作，并贴有残疾人专用车标志，是道路行驶的交通工具，又称残疾人三轮摩托车。

（2）机动轮椅车的分类。机动轮椅车分为轻便机动轮椅车和普通机动轮椅车。其中，汽油机名义排量小于等于 50ml 的机动轮椅车称为轻便机动轮椅车；汽油机名义排量大于 50ml 小于等于 150ml 的机动轮椅车称为普通机动轮椅车。有些地方列入非机动车进行管理的机动轮椅车，特指轻便机动轮椅车。如 2015 年 11 月 12 日开始实施的《福州市残疾人机动轮椅车管理办法》第 5 条规定，使用汽油机驱动，且汽油机的排量小于等于 50ml，并符合《机动轮椅车》

（GB 12995—2006）的其他安全技术性能要求等条件的残疾人机动轮椅车才属于非机动车管理的范畴。

（3）机动轮椅车专用安全要求。机动轮椅车的起动、油门、制动及其他控制装置应全部由驾驶员上肢操纵；机动轮椅车应安装下肢防护装置；驾驶员的座位应有靠背和能限制髋部左右移动的装置；机动轮椅车应有放置拐杖的位置，并能固定。除汽油机驱动外，由下肢残障较重者驾驶的轻便机动轮椅车应具备手移动装置，以使车辆实现避让性的短距离移动；机动轮椅车其外部明显部位应有残疾人专用车标志。

（4）设计最高时速。机动轮椅车最高设计车速不应大于 50km/h。

（5）外形尺寸。轻便机动轮椅车的外廓尺寸不应大于 2000mm×1000mm×1200mm（长×宽×高），普通机动轮椅车的外廓尺寸不应大于 2500mm×1200mm×1400mm（长×宽×高）。

（6）制动性能。轻便机动轮椅车的制动距离不应大于 4m（车速为 20km/h）；普通机动轮椅车的制动距离不应大于 7.5m（车速为 30km/h）。机动轮椅车在倒车挡位行驶时，其制动应稳定可靠，制动后，不允许任何车轮离开地面。

2.《电动轮椅车》（GB 12996—2012）的安全技术标准。

（1）电动轮椅车的定义。电动轮椅车，是指可由乘坐者或护理者操作的、由一个或多个电机驱动的、能电动控制速度的、可使用手动或动力转向的供残障者使用的带有座椅支撑的轮式个人移动装置。残障者，是指残疾人或下肢有运动功能障碍的人。电动轮椅车包括电动代步车。

（2）电动轮椅车的分类。电动轮椅车按使用要求分为三类：电动室内型轮椅车、电动室外型轮椅车、电动道路型轮椅车。

（3）控制开关。应至少有一种方法开启和关闭轮椅车。每一种方法均应在操作件上或其邻近处用符号直观地标明。当切断轮椅车电源后，控制器的动作应不会造成驱动轮转动。

（4）电动轮椅车的外形尺寸。电动轮椅车的外形尺寸应符合表 9-2 的规定。

表 9-2　电动轮椅车外形尺寸

项目	室内型、室外型	道路型
总长 L（mm）	≤1200	≤1600
总宽 B（mm）	≤700	≤750
总高 H（mm）	≤1090	不作规定

（5）性能要求。电动轮椅车的性能要求应符合表9-3的规定。

表9-3 电动轮椅车性能要求

项目内容		标准要求		
		室内型	室外型	道路型
最大速度（km/h）		≤4.5	≤6	≤15
行驶制动性能	水平路面制动（m）	≤1.0	≤1.5	≤3.5
	最大安全坡度制动	≤1.6m（3°）	≤3.6m（6°）	≤6m（8°）
驻坡性能		6°	9°	15°
静态稳定性		≥6°	≥9°	≥15°
动态稳定性		≥3°	≥6°	≥10°
越障高度（mm）		≥25	≥40	≥80
越沟宽度（mm）		100	100	150
爬坡能力		≥3°	≥6°	≥8°
最小回转半径（mm）		900	1200	2000
理论行驶距离（km）		≥10	≥20	≥35

第十章
车辆与驾驶人档案管理

第一节 概 述

一、车辆与驾驶人档案管理的含义

车辆与驾驶人档案，是指记录与车辆和驾驶人有直接关系的，有利于公安机关交通管理部门掌握车辆和驾驶人发展、使用动态的历史记录。车辆和驾驶人档案属于专门档案，它是车管民警在长期的车管工作中积累形成的、按照一定的归档制度集中保存起来的文字、图表、声像等形式的原始记录。它既是公安机关交通管理部门最基本的职能活动，同时也是衡量和评价各级公安机关车辆管理部门工作水平和工作质量的重要指标之一。

车辆与驾驶人的档案管理，是指公安机关交通管理部门对本辖区内的各种车辆及驾驶人的材料和其他技术资料加以收集、整理、鉴定、统计、保管和对变动情况进行记载的一项专门工作，是车辆与驾驶人管理的重要组成部分，是公安交通管理的重要基础工作之一。

二、车辆与驾驶人档案管理的目的及意义

开展车辆与驾驶人档案管理工作的目的和意义在于以下几个方面：

（一）有利于打击和惩处与车辆有关的犯罪活动

当前，与车辆有关的犯罪案件逐年上升，严重扰乱了社会秩序。在打击此类犯罪活动中，车辆和驾驶人档案起着不可替代的作用。它可以为侦查人员提供真实、准确的线索或证据，便于及时侦破和查处此类案件。

（二）为领导进行决策提供依据

车辆和驾驶人档案是各级领导和有关部门了解国家在车辆和驾驶人管理方面的方针政策的凭证资料；是总结经验教训，进一步开展工作的依据资料；也是熟悉情况、制定规划、总结工作、处理问题的参考，所以，凭借档案中的各种真实记载，就能很好地了解和熟悉有关情况，进行工作决策。同时，也有利于提高本部门的工作效率和工作质量。

（三）提供科学研究的可靠材料和宣传教育的生动教材

对道路交通管理进行科学研究必须有充分的材料。车辆和驾驶人档案记录了

大量的车辆与驾驶人的统计资料、技术文件等信息，可以为科学研究提供充分可靠的材料，如通过研究事故发生的规律、原因等，提出管理办法和预防措施。

三、车辆与驾驶人档案管理的基本要求

1. 内容要求。档案内容的填写必须全面、准确，文字的书写要认真、清楚、规范。

2. 变动要求。档案内容的增减变动必须及时做好相应的记载。

3. 防损要求。档案必须完好无损，要注意防火、防潮、防霉、防虫、防鼠、防污、防盗等。

4. 借阅要求。要严格档案的借阅和变动手续，对档案要进行定期不定期的检查。

5. 保密要求。要确保某些档案及资料的机密性。

6. 档案室（库）设置要求。要求设置专用档案室（库），并在档案室（库）内设立档案查阅室。档案室（库）应当远离易燃、易爆和有腐蚀性气体等场所，并配置防火、防盗、防高温、防潮湿、防尘和防虫鼠的设施与设备。

四、档案管理的内容

车辆和驾驶人的档案管理从内容上来看，可以分为以下三类：

（一）车辆档案管理

车辆档案管理，是指公安机关交通管理部门根据交通管理法规的有关管理规定，在对机动车及非机动车进行管理活动的过程中积累形成的各种原始记录及材料，本章主要指的是机动车的档案。

（二）机动车驾驶证档案管理

机动车驾驶证档案管理，是指公安机关交通管理部门根据交通管理法规的有关管理规定，在对机动车驾驶证进行管理活动的过程中积累形成的各种原始记录及材料。

（三）其他档案管理

其他档案管理包括与车管工作有关的技术资料和统计资料的管理，是指公安机关交通管理部门根据交通管理法规的有关规定，在对与车管工作有关技术资料和统计资料进行管理活动的过程中积累形成的各种原始记录及材料。

第二节　机动车档案

机动车档案是反映机动车从注册到注销全过程的文本资料。根据《机动车登记工作规范》（公交管〔2012〕333号）的规定，车辆管理所建立每辆机动车的档案，确定档案编号。机动车档案包括实物档案和电子档案，实物档案按照机动车号牌种类、号牌号码或者档案编号顺序存放。电子档案的表现形式主要有电子信息、影像等。

档案管理岗是《机动车登记工作规范》规定的车辆管理所办理机动车登记必设基本岗位，其主要工作职责是：对机动车登记资料进行复核、整理，建立机动车档案，妥善保管纸质档案，维护更新电子档案，保护档案库房的安全，对注销后逾保管期限的机动车档案进行销毁。向有关单位或个人依法提供档案的查询工作。

一、机动车档案建立

（一）电子档案建立

1. 电子信息档案建立。档案管理岗民警将登记审核岗转递来的车辆登记申请资料，与机动车登记系统内的相关车辆、所有人信息等内容进行核对。对核对一致的，予以归档，建立机动车电子信息档案。不符合规定的，出具退办函，告知车主一次性需要补齐、补正的资料。

2. 电子影像档案建立。按照《机动车登记工作规范》规定，将收存资料通过扫描或拍摄等方式制成影像文件，需要审核原件收存复印件的，可采集原件。抵押合同可只采集合同原件或复印件的正文首页及签章页。

（二）纸质档案建立

1. 已建立电子档案的机动车，档案管理民警打印该车资料卷宗目录并将收存的资料统一使用国际标准A4纸进行托裱粘贴。

2. 对于档案资料小于A4纸尺寸的，可以多张粘贴于一张A4纸上，但资料之间不得重叠、遮盖。

3. 对于档案资料大于A4纸尺寸的，按照A4纸的尺寸进行折叠。竖版、左侧按序进行装订档案资料成册，并装入档案袋。不得错装、漏粘资料。

4. 档案管理民警每日将已建好的纸质档案登记造册，移交档案库房妥善保管。

二、机动车档案保管

（一）电子影像档案存储

1. 影像数据可以采取直接存入数据库，或存入文件目录并在数据库中存储图片索引两种方式。

2. 车辆档案影像在车辆注销、撤销且实物档案销毁后保存不少于3年，车辆转出后保存不少于3年。

3. 应开展灾难备份和恢复系统建设工作。

（二）纸质档案保管

1. 保管机动车纸质档案的库房，应当严格落实"六防"措施，即防火、防盗、防虫、防鼠、防潮、防尘。非档案库房工作人员严禁入内。定期进行安全检查，及时更换有安全隐患的档案库房设施。

2. 档案管理岗民警对于转递来的纸质档案，应当进行认真核对实物数量是否与入库单据相符，符合的，在入库单据上签字确认，在接收档案的过程中，发现有档案损毁、破损，应当及时要求档案管理民警给予更正后，再移交入库。

3. 档案管理岗民警应当将档案库房根据车辆号牌种类划分为若干区域，对于符合入库上柜的档案，在上档案柜排列时应当遵循从上到下、从左到右、从小到大的原则。不得堆放、捆扎已建档的机动车档案。

三、机动车档案查阅

车辆管理所对于人民法院、人民检察院、公安机关或者其他行政执法部门、纪检监察部门以及公证机构、仲裁机构、律师事务机构等因办案需要查阅机动车档案的，审查其提交的档案查询公函和经办人工作证明；对机动车所有人查询本人机动车档案的，审查其身份证明。

查阅档案应当在档案查阅室进行，档案管理人员应当在场。需要出具证明或者复印档案资料的，经业务领导批准。

除机动车所有权转移到原登记车辆管理所辖区以外和机动车所有人住所迁出车辆管理所辖区以外的变更登记外，已入库的机动车档案原则上不得再出库。

四、机动车档案补建

（一）电子信息档案补建

因登记系统的升级或其他原因，造成机动车电子信息档案丢失，车辆管理所应当根据该车的纸质档案，按照车辆初次登记时的要求，逐项采集车辆与车主的信息，完成初步录入工作，再书面报告省级公安机关交通管理部门，得到核准后，从总队数据库中下载核准信息，完成电子档案补建工作。

（二）纸质档案补建

车辆管理所因意外事件致使机动车纸质档案损毁、丢失的，应当书面报告省级公安机关交通管理部门，经书面批准后，按照计算机登记系统的信息补建机动车档案，打印该机动车在计算机系统内的所有记录信息，并补充机动车所有人身份证明复印件。

机动车档案补建完毕后，报省级公安机关交通管理部门审核。省级公安机关交通管理部门与计算机登记系统核对，并出具核对公函。审核进口机动车档案时，属于全国进口机动车计算机核查系统内的机动车还应当与计算机核查系统比对，经核查无记录的，不得出具核对公函。补建的机动车档案与原机动车档案有同等效力，但档案资料内无省级公安机关交通管理部门批准补建档案的文件和核对公函的除外。

转出后档案丢失的，由转出地车管所按照上述纸质档案补建程序和规定，申请补建机动车档案。

五、机动车档案销毁

机动车档案从注销登记之日起保存2年后销毁。属于撤销机动车登记的，机动车档案保存3年后销毁。校车标牌档案从机动车不再作为校车使用之日起保存3年后销毁。

销毁机动车档案时，车辆管理所应当对需要销毁的机动车档案登记造册，并书面报告所属直辖市或者设区的市公安机关交通管理部门，经批准后方可销毁。销毁机动车档案应当在指定的地点进行，监销人和销毁人共同在销毁记录上签字。记载销毁档案情况的登记簿和销毁记录存档备查。

六、法律责任

车辆管理所档案管理人员应当自觉维护档案安全，不得损毁、涂改、伪造、变造机动车档案；不得擅自向他人提供机动车档案登记信息及资料的复制、摘录或让他人拍摄，谋取不正当利益。

其他单位或个人查阅档案时，档案管理人员应当全程在场，档案不得脱离管理人员的监管视线。

档案管理人员造成档案资料损毁、遗失、丢失的，应当给予行政处分，造成严重后果的，依法追究法律责任。

七、其他

档案管理岗应当建立档案出入库台账，台账应当记录日期、号牌种类、号牌号码、出库原因、查阅人签名、入库时间以及备注事项等，并于每个工作日的次日，对前一个工作日查阅、转出或其他原因提取出库的档案，根据出入库台账逐一核对，确保档案及时回库，避免丢失、遗失。

档案管理岗应当建立车管服务站点交回业务资料移交台账。移交台账记录移交业务的时间段、业务类型、号牌种类、号牌号码、移交数量、交回单位经办人、档案接收经办人、移交业务时间以及备注事项等。

除档案管理人员外，任何单位或个人，未经车辆管理所领导批准，不得进入档案库房。对于经批准进入档案库房的人员，档案管理人员应当要求进入人员填写外部人员出入台账，台账应当记录日期、进入时间、进入事由、批准人、进入人员签名以及离开时间和备注。

第三节　机动车驾驶证档案

机动车驾驶证档案是反映机动车驾驶人从初次申请驾驶证到注销驾驶证全过程的文本资料。根据《机动车驾驶证业务工作规范》的规定，机动车驾驶证档案包括实物档案和电子档案。实物档案应当保存机动车驾驶人提交的资料。保存的资料应当装订成册，并填写档案资料目录，置于资料首页，案卷编号为档案编号。电子档案包括计算机录入信息、操作日志、考试音视频监控资料。

档案管理岗是《机动车驾驶证业务工作规范》规定的车辆管理所办理机动车驾驶证业务必设基本岗位，其主要工作职责是：对驾驶人申请资料进行复核、整理，建立机动车驾驶证档案，妥善保管纸质档案，维护更新电子档案，保护档案库房的安全,对注销后逾保管期限的机动车驾驶证档案进行销毁。向有关单位或个人依法提供档案的查询工作。

一、机动车驾驶证档案建立

(一) 电子档案建立

1. 电子信息档案建立。档案管理岗民警接到考试岗转递来的驾驶人申请资料,与驾驶人管理系统内的信息进行核对,对核对一致的,予以归档,建立驾驶人电子信息档案。不符规定的,出具退办函,告知驾驶人一次性需要补齐、补正的资料。

2. 电子影像档案建立。按照《机动车驾驶证业务工作规范》的规定,将收存资料通过扫描或拍摄等方式制成影像文件,需要审核原件收存复印件的,可采集原件。

(二) 纸质档案建立

1. 已建立电子档案的驾驶人,档案管理民警打印该申请人的资料卷宗目录并将收存的资料统一使用国际标准 A4 纸进行托裱粘贴。

2. 对于档案资料小于 A4 纸尺寸的,可以多张粘贴于一张 A4 纸上,但资料之间不得重叠、遮盖。

3. 对于档案资料大于 A4 纸尺寸的,按照 A4 纸的尺寸进行折叠。竖版、左侧按序进行装订档案资料成册,并装入档案袋。不得错装、漏粘资料。

4. 档案管理民警每日将已建好的纸质档案登记造册,移交档案库房妥善保管。

二、机动车驾驶证档案保管

(一) 纸质档案保管

1. 存放驾驶人纸质档案的库房,应当严格落实"六防"措施,即防火、防盗、防虫、防鼠、防潮、防尘。非档案库房工作人员严禁入内。定期进行安全检查,及时更换有安全隐患的档案库房设施。

2. 档案管理岗民警对于转递来的纸质档案,应当进行认真核对实物数量是否与入库单据相符。对相符合的纸质档案,在入库单据上签字确认,在接收档案的过程中,发现有档案损毁、破损,应当及时要求档案管理民警给予更正后,再移交入库。

3. 档案管理岗民警应当将档案库房根据准驾车型或住所行政区划分为若干区域，对于符合入库上柜的档案，在上档案柜时应当按照驾驶人的档案编号从上到下、从左到右、从小到大的原则排列存放。不得堆放、捆扎已建档的机动车驾驶证档案。

（二）电子影像档案存储

1. 影像数据可以采取直接存入数据库，或存入文件目录并在数据库中存储图片索引两种方式。

2. 机动车驾驶证档案影像在驾驶证被注销、撤销且实物档案销毁后保存不少于3年，驾驶证转出后保存不少于3年。

3. 应开展灾难备份和恢复系统建设工作。

三、机动车驾驶证档案查阅

车辆管理所对于人民法院、人民检察院、公安机关或者其他行政执法部门、纪检监察部门以及公证机构、仲裁机构、律师事务机构等因办案需要查阅机动车驾驶证档案的，审查其提交的档案查询公函和经办人工作证明；对驾驶证所有人查询本人的机动车驾驶证档案的，审查其身份证明。

查阅档案应当在档案查阅室进行，档案管理人员应当在场。需要出具证明或者复印档案资料的，经业务领导批准。已入库的机动车驾驶证档案，原则上不得再出库。

四、机动车驾驶证档案补建

（一）电子信息档案补建

因驾驶人管理系统的升级或其他原因，造成驾驶证电子档案信息丢失的，车辆管理所应当根据该驾驶人的纸质档案，按照初次申请时的要求，逐项采集驾驶人的信息，完成初步录入工作，再书面报告省级公安机关交通管理部门，得到核准后，从总队数据库中下载核准信息，完成电子档案补建工作。

（二）纸质档案补建

车辆管理所因意外事件致使驾驶证纸质档案损毁、丢失的，应当书面报告省级公安机关交通管理部门，经书面批准后，按照计算机管理系统的信息补建机动车驾驶证档案，打印该驾驶人在计算机系统内的所有记录信息，并补充驾驶人身份证明复印件。

机动车驾驶证档案补建完毕后,报省级公安机关交通管理部门审核。省级公安机关交通管理部门与计算机申请系统核对,并出具核对公函。补建的机动车驾驶证档案与原机动车驾驶证档案有同等效力,但档案资料内无省级公安机关交通管理部门批准补建档案的文件和核对公函的除外。

五、机动车驾驶证档案销毁

注销、吊销机动车驾驶证的,机动车驾驶证档案资料保留2年后销毁,但造成交通事故后逃逸被吊销机动车驾驶证的,档案资料长期保留;撤销机动车驾驶许可的,档案资料保留3年后销毁。临时机动车驾驶许可档案资料保留2年后销毁。

销毁机动车驾驶证档案时,车辆管理所应当对需要销毁的机动车驾驶证档案申请造册,并书面报告所属直辖市或者设区的市公安机关交通管理部门,经批准后方可销毁。销毁机动车驾驶证档案应当在指定的地点进行,监销人和销毁人共同在销毁记录上签字。记载销毁档案情况的申请簿和销毁记录存档备查。

六、法律责任

车辆管理所档案管理人员应当自觉维护档案安全,不得损毁、涂改、伪造、变造机动车驾驶证档案;不得擅自向他人提供机动车驾驶证档案申请信息及资料的复制、摘录或让他人拍摄,谋取不正当利益。

其他单位或个人查阅档案时,档案管理人员应当全程在场,档案不得脱离管理人员的监管视线。

档案管理人员造成档案资料损毁、遗失、丢失的,应当给予行政处分,造成严重后果的,依法追究法律责任。

七、其他

档案管理岗应当建立档案出入库台账,台账记录日期、档案编号、准驾车型、出库原因、查阅人签名、入库时间以及备注事项等,并于每个工作日的次日,对前一个工作日查阅或其他原因提取出库的档案,根据出入库台账逐一核对,确保档案及时回库,避免档案丢失。

档案管理岗应当建立车管服务站点交回业务资料移交台账,移交台账记录移交业务的时间段、业务类型、档案编号、准驾车型、移交数量、交回单位经办人、档案接收经办人、移交业务时间以及备注事项等。

除档案管理人员外，任何单位或个人，未经车辆管理所领导批准，不得进入档案库房。对于经批准进入档案库房的人员，档案管理人员应当要求进入人员填写外部人员出入登记台账，台账记录日期、进入时间、进入事由、批准人、进入人员签名以及离开时间和备注。

第十一章
车辆与驾驶人的计算机管理

第一节　车辆与驾驶人计算机管理概述

一、车辆与驾驶人计算机管理的法规依据

《机动车登记规定》第5条规定："车辆管理所应当使用全国统一的计算机管理系统办理机动车登记、核发机动车登记证书、号牌、行驶证和检验合格标志。计算机管理系统的数据库标准和软件全国统一，能够完整、准确地记录和存储机动车登记业务全过程和经办人员信息，并能够实时将有关信息传送到全国公安交通管理信息系统。"

《机动车驾驶证申领和使用规定》第5条规定："车辆管理所应当使用全国统一的计算机管理系统办理机动车驾驶证业务、核发机动车驾驶证。计算机管理系统的数据库标准和软件全国统一，能够完整、准确地记录和存储机动车驾驶证业务办理、驾驶人考试等全过程和经办人员信息，并能够实时将有关信息传送到全国公安交通管理信息系统。"

随着社会的不断进步和科学技术的迅猛发展，计算机已经广泛应用于科研、生产、商业、金融、军事、教育等社会诸多领域，使社会生活与工作效能较之以往发生了翻天覆地的变化，取得了巨大的经济效益和社会效益。计算机管理比传统的管理方式具有明显的优越性，具有精度高、速度快、记忆强、自动化程度高、便于统计和查询、客观公正等特点。以计算机信息技术为代表的许多科技新成果、新发明和新手段已广泛应用于公安工作的各个领域，在提高公安业务工作效率、保障社会安定和打击刑事犯罪斗争中发挥了重要作用，取得了令人瞩目的成果，极大地增强了公安机关的战斗力。

二、车辆与驾驶人计算机管理的特点

（一）提高工作效率

采用计算机进行数据处理与传递的速度，与人工方式相比是不可同日而语的；计算机进行数据处理与传递速度快、自动化程度高、准确、安全。

（二）科学、规范管理

车管业务采用计算机管理可以很方便地输入文字、采集图像；可以自动进行

比对、审核；可以通过网络进行信息的快速传递。从而使车辆与驾驶人管理工作的效率大大提高，实现全国车辆与驾驶人数据库的实时更新，车驾管业务可以在城市之间流转办理。使用全国统一的"公安交通管理综合应用平台"，统一信息采集标准、业务办理流程、业务监管要求，排除了各种人为的干扰，促进了管理工作的科学化、规范化和标准化。

（三）保证管理的客观性和公正性

计算机处理信息精度高、信息量大、记忆功能强的特点，使管理工作的准确性极大地提高。输入计算机的信息数据被妥善地储存起来，可迅速、准确地提供各种统计资料，为制订工作计划，进行管理决策提供依据。在车辆注册登记、变更转移时，可通过计算机填表比对和选号制证；车辆检验合格后，会当场打印检验合格标志、签注机动车行驶证，这些表格、证件与人工填制相比，既清晰又准确。在驾驶人考试中，理论考试计算机出题、阅卷，场地和实际道路考试引入电子评判，保证了驾考的客观性和公正性。此外，采用计算机管理之后，还可以促使广大民警学习掌握先进的科学技术，提高民警的文化素质和业务水平，在群众中树立良好的公安队伍形象。

（四）改善工作环境，减轻手工操作的劳动强度

在车辆和驾驶人管理中，无论是注册登记、办理证件、出题考试、阅卷、档案查询，还是车辆检验、定期审验和计划统计，都要进行大量的操作。采用人工进行操作，不仅劳动强度大，而且效率低、质量差。采用计算机管理后，将彻底改变这种落后状况，而且工作环境也得到了改善。

（五）便于群众的查询监督和线上办理

群众可以通过触摸屏或网络终端随时随地查询应公开的政务信息，检索应知悉的程序规定；可以通过"公安部互联网交通安全综合服务管理平台""交管12123"APP等，直接线上办理选号、补换证、考试预约、信息变更等车驾管业务。这些透明高效的线上服务，极大地提升了群众的获得感和满意度。

（六）便于管理部门掌握机动车和驾驶人的现状

由于车辆管理业务和驾驶人管理业务计算机管理系统中均有统计模块，因此可以很容易地对本地区机动车和驾驶人的保有量、增长量，机动车的车辆类型、使用年限以及检验率、报废率，驾驶人的准驾车型、年龄结构以及审验率等情况进行统计分析，便于从宏观上对车辆与驾驶人的情况进行把握，从而采取相应的

对策，制定相应的规则与制度等。

（七）便于公安机关自身监督，使责任倒查客观、科学、公正

车辆与驾驶人管理核心软件数据库准确地记录着办理车辆与驾驶人当中的每一个环节的业务信息和经办信息，为车辆管理所内部监督提供了条件。同时，一旦日后发生责任事故，为责任的倒查、追究责任人、处理违规人员提供了第一手的材料。

三、车辆与驾驶人计算机管理的发展历程

（一）计算机的初步应用

20世纪90年代以前，我国的机动车驾驶证和行驶证的证件制作均采取手写签注内容加盖章，到20世纪90年代初期开始出现用打字机打印签注内容，没有信息系统和软件的概念。发出的驾驶证和行驶证靠手工记录台账，这就是原始的数据库，是计算机数据库的雏形。到了20世纪90年代中期，随着计算机的普及，各地开始应用较简单的单机版计算机系统，实现了证件的计算机签注，使用了Dbase和Foxbase等小型数据库，可新增、修改、删除信息，提供简单的信息查询和统计。初步实现了机动车和驾驶人信息的计算机管理，这是车辆与驾驶人信息化管理的第一步。

（二）机动车与驾驶人业务软件的初步应用

20世纪90年代后期，随着车管岗位和流程概念的提出，各地根据岗位流程开发的系统软件，相比单机版软件，功能更加全面，实现了分岗位办理业务，这是真正意义上的机动车/驾驶人业务软件。随着网络技术的发展，各地相继建立了基于网络的系统，实现了机动车/驾驶人信息远程查询。到2002年，机动车/驾驶人信息管理系统已初具规模。基本建成省、市两级机动车/驾驶人数据库，全国各省入库可供查询机动车信息6000万条，驾驶人信息8400万条。部分省实现了全省机动车/驾驶人业务软件的统一。据统计，当时全国有46个版本的机动车/驾驶人系统软件。

（三）机动车与驾驶人统一版软件应用

2003年12月，公安部交通管理局组织开发了全国统一的机动车/驾驶人业务软件，建立了全国机动车/驾驶人数据库。2004年10月，机动车登记和驾驶人管理统一版软件开始在全国启用。全国380多个省市级车管所、2500多个县级车管

部门启用统一版软件办理机动车登记和驾驶证管理业务。

统一版软件的应用使车管工作克服了区域差异、工作基础差异、民警素质差异等不利条件，利用统一版软件管理平台实现了由分散管理到集约管理的重大跨越，推动了车管工作规范化、科学化、信息化的进程，使车辆和驾驶人管理工作上了一个崭新的台阶，统一版软件的应用对车管工作具有里程碑式的意义。从技术的角度说，机动车/驾驶人信息系统的建立奠定了公安交通管理信息系统的核心架构。自2004年以来，统一版软件进行过多次升级调整，其中机动车登记系统和驾驶证管理系统都作过多次重要调整，在历次升级调整中，先后嵌入了进口车核查、限制申请人员核查、被盗抢车比对、机动车/驾驶证转入数据网上强制下载、机动车委托检验信息网上交换功能、国产车合格证核查等模块。

以统一版软件为核心的车管信息系统应用了数据加密技术、条码技术、接口技术、访问控制、软件测试等多项技术，已取得多项软件著作权和专利，自运行以来，系统运行稳定，未发生过普遍性的、严重影响业务办理的软件故障，技术成熟、稳定。车辆和驾驶人管理信息化建设应用成效受到公安部的高度肯定。2007年，机动车/驾驶人信息管理系统荣获公安部科技进步一等奖。车管信息系统研发工作组两次荣获"全国公安科技先进集体"称号。

（四）公安交通管理综合应用平台

2009年，随着各地公安交通管理信息化的推进，在使用统一版软件办理车辆和驾驶人管理业务的基础上，开发了交通违法处理、事故处理等系统，但各个系统之间存在数据交换不及时、数据规范不统一等问题，同时，由于系统分散，涉及维护、管理的人员众多，缺乏统一的安全管理设备和具体手段，存在较大的信息泄露、数据篡改等安全隐患。为了解决这个问题，结合"金盾工程"二期及公安警综平台、公安情报平台建设的总体建设要求，进一步推进公安交通管理信息化工作，提高信息化应用水平，经公安部领导同意，公安部交通管理局决定在全国开展公安交通管理综合应用平台建设，2010年8月印发了《关于印发〈公安交通管理综合应用平台建设指导意见〉的通知》（公交管［2010］196号），平台以原有公安交通管理信息系统为基础，将机动车登记、驾驶证管理、交通违法处理、交通事故处理、交警队信息平台、剧毒品公路运输管理六个主要的公安交通管理业务系统实现了统一，也称"六合一"平台，平台对数据资源、软硬件平台、业务流程、软件功能、信息服务、安全保障体系、标准规范体系、运行维护管理等进行整合，建立全国统一的公安交通管理综合应用平台，促进信息共享，便捷民警操作，提高信息资源利用水平，加强信息安全管理，有效解决了数据一致性、代码规范性等一系列问题。

公安交通管理综合应用平台在2010年年底建成，2010年12月27日，四川省22个支队全部完成推广应用，启用综合应用平台；2011年3月28日，江苏省13个支队全部完成推广应用，启用综合应用平台。至2012年年底，公安交通管理综合应用平台完成在全国范围的推广。截至目前，公安交通管理综合应用平台已经经过多次升级，是目前全国公安交通管理部门使用最为广泛的平台，全国每天约有9万名民警使用综合应用平台办理业务，日均办理业务量约324万笔，2012年至2016年间，通过综合应用平台办理的业务累积达37.4亿笔。

第二节　公安交通管理综合应用平台

一、公安交通管理综合应用平台简介

公安交通管理综合应用平台是以原有公安交通管理系统为基础，将机动车登记、驾驶证管理、交通违法处理、交通事故处理、交警队信息平台、剧毒品运输管理六大核心业务系统融合为一体的综合应用平台。该综合应用平台对数据资源、软硬件平台、业务流程、信息服务、安全保障体系、标准规范体系、运行维护管理等进行了整合，促进了信息共享，方便了民警操作，提高了信息资源利用水平，同时进一步加强了城市交通、路面执法、公路管控等方面的管理能力，为规范执法、服务经济社会发展和人民群众出行提供了技术保障。公安交通管理综合应用平台实现了与其他平台等信息共享，还实现了跨部门的车辆合格证信息、车辆购置税、车辆销售发票、机动车事故责任强制保险、机动车排放定期检验报告等信息的自动关联比对。目前，公安交通管理综合应用平台实现了数据资源的高度整合和业务的紧密融合，为交警执法办案、服务群众提供了强有力的信息化平台支撑和信息资源保障，也为其他新技术的拓展应用奠定了良好基础，形成了以综合应用平台为中心，延伸社会化服务、移动警务系统、地理信息平台、数据挖掘分析等信息化应用的崭新格局。

二、公安交通管理综合应用平台总体架构

交通管理综合应用平台设计的"三个层面，两个体系，一个网络环境"总

体架构在独立完成自身功能的同时,彼此关联、相互依托。平台总体构架分为数据层、应用支撑层、应用层等层次,通过分层机制的实现能够使系统更易于扩展,从而易于满足进一步发展、对系统进一步升级的需要。交通管理综合应用平台总体构架如图 11-1 所示。

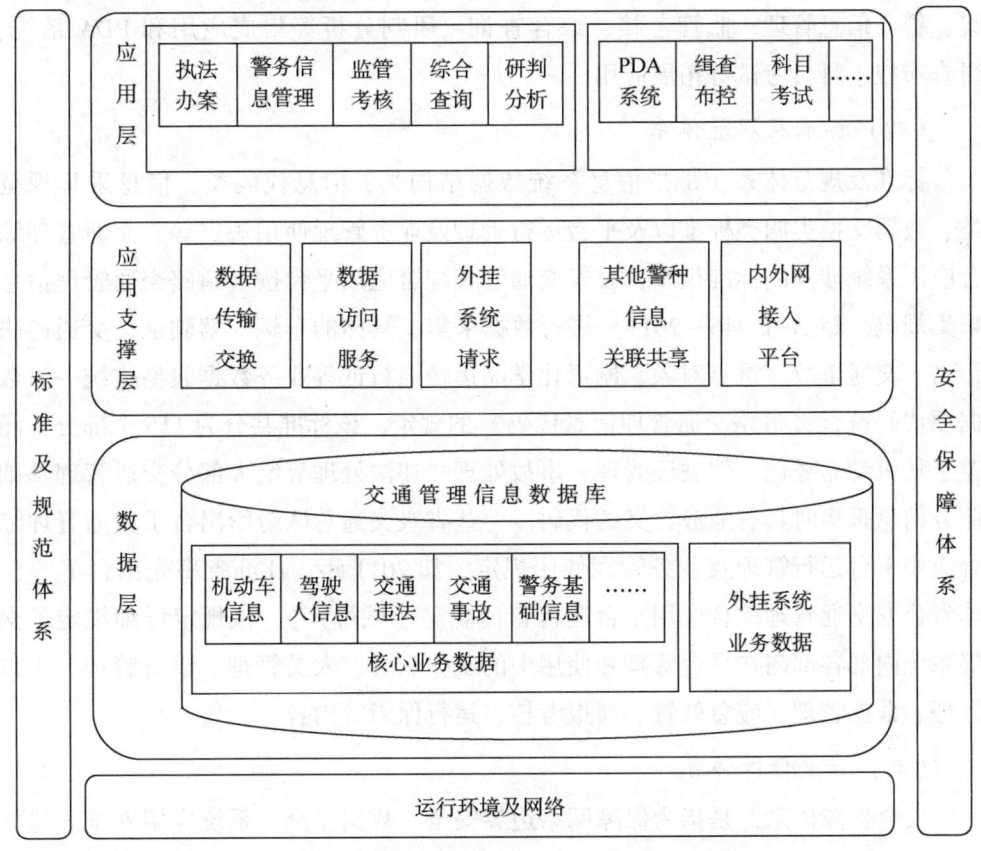

图 11-1 公安交通管理综合应用平台总体架构图

(一) 数据层

数据层,是指存储机动车信息、驾驶人信息、交通违法、交通事故、警务基础信息等交通核心业务数据以及外挂系统业务数据的交通管理信息数据库群。

(二) 应用支撑层

应用支撑层包含全国统一的交通管理信息数据传输交换和数据访问服务软件、外挂系统请求服务软件,与其他警种信息关联共享、公安内外网信息交换等。

(三) 应用层

应用层，是指融合现有的机动车登记、驾驶证管理、交通违法处理、交通事故处理、交警队信息平台、剧毒品公路运输管理等信息系统软件后，建立的交通管理综合应用系统和各地自行开发的外挂系统软件，主要实现交通管理执法办案、警务信息管理、监管考核、综合查询、研判分析等集成应用和 PDA 系统、缉查布控、科目考试等拓展应用。

(四) 标准及规范体系

标准及规范体系，是指信息系统数据结构类、信息代码类、信息采集规范类、数据交换类四类标准以及平台运行管理及业务管理使用规定等。交通管理综合应用系统涉及的标准很多，公安交通管理综合应用平台按《道路交通管理信息采集规范》(GA/T 946—2011) 进行数据采集，具体的车辆、驾驶证、交通违法行为、交通事故、重点对象、剧毒化学品运输通行证等业务数据表格式统一。数据项代码符合《道路交通管理信息代码》的规定，该标准共分为115个部分，涵盖了从机动车登记、驾驶证管理、事故处理、违法处理等绝大部分交通管理基础业务信息采集时具有业务含义的代码。一些省级交通总队纷纷出台了交通管理综合应用平台运行管理及业务管理使用规定，如2011年，江苏省率先出台了《江苏省公安交通管理综合应用平台运行管理规定 (试行)》，该规定详细规定了交警系统内部各部门在平台管理和使用中的工作职责、人员管理、设备管理、接口管理、数据管理、应急处置、通报考核、运行保障等内容。

(五) 安全保障体系

安全保障体系，是指为保障网络边界安全、数据安全、系统应用安全等建立和实施的信息安全防范和保障体系，保障综合应用系统安全涉及机动车登记信息数据、驾驶证数据、交通违法数据、交通事故等核心业务数据的安全性。网络边界安全主要的几个问题有信息泄露、入侵者攻击、网络病毒和木马的入侵。数据安全分为数据本身的安全和数据防护的安全，数据本身的安全主要是指采用现代密码算法对数据进行主动保护，如数据保密、数据完整性、双向强身份认证等。数据防护的安全，主要是采用现代信息存储手段对数据进行主动防护，如通过磁盘阵列、数据备份、异地容灾等手段保证数据的安全。

(六) 运行环境及网络

运行环境及网络，是指运行交通管理综合应用系统的软硬件设备及其网络环境等。交通管理综合应用系统应构建于统一的网络平台上，合理的网络体系结构是系统功能正常实施的有效保障。其网络体系涵盖现有部分网络，保障快速准确的数据传送，实现系统的高密度集成和连接。

主要参考文献

[1] 李江平，李晓东. 车辆和驾驶人管理概论［M］. 中国人民公安大学出版社，2012.

[2] 杜心全. 新编车辆与驾驶人管理教程［M］. 中国法制出版社，2018.

[3] 李啸，卢玫. 车辆与驾驶人管理［M］. 中国人民公安大学出版社，2010.

[4] 成伟华. 汽车概论［M］. 重庆大学出版社，2008.

[5] 北京中车行高新技术有限公司. 常见汽车识别代号（VIN）速查手册［M］. 机械工业出版社，2004.

[6] 王福忠. 机动车辆保险与理赔［M］. 北京大学出版社，2012.

[7] 党晓旭. 机动车辆保险与理赔实务（第4版）［M］. 电子工业出版社，2014.

[8] 张道文，廖文俊，张易红，等. 交通事故车辆安全技术鉴定教程［M］. 北京大学出版社，2012.

[9] 中华人民共和国国家质量监督检验检疫总局，中国国家标准化管理委员会. GB7258—2017 机动车运行安全技术条件［S］. 2017.

[10] 国家市场监督管理总局，国家标准化管理委员会. GB38900—2020 机动车安全技术检验项目和方法［S］. 2020.

[11] 中华人民共和国国家质量监督检验检疫总局. GB/T37301—2001 汽车和挂车类型的术语和定义［S］. 2001. V [12] 中华人民共和国国家质量监督检验检疫总局. GB/T15089—2001 机动车辆及挂车分类［S］. 2001.

[13] 国家市场监督管理总局，中国国家标准化管理委员会. GB16735—2019 道路车辆 车辆识别代号（VIN）［S］. 2019.

[14] 中华人民共和国国家质量监督检验检疫总局，中国国家标准化管理委员会. GB/T21085—2007 机动车出厂合格证［S］. 2007.

［15］国家市场监督管理总局，中国国家标准化管理委员会. GB17761—2018 电动自行车安全技术规范［S］. 2018.

［16］中华人民共和国国家质量监督检验检疫总局，中国国家标准化管理委员会. GB12995—2006 机动轮椅车［S］. 2006.

［17］中华人民共和国国家质量监督检验检疫总局，中国国家标准化管理委员会. GB12996—2012 电动轮椅车［S］. 2012.

［18］中华人民共和国公安部. GA36—2018 中华人民共和国机动车号牌［S］. 2018.

［19］中华人民共和国公安部. GA37—2008 中华人民共和国机动车行驶证［S］. 2008.

［20］中华人民共和国公安部. GA802—2019 道路交通管理 机动车类型［S］. 2019.

［21］中华人民共和国公安部. GA369—2005 中华人民共和国机动车登记证书［S］. 2005.

［22］中华人民共和国公安部. GA/T946.2—2020 道路交通管理信息采集规范 第2部分：机动车登记信息采集和签注［S］. 2020.

［23］中华人民共和国公安部. GA801—2019 机动车查验工作规程［S］. 2019.

［24］中华人民共和国公安部. GA/T1435—2017 机动车查验工具配置要求［S］. 2017.

［25］中华人民共和国公安部. GA24.8—2005 机动车登记信息代码 第8部分［S］. 2005.

［26］中华人民共和国公安部. GA/T 642—2006 交通事故车辆安全技术检验鉴定［S］. 2006.

［27］中华人民共和国公安部. GA811—2008 机动车检验合格标志［S］. 2008.

［28］中华人民共和国公安部. GA1026—2017 机动车驾驶人考试内容和方法［S］. 2017.

［29］中华人民共和国公安部. GA/T1030.2—2017 机动车驾驶人考场使用验收规范第2部分：场地驾驶技能考场［S］. 2017.

［30］中华人民共和国公安部. GA482—2008 中华人民共和国机动车驾驶证

件 [S]. 2008.

[31] 中华人民共和国公安部. GA/T946—2011 道路交通管理信息采集规范 [S]. 2011.

[32] 龚鹏飞. 小型汽车驾驶人"自学直考"面临的问题及对策——基于美国的经验及我国的现实选择 [J]. 山东警察学院学报, 2015 (6): 108-116.

[33] 赵福全, 赵世佳, 刘宗巍. 中国低速电动车产业的现状、问题与未来发展策略 [J]. 汽车工程学报, 2017, 7 (5): 313-320.

[34] 陈婷婷. 四轮低速电动车国标草案引热议 [J]. 电动自行车, 2017 (11): 1-3.

[35] 许杨, 陈鹏. "老年代步车"相关法律问题初探 [J]. 道路交通与安全, 2016, 16 (3): 45-49.

[36] 龚鹏飞. 低速电动车分类管理探析 [J]. 江苏警官学院学报, 2019, 34 (3): 88-92.

[37] Roger P. Roess, Elena S. Prassas, William R. McShane. Traffic engineering (4th ed.) [M]. Pearson/Prentice Hall, 2010.

[38] Olmos R. Traffic Enforcement and Crash Investigation [M]. Prentice Hall, 2011.